KB123159

온 세계가 마을로 온 날

The Day the World Came to Town:
9/11 in Gander, New-foundland

가장 어두울 때의 사랑에 관하여

온 세계가 마을로 온 날

짐 디피디 지음 | 장상미 옮김

갈라파고스

코로나로 경쟁으로 곁을 내어 주는 일이 금기가 된 시대다. 점점 왜소한 인간, 고립된 인간을 양산하는 이때에 인류애를 회복할 수 있는 귀한 책이 나왔다. 9·11 테러로 하늘 문이 닫히고 환대의 문이 열렸던 실화를 담은 『온 세계가 마을로 온 날』은 인간 본성을 낙관하게 도와준다. 살아남으려면 서로 의지해야 한다, 인류의 삶은 그렇게 설계되었고, 인간 내면에는 회복력, 관대함, 용기가 깃들어 있으며 그것이 재난을 극복할 유일한 힘이 되어 준다는 것, 지구에서 이미 그렇게 살아 낸 사람들이 있다는 사실이 크나큰 위안을 준다. 타인은 지옥이 아니라 천국임을 믿게 하는 마법 같은 책이다.
─은유(에세이스트, 『있지만 없는 아이들』 저자)

사람들 안쪽의 빛이 새어 나오는 순간들을 사랑한다. 가장 어두운 날에 그 가느다란 빛이 이끄는 방향으로 걷고 싶다. 선의가 픽션 속에만 존재하는 것 같은 날에 이 책을 펼쳐 본다면, 실컷 운 다음 신뢰를 찾을 수 있을 것이다.
─정세랑(소설가, 『보건교사 안은영』 저자)

이것은 우리가 기다리던 줄도 모르고 기다리던 이야기다. 우리의 가능성을 보여 주는 꿈같은 이야기이기도 하다. 뉴욕 세계무역센터가 공격을 당한 뒤 최초 몇 시간은 대탈출의 이야기가 이어졌다. 그러나 잠시 후 사람들이 폐허가 된 무역센터에 모여들었다. 모두 돕기 위해서, 뭐라도 하기 위해서 모여든 사람들이었다. "우리가 도울게요", "뭐 도울 일 없어요?" 그 파편 날리던 먼지 자욱한 거리에서 가장 많이 들리던 말 중 하나였다. 비통한 날이었지만 모두 하나가 되는 날이었고 사랑과 이타심이 넘치는 날이기도 했다. 대부분의 사람들이 자신을 꼭 필요한 존재라고 느꼈다. 그 시각 미국을 향해 하늘을 날던 비행기들이 있었다. 비행기 조종사들은 미국의 공항에 착륙할 수 없다는 말을 들었다. 이제 어떻게 할까? 그렇게 해서 우리가 미처 몰랐던 뉴펀들랜드 갠더공항과 마을의 이야기가 펼쳐진다. 버진애틀랜틱, 영국항공, 에어이탈리아. 에어프랑스, 루프트한자, 아일랜드항공, 트랜스월드항공, 델타항공, 콘티넨털항공, 아메리칸항공, 유에스항공, 노스웨스트, 에어헝가리아. 초대형 비행기들이 외진 공항에 나타나자 공항 인근 마을 주민들은 자발적으로 숙소와 샌드위치와 의약품을 제공했다. 승객에게 주려고 집에서 이불, 담요, 베개 등을 들고나온 사람들의 행렬이 이어졌다. 이렇게 해서 거의 모든 사람이 자발적으로 참여하는 아름답고 빛나는 이야기의 첫날이, 둘째 날이, 셋째 날이 그 뒤에 이어지는 또 다른 날들이 펼쳐진다. 이것은 9·11이 일어났던 그해에만 의미 있는 이야기가 아니다. 영원히 의미 있는 이야기다. 이 세상에 인간이 살아 있는 한 유일하게 의미 있는 이야기는 서로 손을 내밀고 서로 돕고 서로 구하는 이야기다. 이런 이야기는 위안이 될 뿐만 아니라 위안 너머 우리의 인간적 가능성까지 알게 해 준다. 온갖 파괴적이고 무의미한 일이 벌어지는 세상에서, 인간성을 격하시키는 하찮은 뉴스가 난무하는 사회에서, 특히 인류를 위한 희망이 절실하게 필요한 이 시기에 인간이 무엇을 할 수 있고, 어떤 존재일 수 있는지 이 이야기 속 인간의 모습을 영원히 살려 놓고 싶다.

—정혜윤(에세이스트, 『슬픈 세상의 기쁜 말』 저자)

어머니께, 그리고 돌아가신 아버지께 이 책을 바칩니다.

차례

9·11테러 발생 1주기를 앞둔 2002년 가을에 이 책을 처음 출간했다. 그 후 2008년 BBC 라디오극 〈그 비행기들이 날아든 날The Day the Planes Came〉, 2009년 CBC 드라마 〈비상착륙Diverted〉, 2010년 캐나다 동계올림픽 기간 중 NBC 앵커 톰 브로커의 특별 보도, 2017년 토니상을 수상한 브로드웨이 뮤지컬 〈멀리서 온 사람들Come from Away〉, 2018년 다큐멘터리 〈현 위치You Are Here〉 같은 작품을 통해 여러 차례 조명받았다.

재출간을 앞두고 9·11 당시 캐나다 총리직을 맡았던 장 크레티앵을 만났다. 크레티앵은 당시 캐나다 사람들, 특히 뉴펀들랜드인이 보여 준 행동은 캐나다의 빛나는 순간 중 하나로 길이 남을 것이라고 말했다. "갠더 시민들이 캐나다의 정신을 매우 잘 드러내 주었어요. 뉴펀들랜드의 재난 대응 방식이 저는 무척 자랑스럽습니다."

20년 전 그 비극이 벌어진 날에 관해 이야기하다 보니 전 세계를 뒤흔든 코로나바이러스감염증 대유행 앞에서 아직도 우왕좌왕하고 있는 현실을 떠올릴 수밖에 없었다. 9·11이 남긴 유산이 무엇이냐고 묻자 크레티앵은 이렇게 답했다. "우리가 지구촌의 일원이라는 사실을 깨닫게 해 주었습니다. 제 아이들이 자주 말했듯이, 지구의 어느 구석에서 벌어진 일이 우리 모두에게 영향을 미친다는 사실 말이에요."

중국에서 발생한 신종 코로나바이러스건, 시에라리온에서 발생한 에볼라바이러스건, 아프가니스탄 동굴에 숨은 어느 미친 남자건 간에 우리는 모두 지구라는 한 마을의 구성원이다.

때로 그 마을이 끔찍하게 느껴지더라도 9·11 그날 갠더에서 있었던 일에 귀를 기울여 보면 두려움을 이겨 낼 길이 보일 것이다. 거의 20년이 지난 지금, 이 이야기는 어느 때보다 강렬한 울림을 준다.

2021년 가을
짐 디피디

온 세계가 마을로 온 날

"어디 가세요?"

옆자리에 앉은 남자가 물었다. 마이애미에서 몬트리올로 가는 비행기를 함께 탄 우리는 우연히 노바스코샤주 핼리팩스로 가는 연결 편에서 나란히 앉게 되었다. 2월 초순, 그 남자는 카리브해에서 휴가를 보내고 집으로 돌아가는 길이었다.

"뉴펀들랜드주 갠더요." 내가 대답했다.

목소리에서 지역 특유의 억양이 별로 느껴지지 않아 남자는 내가 뉴펀들랜드 사람이 아니라는 걸 짐작했을 것이다. "아니 왜 한겨울에 마이애미에서 갠더로 가요?"

확실히 일리 있는 질문이다. 내가 떠날 때 마이애미는 기온이 약 섭씨 29도로 덥고 화창했다. 기상예보에 따르면 갠더는 기온이 영하 23도 안팎이고, 체감온도는 영하 34도 정도 될 거라고 했다.

"오해는 마세요, 뉴펀들랜드 사람들 좋습니다"라고 남자는 재빨리 덧붙였다. "제가 거기 살았거든요. 아마 선생님이 여태 만나 본 중에 제일 친절하고, 제일 특이한 사람들일 거예요."

토목 기사라는 그 남자는 자기가 한 말을 뒷받침할 이야기를 들려주었다. "뉴펀들랜드주 북쪽 끄트머리에 있는 그 외딴 마을에 파견 간 작업반이 있었어요. 비행기를 타야만 갈 수 있는 곳이었어요. 육로가 아예 없거든요. 호텔도 없고. 그래서 팀원들은 거기서 일하는 동안 현지 주민 집에서 함께 지내요. 그때 숙소를 제공해 준 부부가 워낙 잘 대해 주셔서, 작업이 끝나고 나서 회사에서 보너스로 여행 경비 일체를 부담할 테니 플로리다에서 일주일 휴가를 보내지 않겠냐고 제안했죠."

그다음 벌어진 일을 떠올리며 남자는 웃음을 터트렸다. "그분들이 거절하시더군요. '플로리다에 아는 사람이 아무도 없는데, 저희가 뭐하러 거길 가겠어요?'라면서. 그럼 다른 데라도 가고 싶은 곳이 있냐고 물었더니 비행기로 20분 정도 거리에 있는 마을을 얘기하시더라고요. 그곳에 친구들이 사는데 한동안 못 만났다고요. 그래서 그렇게 해 드렸죠. 바로 옆 마을에 가는 항공권을 드리고, 친구들과 일주일 휴가를 보내고 나서 집으로 돌아가는 항공권도 드렸어요. 그게 인생 최고의 휴가였다고 하시더군요. 뉴피*가 그렇다니까요."

그러고 나서 남자는 이렇게 덧붙였다. "참, 9·11 테러 때 거기서 무슨 일이 있었는지 아시죠?"

뉴펀들랜드에 관해 모두가 꼭 알아 둘 것이 몇 가지 있다.

제일 먼저 지명을 정확히 발음하는 법이다. 자기 고향 이름을 어떻게 발음하는지만 보면 토박이를 바로 가려낼 수 있다는 이야기를

---

*　　뉴펀들랜드인을 줄여 부르는 말로 이 책 곳곳에 등장한다.

온 세계가 마을로 온 날

나는 뉴피에게 여러 번 들었다.

토박이라면 이곳을 "뉴 파운드 랜드New Found Land"라고 세 단어로 끊어 말할 리 없다. 스칸디나비아 식민지라도 되는 양 "뉴 핀란드New Finland"로 읽지도 않는다. 그보다는 "뉴펀-랜드Newfin-land"라고 한다. 아주 빠르게 발음하는 것이 핵심이다. 지인이 알려 준 간단한 연상 기억법이 있다. "언더스탠드, 뉴펀들랜드." 두 단어의 운과 억양이 비슷하다.

뉴펀들랜드인은 수 세기에 걸쳐 고유한 말투와 언어를 형성했다. 영국과 아일랜드 노동계급 언어가 섞인 것으로, 억양과 어조는 아일랜드에 더 가까운 편이다. 처음 이 지역에 정착한 주민은 부유하거나 교육을 충분히 받은 계층이 아니었다. 영국 남부 해안의 플리머스, 브리스틀, 풀 같은 마을과 아일랜드 서부 해안의 발리버니언, 워터빌, 골웨이 등지에서 고기를 잡으러 온 어부였다.

뉴펀들랜드에 정착하기로 한 후, 이주민은 주로 해변의 외딴 작은 마을에서 오늘날까지 이어져 내려오는 독특한 화법을 만들어 냈다. 말끝에 "자기my dear", "내 사랑my lovely"을 붙이는 경우가 많아 현대어라기보다는 셰익스피어풍에 가깝다.

뉴펀들랜드인은 대화할 때 3인칭 현재 시제 같은 어법을 쓴다. "I am a fisherman(저는 어부입니다)"를 "I is a fisherman"이라고 말하거나, "I is"를 한 단어로 줄여서 "I'se"(발음이 "eyes[아이스]"와 비슷하다)로 읽는 습관에 따라 "I'se be a fisherman"이라고 말하기도 한다. 말 줄임은 대화 상대에 따라 달라질 때가 많고, 작은 마을로 갈수록 말이 더 빠르다. 847쪽에 달하며 현재는 개정판까지 나온 『뉴펀들랜드 영어 사전Dictionary of Newfoundland English』이라는 거대하고 두꺼운 책이 따로 있을 정도다.

또한, 뉴펀들랜드는 그 자체로 별개의 세계라는 점을 기억해 두면 좋다. 아니면 최소한 시간대가 다르다는 것만큼은 알아 두자. 뉴펀들랜드는 미국 동부 표준시*보다 정확히 1시간 30분 빠르기 때문에, 뉴욕이 오전 10시면 갠더는 오전 11시 30분이다. 로스앤젤레스가 정오라면 주도인 세인트존스는 오후 4시 30분이다. 전 세계에서 뉴펀들랜드 시간대에 사는 사람은 뉴피 밖에 없다. 어찌 보면 적절한 일이다.

뉴펀들랜드인은 자기 역사에 자부심이 크고, 캐나다인이기에 앞서 뉴펀들랜드인으로서 독자적인 정체성을 갖고 있다. 존 캐벗**이 상륙한 1497년 이래로 제국주의 영국의 영토였던 뉴펀들랜드는 1949년에야 캐나다 영토로 편입됐다. 캐나다의 마지막 주가 될지를 결정하는 주민 투표에서 표차가 너무 적었기 때문에, 나이 든 주민들은 여전히 선거의 정당성에 의문을 제기한다. 지금도 오타와에 있는 중앙정부가 지역의 천연자원을 빼앗고 재정 안정성을 해쳤다고 믿는 뉴펀들랜드인이 많다.

뉴펀들랜드의 실업률은 16퍼센트로 캐니디에서 가장 높다. 목재 산업이 거의 쇠퇴하고, 광산도 급격히 바닥나고, 한때 뉴펀들랜

---

*   미국 동부 지역에서 사용하는 표준 시각으로, 협정 세계표준시UTC보다 다섯 시간 늦은 UDT-05이다.

**   유럽인으로서 현재 뉴펀들랜드 지역인 북아메리카에 최초로 상륙했다고 알려진 탐험가.

드의 생명선이던 어업 생산량도 격감했다. 주민들은 중앙정부가 조약을 체결해 소규모 지역 어민의 조업을 막고, 외국 저인망 어선이 대형 그물로 그랜드뱅크스*를 말 그대로 바닥까지 긁으며 지역의 물산을 빼앗아 가도록 허가해 준 탓이라고 생각한다.

뉴펀들랜드인은 포위당한 사람처럼 산다. 섬에 고립된 채 거친 날씨를 속수무책으로 겪다 보니, 살아남으려면 서로 의지해야 한다는 교훈을 얻었다. 초기 정착민이 이 아름답고도 황량한 벽지에서 생존하는 방법은 협력밖에 없음을 깨달은 후로 수 세기에 걸쳐 뿌리내린 의식이다. 이 정신은 현지 음악에도 짙게 배어 있다. 주민들은 「뉴펀들랜드 출입문에는 가격표가 없다네」라는 옛 노래를 특히 좋아한다.

함께 축배를 들자, 바다 한가운데 있는 그 섬을 위해
우정을 아는 사람이 사는 곳이지
뉴피 집에서는 절대 외롭지 않을 거야
뉴펀들랜드 출입문에는 가격표가 없다네
거기에는 언제나 네가 앉을 의자가 있을 거야
뉴피는 누구에게든 가진 것을 나눠 줄 거야
주머니가 비어도, 친구, 걱정할 필요 없어
뉴펀들랜드 출입문에는 가격표가 없다네

* 뉴펀들랜드섬 남동쪽에 펼쳐진 대륙붕으로 어장이 풍부하다.

단언컨대 뉴펀들랜드인을 정의하는 가장 중요한 특성은 타인을 도우려는 의지다. 그것만은 누구도 빼앗아 갈 수 없으니, 지금까지도 그 정체성을 거의 매달리듯 지키고 있다.

　　뉴펀들랜드인이 입버릇처럼 전하기 좋아하는 이야기가 있다. 미해군 구축함 트럭스턴과 보급선 폴룩스에 관한 이야기다. 1942년 2월 18일, 거센 폭풍을 만난 트럭스턴과 폴룩스가 뷰린반도* 절벽 아래에 좌초했다. 두 함선 모두 산산이 부서져 선원 193명이 익사했다. 하지만 나머지 선원 186명은 론과 로렌스 마을 주민이 큰 위험을 무릅쓰고 얼어붙은 절벽을 타고 내려와 구조해 준 덕에 살아남았다.

　　"뉴펀들랜드인은 피가 달라요." 갠더 마을 순경 오즈 퍼지가 내게 한 말이다. "우리는 상대방의 어깨에 팔을 두르고 이렇게 말하곤 하지요. '별일 없을 거야. 내가 있잖아. 다 괜찮아질 거야. 우린 친구야. 네 편이야. 우리가 지켜 줄게'라고. 지금까지 늘 그랬고 앞으로도 항상 그럴 겁니다. 9·11에도 그랬던 거고."

　　9·11은 여러모로 역사에 남을 사건이었다. 미국 영공을 폐쇄하고 운항 중이던 모든 비행기를 즉시 접근 가능한 가장 가까운 공항에 착륙시킨 일도 그랬다.

　　"저 빌어먹을 비행기 다 끌어내려." 백악관 지하 벙커에서 교통부 장관 노먼 미네타가 전화에 대고 소리쳤다.

　　미네타가 이제는 널리 알려진 저 말을 내뱉던 때는 이미 아메리

＊　　뉴펀들랜드 남쪽 해안에서 남서쪽으로 길게 뻗은 지역.

　　　　　　　　　　　　　　　　　　온 세계가 마을로 온 날

칸항공 11편이 세계무역센터 북쪽 건물에 충돌하고, 유나이티드항공 175편은 남쪽 건물에 부딪치고, 아메리칸항공 77편은 펜타곤*을 들이받은 후였다. 잠시 후에는 네 번째로 유나이티드 항공 93편이 피츠버그 남부 농촌 지역의 들판으로 돌진할 예정이었다. 연방항공국이 미국 영공을 폐쇄하라는 공식 명령을 내린 시각은 동부 일광 절약시EDT, Eastern Daylight Time**로 오전 9시 45분이었다.

그로부터 몇 분 뒤 나온 미네타의 격한 발언은 단지 상황을 강조한 것뿐이었다.

98년에 걸친 미국 항공 역사에서 그런 명령은 처음이었다. 세스나*** 같은 자가용 경비행기에서 초대형 여객기에 이르기까지, 당시 미국 상공에서 운항 중이던 민간 항공기 4546대가 저마다 착륙할 곳을 찾느라 허둥지둥했다. 하지만 영공 폐쇄 명령이 가장 크게 영향을 끼친 대상은 대부분 유럽에서 출발해 대서양을 가로지르며 미국으로 비행 중이던 국제 항공편 약 400대였다.

비행기 중 일부는 출발지로 회항할 수 있었지만, 대부분은 캐나다에 착륙하는 수밖에 없었다. 자국 국경을 보호하려는 의도라고 정당화하긴 했지만, 미국 정부는 그 비행기들이 안고 있을 잠재적인 위협을 손쉽게 이웃 나라에 떠넘기고 있었다. 캐나다 당국은 그중

---

*   미국 국방부 청사의 별칭이다.

**   미국에서 해가 긴 하절기에 조명 및 연료 절감을 위해 표준시를 한 시간 앞당겨 쓰는 시간제다. UDT-05인 미국 동부 표준시는 일광 절약시 기간에는 UTC-04로 바뀐다.

***   1920년대 후반 미국 세스나 항공기 제조사가 처음 제작한 경비행기 기종으로, 현재까지 경비행기의 대명사로 불린다.

어느 항공기에 테러범이 있을지 전혀 알지 못했다. 사실, 양국 법 집행기관 모두 그중에 테러범이 잠복한 비행기가 있을 것으로 의심했다. 그런 위험에도 불구하고 캐나다는 주저 없이 갈 곳 잃은 비행기를 받아들였다.

승객 4만 3895명을 실은 항공기 250여 대가 서쪽으로는 밴쿠버에서 동쪽으로는 세인트존스에 이르기까지 캐나다 15개 공항으로 방향을 돌렸다. 미국행 비행기는 핼리팩스, 토론토, 오타와, 몬트리올, 위니펙, 캘거리에 착륙해야 했다. 도시마다 고립된 승객에게 숙소와 갈아입을 옷, 음식을 제공하고 관광까지 안내하며 가능한 모든 방법을 동원해 도움을 주려는 자원활동가와 사회복지기관이 발 빠르게 움직이고 있었다.

이 중 어디든, 현지인이 베푼 친절에 관해 쓸 만한 이야기가 셀수 없이 많을 것이다. 그러나 이 책의 주 무대는 지난겨울에 내가 계절에 맞지 않는 여행을 했던 곳, 뉴펀들랜드 중앙 고원지대에 있는 갠더다. 9월 11일, 겨우 1만 명 정도가 사는 그 도시에 승객과 승무원 6595명을 태운 비행기 35대가 착륙했다.

거의 일주일 내내, 갠더와 주변 작은 마을인 갬보, 애플턴, 루이스포트, 노리스 암 등지에 사는 남녀노소 모두가 하던 일을 멈추고 도움의 손길을 내밀었다. 다들 낯선 이를 위해 생업을 뒤로 미루면서도 그 어떤 대가도 요구하지 않았다. 아직도 그런 인간애가 남아 있으리라 믿기 어려운 시대에 인간의 선한 본성을 뚜렷이 드러내 보여 주었다. 테러범이 서구 사회의 허약함을 드러내려 공격을 감행했다면, 갠더에서 일어난 일은 반대로 강인한 면모를 증명해 냈다.

온 세계가 마을로 온 날

첫째 날

9월 11일 화요일

01

록샌과 클라크는 집으로 돌아가는 중이었다.

두 살 여자아이를 입양하려고 텍사스주 작은 마을인 알토 외곽
에 있는 목장을 떠나 구소련 국가인 카자흐스탄공화국으로 향한 지
거의 3주가 지나고 있었다. 준비하는 데만 15개월 넘게 걸린 이 여
행에서 젊은 부부는 공항을 여러 번 거치고, 울퉁불퉁한 길 위를 달
리고, 우랄산맥을 가로지르며 앞으로 나아갔다. 록샌이 어느 날 인
터넷에서 본 사진 속 아이를 만나기 위해, 부부는 세 나라의 관료를
상대하고 평생 모은 돈을 쏟아부었다. 그래도 이제 알렉산드리아를
얻었고 저녁이면 집에 도착할 테니, 그 모든 시간과 돈을 들인 보람
이 있었다.

지난 72시간 동안 카자흐스탄을 떠나 모스크바를 거쳐 프랑크
푸르트까지 이동한 세 사람은 이제 마지막 여정으로 프랑크푸르트
에서 댈러스로 향하는 직항을 타고 있었다. 셋 다 내내 잠을 잘 못 잤
다. 비행기가 이륙하자마자 알렉산드리아는 좌석을 빠져나가 바닥
에 몸을 웅크린 채 자려고 했다. 록샌은 아이를 일으켜 다시 좌석에
앉힐까 생각했지만, 아이가 보육원에서 자라면서 몸에 익은 방식대

로 바닥에서 자는 걸 더 좋아한다는 사실이 떠올랐다.

이들 가족을 태운 루프트한자 438편이 프랑크푸르트 서북쪽 9000미터 상공으로 날아오를 때, 루프트한자 400편에서는 일등석 탑승이 시작되었다. 프랑크푸르트시장 페트라 로트는 뉴욕을 방문할 생각에 들뜬 마음으로 좌석을 찾아 앉았다. 그날 저녁 뉴욕시장 루돌프 줄리아니를 위한 파티가 열릴 예정이었다. 로트와 줄리아니는 상대 도시를 공식 방문하면서 친분을 쌓았다. 퇴임하는 시장에게 경의를 표하기 위해 로트는 기꺼이 6500킬로미터를 이동하기로 했다.

로트 근처에는 독일 본사에서 뉴욕으로 가는 휴고보스* 회장 베르너 발데사리니가 타고 있었다. 세계 최고 디자이너 백여 명이 8일 동안 초대형 장막 안에 설치한 런웨이 위에서 신작을 선보이는 의류와 모델의 향연, 패션 위크에 참석하러 가는 길이었다. 패션 위크 쇼를 잘 치르면 신상품은 성공이 보장된다. 발데사리니는 화요일 저녁 맨해튼 미드타운에 있는 브라이언트 파크에서 휴고보스 2002년 봄 신상품을 공개할 예정이었다. 이번 행사는 휴고보스의 사업으로서만 아니라 발데사리니 개인에게도 중요한 의미가 있었다. 27년을 휴고보스에서 보낸 발데사리니는 이듬해에 은퇴하기로 마음먹고 있었다. 공식 기사를 내보내지는 않았지만, 마지막이 될 이번 행사를 성공적으로 치르고 싶었다.

프랑크푸르트에서 승무원이 이륙을 앞둔 로트와 발데사리니에게 샴페인을 한 잔씩 건네줄 때, 수백 킬로미터 떨어진 더블린에서

---

*   고급 남성 정장을 중심으로 세계적으로 잘 알려진 독일의 의류 회사이다.

는 조지 비탈레가 콘티넨털항공 23편 이등석에 자리를 잡았다. 뉴욕 주지사 조지 퍼타키의 경호원인 비탈레는 9월 말 주지사 방문을 앞두고 사전 보안 조치를 하러 그달 초에 아일랜드를 방문했다. 안타깝게도 북아일랜드에서 새로운 폭력 사태가 발생하는 바람에 일정이 취소되었고, 뉴욕주 경찰대도 철수 명령을 받았다.

비탈레는 원한다면 아일랜드에 남아 친지를 만날 수도 있었다. 마흔네 살인 이 남자는 부모 중 한쪽이 아일랜드인으로, 지난 수년 동안 수차례 이 에메랄드섬*을 방문했다. 하지만 휴가를 즐길 때가 아니었다. 브루클린에 돌아가서 처리할 일이 좀 있었다. 비탈레는 주경찰 선임 수사관으로 일하는 동시에 교육학 학위를 따려고 야간 수업을 듣고 있었다. 모든 일이 순조롭게 진행된다면 브루클린대학 수업 시간에 맞춰 집에 도착할 수 있을 듯했다.

비탈레가 탄 항공편이 이륙한 지 한 시간 뒤, 아일랜드항공 탑승 수속장 앞에서는 해나 오루크가 눈물을 흘리며 형제자매와 작별의 포옹을 하고 있었다. 예순여섯 살인 해나는 더블린에서 북쪽으로 65킬로미터 정도 떨어진 아일랜드 모너핸주에서 태어났는데, 거의 50년 전에 미국으로 이주했다. 미국에서는 남편 데니스와 세 아이를 키우며 잘 살았고, 지금은 롱아일랜드에 거주한다.

최근 몇 년 사이에는 가족을 만나러 가능한 한 자주 아일랜드로 돌아갔다. 이번에는 남편과 함께 시골에서 3주 동안 머물렀다. 친척들과 헤어지고 싶지 않았지만, 미국에 있는 자녀들이 부모가 집으로

---

*   아일랜드의 별칭이다.

돌아오기를 애타게 기다리고 있었다. 탑승할 때가 다가오니 돌아가는 길이 무서웠다. 해나는 비행, 특히 바다 위를 지나는 항로를 매우 싫어했다.

같은 비행기 승객인 마리아 오드리스콜도 못지않게 격정적인 상태였다. 두 여성은 서로 모르는 사이였지만, 마리아는 해나가 태어난 동네에서 아주 가까운 라우스주 출신이었다. 마리아는 젊은 시절인 1954년에 미국으로 건너갔는데, 이유는 간단했다. "양키*랑 사랑에 빠졌거든요."

공항에서 마리아의 곁을 지키고 있던 사람은 남편 레니였다.

레니 오도넬은 마리아를 미국으로 건너가게 한 "그 양키"가 아니었다. 마리아의 첫 남편인 그 남자는 1987년에 세상을 떠났다. 얼마 후 마리아는 자신과 마찬가지로 배우자와 사별한 레니와 만났다. 두 사람은 1993년에 결혼했고, 그 뒤로 해마다 아일랜드를 방문했다.

이번 방문은 계획에 없던 것으로, 마리아의 조카 결혼식에 참석하러 간 길이었다. 여섯 형제자매 중에서 미국으로 건너간 사람은 마리아밖에 없었다. 나머지는 모두 아일랜드 해변 마을 던독에 살았다.

레니는 아일랜드인의 후손이기는 하지만 뉴펀들랜드에서 태어났기 때문에 해마다 여행 막바지에 겪는 이별이 마리아만큼 고통스럽지는 않았다. 레니는 마리아가 집으로 돌아가는 동안 말없이 슬픔에 잠겨 있으리라는 걸 알았다. 어떻게든 기분을 북돋아 주어야 할 텐데. 비행기가 이륙하는 대로 그 방법을 찾아내기로 마음먹었다.

*　미국인, 특히 북동부에 사는 사람을 약간 속되게 부르는 말이다.

"날씨 어떤 것 같아?"

"좋은데?"

"멋지네."

"금방 추위가 찾아올 거야, 친구."

"눈도 올 거고."

"맞아, 눈 좀 와야 하는데."

동네 카페에 앉은 손님 모두가 계절에 걸맞지 않게 따뜻해진 날씨 이야기를 하고 있었다. 갠더시장 클로드 엘리엇도 마찬가지였다. 엘리엇은 1996년 시장이 된 후로 캐나다의 스타벅스라 할 수 있는 팀호턴스*에서 하루를 시작하기 좋아했다. 엘리엇은 스노모빌**, 갠더에서 더 많이 쓰는 말로는 스키두Ski-doo의 힘으로 권력을 잡았다. 1989년에 시내 제한 구역에서 스키두 이용을 금지하려는 시의회의 정책에 반대하는 항의시위를 주도했고, 1990년에 시의원으로 선출된 것이다.

소도시 시장이라면 누구나 그렇듯, 엘리엇은 주민 사이에 도는 화제를 항시 파악하는 것이 얼마나 중요한지 알고 있었다. 오늘의 화제는 날씨였다. 9월인데 섭씨 21도, 화씨로는 70도 정도로, 지난 십 년 이래 최고로 기온이 높았다.

카페 안의 또 다른 화젯거리는 지역 경제였다. 갠더의 실업률은

---

*　　　커피와 도넛을 파는 캐나다의 커피 전문점이다.

**　　모터를 사용해 눈 위를 이동하는 교통수단이다.

섬의 다른 지역만큼 높지는 않았지만, 그래도 주민들은 경제를 일으킬 방안을 찾기 바랐다. 그러다 보니 몇 년 전에는 갠더에 스키장을 조성하려다 완전히 실패하는 등, 영 쓸데없는 일을 벌이기도 했다.

시장은 카페에서 한 시간 정도 머문 다음 시청으로 향했다. 그사이 오즈 퍼지는 순찰차로 아침 순찰을 하고 있었다. 갠더에 두 명밖에 없는 마을 순경 중 한 명인 퍼지는 캐나다 연방경찰 출신이다. 그건 이미 이십 년도 더 지난 일이고, 이제 마흔일곱인 이 남자는 지난 십오 년 동안 오직 이 마을에서만 근무했다.

갠더에서는 심각한 범죄 수사는 연방경찰이 담당하고, 마을 순경인 퍼지는 교통정리를 하고 길 잃은 동물을 구조하는 등 일상과 더 가까운 문제를 처리한다. 이웃에 들릴 정도로 큰 소리로 다투는 부부가 있으면 찾아가서 달래고, 바에서 주먹질하는 얼간이를 뜯어말리는 일도 퍼지 몫이다.

퍼지는 총을 소지하지 않고, 좋아하지 않으며, 필요하다고 생각하지도 않는다. 총은 사람을 겁먹게 할 뿐이다. 몇 해 전에는 연방경찰에서 퍼지에게 방탄조끼를 지급했다. 지역 내에 마약 밀수 사건이 발생했는데, 퍼지가 마을을 다니며 교통정리를 하다가 무심코 총을 소지한 밀수범을 붙잡을까 걱정한 것이다. 퍼지는 2주 동안 조끼를 걸치고 다니다가 너무 불편해 벗어 버렸고, 그 후로는 입지 않았다.

퍼지는 갠더에서 약 40분 거리, 아버지가 일하던 군사기지 근처에 있는 루이스포트에서 태어났다. 아내를 '국방부'라고 부르곤 하는 그는 세 아이를 키우고 있다. 첫째 아들에게는 자신이 좋아하는 영화 〈멋진 인생〉에 출연한 배우 지미 스튜어트의 이름을 따서 붙여 주었다. 또 퍼지는 딸이 속한 농구팀에서 코치를 맡고 있다. 팀 실력은 별로지만, 퍼지라고 그리 대단한 코치는 아니다. 어쨌든 순전히 재미로 하는 일이다.

스쿨버스 운전사가 파업에 들어가서, 그날 아침 등교하는 아이는 대부분 학교까지 걸어가거나 부모와 함께 이동해야 했다. 퍼지는 학교에서 가까운 교차로와 도로변에서 과속하는 차가 없도록 세심히 살폈다. 모든 아이가 학교에 들어가고 나서야 원래 하던 순찰을 계속했다.

갠더 거리는 형태가 특이하다. 이 도시의 선조는 주요 순환도로를 단순한 격자 모양이 아니라 수컷 거위*의 머리 모양처럼 휘어져 돌아가게 만들면 독특하리라 생각했다. 메모리얼로가 거위의 목 부분이고, 엘리자베스로는 뒤통수와 정수리 부분으로 휘어져 올라가다 돌아 내려와서는 에딘버러가와 만나 부리 모양을 이룬다. 갠더 지도를 처음 보는 사람이 한눈에 그 형태를 알아채는 경우는 별로 없지만, 누군가 알려 주면 절대 못 알아볼 수가 없다. 도로변에는 거의 다 나무가 늘어서 있고, 주택은 대부분 잔디밭과 뒤뜰을 깔끔하게 정돈한 소박한 2층 건물이다. 도시 전체는 비교적 평평하지만, 아래쪽에는 가늘고 기다란 갠더호가 자리 잡고 있다. 이 호숫물은 갠더강으로 흘러 들어가 결국에는 대서양과 만난다. 퍼지는 이 고즈넉한 마을을 좋아했다. 그날 아침도 여느 때와 다르지 않아 보였다.

오전이 절반쯤 지날 무렵, 컬링 클럽 주차장에 세워 둔 순찰차에

---

*　　지명 '갠더Gander'는 숫거위라는 뜻이기도 하다.

앉아서 남은 하루는 뭘 하며 바삐 보낼지 생각하고 있는데, 보니 해리스가 달려와 소리를 질렀다. "라디오 좀 켜 봐요. 무슨 일이 일어나고 있는지, 믿을 수 없을걸요." 퍼지는 황급히 CBC * 라디오 뉴스 채널을 틀었다.

"세상에." 외마디를 남기고 퍼지는 곧바로 시청으로 달려갔다.

프랑크프루트에서 뉴욕으로 비행 중이던 기장 라인하르트 크노트는 중간 지점쯤 다다랐을 때 기내 라디오 채널을 유니콤Unicom으로 돌렸다. 모든 조종사가 공유하는 주파수인 유니콤에서는 소속사가 달라도 기상 상황이나 공항 연착 등에 관한 정보를 주고받을 수 있다. 30년 경력의 루프트한자 조종사 크노트는 이 대서양 횡단 항로를 셀 수 없을 만큼 오갔다. 구형 747기는 해발 고도 9000미터 상공에서 시속 970킬로미터 이하로 순항 중이었다. 하늘은 파랗고, 공기는 잔잔하고, 지평선은 또렷했다. 자동조종장치를 켜 둔 채 비행기들 사이에 오가는 시시한 농담을 듣고 있는데, 갑자기 네덜란드항공 조종사가 흥분한 목소리로 말했다. "뉴욕에 무슨 일이 생겼나 봅니다. 사고랍니다."

크노트는 주파수를 BBC로 돌렸다. 방송국에서는 뉴욕 상황을 생중계하고 있었는데, 진행자가 세계무역센터 북쪽 건물에 항공기 충돌로 보이는 폭발 사고가 발생했다고 보도했다. 아연실색한 크노트는 부조종사와 항공 기관사를 번갈아 바라보며 자신이 제대로 들

* 캐나다 방송협회.

은 게 맞는지 재확인했다.

비행기가 어떻게 건물에 충돌할 수 있나? 불가능한 일이었다. 부조종사는 소형 자가용 비행기가 틀림없다고 추측했다. 조종사가 심장마비를 겪거나 기절했을 것이라고 말이다. 설사 그렇다 해도, 비행기가 고층 건물을 들이받을 확률이 얼마나 될까? 1945년에 B-25기를 몰던 어느 육군 조종사가 안개에 길을 잃어 엠파이어스테이트빌딩에 충돌한 적은 있었다. 하지만 무척 오래된 일이고, 현재 맨해튼 상공 비행 시 접근 경로와 규칙은 그때와 전혀 다르다. 이야기를 나누는 사이, BBC 방송이 다시 한 번 주의를 끌었다.

"또 다른 폭발이… 두 번째 비행기가 세계무역센터에 충돌했습니다!"

두 번째 비행기? 비행기가 두 대나 세계무역센터에 부딪쳤다고? 분명 사고가 아니었다. 뉴욕 시각은 오전 9시 3분. 크노트는 라디오 주파수를 이리저리 돌리며 조각조각 정보를 모았다. 한 가지 확실한 사실은, 심지어 머리에 총을 들이댄다고 한들 비행기를 일부러 무역센터에 충돌시킬 조종사는 없다는 것이었다. 조종사가 아닌 다른 누군가가 그 비행기를 조종한 것이 틀림없었다.

이 점을 눈치챈 사람은 크노트만이 아니었다. 수많은 조종사가 유니콤을 통해 조심하라는 경고의 말을 주고받았다. 상공에 있는 비행기는 모두 납치범의 표적이 될 수 있었다. 일 분 일 초가 지날 때마다 유니콤에서 들려오는 조종사들의 목소리는 더욱더 고조되었다. 어느 항공사가 연루되었는지 아는 사람 있습니까? 아메리칸항공인가요? 아니면 유나이티드? 델타? 누구 편명을 들은 사람 있습니까?

실종된 비행기가 전부 몇 대죠? 한 대? 두 대? 다섯 대? 아홉 대?

9시 15분, 뉴욕시 인근 공항이 전부 폐쇄되었다는 소식을 들은 크노트는 어찌해야 할지 몰라 프랑크푸르트에 있는 루프트한자 본사에 지침을 달라고 긴급 연락을 취했다. 뉴욕까지는 아직 네 시간이 남아 있었다. 미국으로 계속 비행해서 다른 어딘가에 착륙해야 하나, 아니면 비행기를 돌려 독일로 가야 하나? 회항은 간단한 일이 아니었다. 비행기 한 대가 방향을 돌리면 상공의 모든 비행기가 영향을 받기 때문에 동선을 신중하게 짜야 한다.

빨리 결정해야 했다. 대서양 중앙지점인 경도 30도, 보이지 않는 그 선을 지나면 더는 회항이 불가능한데, 크노트의 비행기가 이미 그 지점에 다다르고 있었다. 일단 그 선을 넘어가면 조종사는 웬만해선 그대로 목적지를 향한다. 지시를 기다리는 동안, 크노트는 지금 루프트한자 400편에 탑승한 승객 354명을 떠올렸다. 그중에 누군가 위험인물이 있는 건 아닐까? 만약 테러범이 타고 있다면, 일단 미국에 근접할 때까지는 가만히 기다리겠지. 크노트는 등 뒤에 있는 조종실 문을 힐끗 보았다. 문은 그리 견고해 보이지 않았다. 더 심각한 문제는, 심지어 잠겨 있지도 않다는 것이었다.

02

해럴드 오라일리는 생일에 관해서는 생각하고 싶지 않았다. 고작 쉰 살이 되었다고 호들갑 떨고 싶지도 않았다. 평소처럼 갠더 항공교통관제센터에서 근무를 마치고 아내와 가족과 함께 저녁을 먹을 생각이었다. 관제센터는 갠더국제공항에서 1.5킬로미터 거리에 있는 지하 요새 형태의 건물로, 유럽과 북미 사이를 비행하는 모든 항공기를 추적하는 곳이다. 매일 대서양을 가로지르는 항공기 천여 대가 서로 충돌하지 않도록, 관제사 40여 명이 각자 맡은 해상 비행 영역을 관리한다. 미국으로 가는 비행기가 뉴펀들랜드를 통과하면 관제사는 몬트리올이나 보스턴 또는 뉴욕에 있는 담당 관제사에게 해당 항공기를 인계한다. 유럽으로 가는 경우에는 비행기가 대서양 중앙 지점을 지나 반대편으로 넘어가면 아일랜드나 프랑스, 스페인으로 넘겨준다.

갠더에서 일하는 관제사는 대체로 좁은 하늘에 비행기 수백 대가 한꺼번에 몰려드는 주요 대도시의 관제사만큼 압박을 심하게 받지는 않는다. 대도시 관제 센터의 최우선 과제는 공중 충돌을 막는 일이다.

물론 갠더의 관제사도 이 문제에 주의를 기울이지만, 대서양을 건너는 비행기는 서로 충분히 떨어져 비행하기 때문에 그다지 위험하지 않다. 장거리 대양 비행의 관건은 조종사가 연료를 덜 쓰고 조금이나마 더 빨리 목적지에 도착하게 해 주는 공기 띠, 즉 제트기류를 파악하는 것이다. 날씨가 어떻든 간에 조종사가 이 기류를 쉽게 탈 수 있도록 정확한 고도를 파악해 주는 것이 갠더 관제사의 실력이다. 이들은 지도상의 한 지점에서 다른 지점으로 조종사와 승객을 가능한 한 순조롭고 편안하게 이동시키는 데서 자부심을 느낀다.

관제사가 무수한 여행객을 지켜보는 건물 내부는 그 목적에 지극히 걸맞은 형태를 띠고 있다. 창문은 하나도 없고, 빛이 화면에 퍼져 관제사의 시야를 방해하지 않도록 중앙 관제실 조명도 어둡게 유지한다. 그 결과, 눈앞의 모니터에서 나오는 인공적인 불빛에 둘러싸인 채 대서양 상공을 제어하는 관제사는 마치 초자연적인 존재처럼 보인다.

오라일리는 갠더 관제센터에서 28년 동안 일했다. 어릴 때는 뉴펀들랜드 끝자락, 배를 타야만 들어갈 수 있는 인구 수백 명 규모의 작은 마을에서 자랐다. 어른이 되어서는 고등학교 교사로 잠시 일했지만 뭔가 색다른 일에 도전해 보고 싶었다. 확실히 항공 관제사가 되는 것은 색다른 일이라 할 만하다. 이제 오라일리는 고위급 관제사가 되었다.

수석 감독관으로서 오라일리는 관제센터 운영을 총괄했다. 센터도 상공도 모두 그의 손에 달려 있었다. 그날 출근 후 두어 시간이 지날 무렵, 누군가 비행기 한 대가 세계무역센터를 들이받았다며 휴

온 세계가 마을로 온 날

게실에 와서 텔레비전을 보라고 했다. 오라일리가 휴게실에 들어서는 순간 두 번째 비행기가 세계무역센터에 충돌했다. 충격은 곧 사건이 더 이어질 거라는 공포감으로 번졌다. 분명 뉴욕 모든 공항이 폐쇄될 거로 판단했다. 하지만 그런 오라일리도 보스턴항공교통관제센터로부터 미국 내 모든 영공이 폐쇄되었다는 전화를 받았을 때는 경악했다.

보스턴에서 전한 또 다른 소식은 유나이티드, 아메리칸, 델타, 콘티넨털 등 미국 항공사 소속 비행기는 모두 다 즉시 가장 가까운 공항에 착륙해야 한다는 것이었다. 외국 항공사 소속인 경우 본국으로 회항하거나 캐나다에 착륙하거나 둘 중에서 선택할 수 있지만 미국 항공기는 예외였다. 오라일리가 보스턴연방항공국 관계자와 통화하는 사이에 아메리칸항공 77편이 펜타곤에 충돌했다. 2001년 9월 11일은 오라일리의 일생에서 믿을 수 없을 만큼 놀라운 생일이 될 것이 틀림없었다.

오라일리는 감독관을 불러 모았다. 대부분 오랜 시간 함께 일해 온 사이라, 감독관의 판단을 신뢰했다. 지금쯤이면 건물 안에 있는 모두가 뉴욕 참사 소식을 알고 있을 테니, 상황 설명을 하는 도중에 무심결에 공포나 불안을 드러내는 사람이 있는지 보려고 감독관들의 표정을 살폈다. 공포를 느꼈을 수도 있지만, 겉으로 드러내는 사람은 전혀 없었다. 그보다는 닥쳐 온 도전에 맞서려는 의지가 강하게 드러났다.

상공을 비행하던 항공기 약 300대가 항로를 변경해 임시 착륙할 곳이 필요했다. 모두 비행 고도를 바꾸고 방향을 틀어 캐나다 동부의 몇 안 되는 공항으로 몰려가야 하는 상황이었다. 이미 센터에는 대처 방안을 알려 달라는 조종사의 문의가 쏟아지고 있었다. 오라일리는 감독관들에게 간결하게 딱 한 가지 지시 사항을 전했다. "최대한 빨리, 아무 사고 없이 저 비행기를 다 착륙시키도록 합시다."

감독관들은 두려워하지 않았을 수도 있지만, 오라일리는 사고가 날지 모른다는 공포를 느꼈다. 관제사 역량을 의심해서가 아니었다. 일단 비행기가 너무 많고, 그걸 전부 다 최대한 빨리 착륙시켜야 하니 안전을 살필 시간이 너무 부족하다는 게 마음에 걸렸다.

부르지도 않았는데, 테러 발생 후 30분도 안 되어 비번인 관제사가 하나둘 센터에 나타났다. 결국 모니터 앞에 앉은 관제사마다 적어도 한 명의 보조 관제사와 감독관이 배치되었다. 어느 비행기를 어디에 착륙시킬지 정해 놓은 설계나 구상은 전혀 없었다. 착륙이 가능한 몇 안 되는 공항에 비행기를 분산시키기 시작했다. 뉴펀들랜드주 세인트존스와 스티븐빌, 뉴브런즈윅주 멍크턴, 노바스코샤주 핼리팩스, 거기다 좀 더 큰 도시인 몬트리올, 퀘벡, 심지어 토론토까지도 포함했다. 그러나, 오라일리가 염두에 둔 핵심 지역은 갠더였다.

30년대 중반에 건설한 갠더공항은 원래 미국, 영국, 캐나다가 함께 사용하는 군사기지였다. 1938년 개장할 때만 해도 세계 최대 규모였다. 당시 가장 무거운 비행기를 수용할 수 있는 활주로가 있어, 제2차 세계대전 기간에 군사기지로서 핵심 역할을 했다. 미국에서 유럽으로 보급품과 군대를 실어 나르려면 대서양 횡단 비행을 앞두고 갠더에 내려 연료를 보충해야 했다. 미국에서 제조한 전투기와

온 세계가 마을로 온 날

중폭격기heavy bombers 2만여 대가 유럽으로 떠나기 전에 갠더를 거쳐 갔다.

종전 후, 비행장은 민간 항공기 급유지로 활용되었다. 40년대 후반에서 50년대까지, 미국과 캐나다에서 해외로 가는 거의 모든 민간 항공기가 갠더에서 연료를 보충했다. 갠더국제공항은 세계 최대 주유소로 유명했고, 항공 교통량이 늘면서 지역사회도 성장했다. 공항 건설 전까지는 존재하지 않던 갠더시는 항공업의 가능성에 미래를 걸었다. 주요 도로에는 대부분 예거, 버드, 린드버그와 같은 유명 비행사의 이름이 붙었다. 마을의 가게들도 항공 콘셉트를 가져다 썼다. 도시 한 가운데 자리한, 시끌벅적하기로 유명한 갠더 최고 인기 술집의 이름은 플라이어스클럽Flyer's Club이었다.

냉전이 최고조에 달한 60년대와 70년대에 갠더는 재차 변화를 겪었다. 동유럽과 쿠바를 탈출한 사람이 해마다 수백 명씩 찾아왔다. 피델 카스트로 집권기에 쿠바에서 소련 및 위성 국가 사이를 오가는 항공편은 모두 갠더에서 연료를 보충했다. 아바나에서 모스크바 또는 동베를린 사이를 운항하는 아에로플로트* 항공기가 갠더에 착륙해 정비하는 동안 승객은 비행기에서 내릴 수 있었는데, 그 중에는 번번이 캐나다 정부에 망명을 요청하는 사람이 있었다. 한동안 갠더는 "망명 천국"이라 불렸다.

동베를린을 탈출해 갠더로 가는 사람이 너무 많다 보니, 서베를린에서는 분단국의 민주사회 진영으로 넘어가려는 망명 신청자의

＊　　 당시 소련항공이다.

최종 목표 실현을 돕기 위해서 갠더에 특별 영사관을 설치했다. 동베를린에서 서베를린으로 가는 가장 빠른 길은 장벽을 넘는 게 아니라 갠더로 날아가는 것일 때가 많았다. 물론, 모두가 망명자는 아니었다. 카스트로는 현지인이 횟수를 다 세지 못할 정도로 자주 갠더를 찾았다. 장기 체류 중에 한 번은 어느 주민이 마을을 지나가는 그 쿠바 독재자를 터보건*에 태워 준 적도 있었다.

그러나 번영하던 갠더시는 60년대에 제트엔진이 등장하면서 내리막길을 걷기 시작했다. 민간 항공 중심지이던 갠더의 몰락을 기술적으로 결정지은 건, 70년대에 등장한 연료 용량이 크고 비행시간이 긴 보잉 747기였다. 노후 항공기를 보잉 747 같은 새 기종으로 교체하는 항공사가 점차 늘자, 수컷 거위의 이름을 딴 이 도시는 압박에 시달렸다. 많은 항공사가 갠더에서 아예 철수하면서 부동산 가격이 폭락했다.

80년대와 90년대에는 일부 전세기와 미 군용기의 연료 보충지 역할을 했다. 1985년 12월 12일 애로우항공 전세기가 공항 이륙 직후 800미터 지점에서 추락해 미 육군 101공수사단 248명을 포함한 탑승자 전원이 사망했다. 병사들은 시나이반도에서 평화 유지 임무를 수행한 후 성탄절을 맞아 노스개롤라이나로 돌아가던 길이었다. 애로우 충돌 사건은 캐나다 역사상 최악의 항공기 사고로 남았다.

지난 30여 년 동안 갠더는 자가용 및 민간 제트기가 자주 들르는 기착지였다. 유명인과 대기업 최고경영자가 칸이나 런던, 로마

---

*   바닥이 편평하고 긴 썰매.

등지로 가는 도중에 갠더공항 특별 라운지에 머물렀다. 공항 직원은 프랭크 시나트라, 존 웨인, 리 아이아코카, 존 트라볼타, 오프라 윈프리, 브래드 피트, 니콜 키드먼, 톰 크루즈 같은 연예인과 예사로 마주쳤다. 최근 20여 년 동안, 각국 정상 25명가량이 갠더를 거쳐 갔다.

2000년대가 시작될 무렵, 갠더공항이 몇 년 후 우주선 이륙 직후 임무를 중단해야 할 경우 착륙할 대체 부지로 선정되었다. 그 일로 갠더시민은 항공 분야에 관한 자부심을 회복할 수 있었다. 갠더공항이 우주선 착륙에 적합한 곳이라고 판단한 이유는 활주로가 유난히 길어서였는데, 9월 11에 해럴드 오라일리도 같은 이유로 갠더야말로 하늘을 가득 메운 채 갈 곳 잃고 방황하는 초대형 여객기 무리를 맞이하기 걸맞은 곳이라고 보았다.

오라일리 입장에서는 역설적인 상황이었다. 갠더공항을 완전히 쓸모없는 곳으로 만들었던 바로 그 비행기가 이제는 피난처를 찾아 이곳으로 와야 하는 처지가 되었으니 말이다.

갠더시청 텔레비전에는 유선방송 채널이 없었다. 지역 방송국이 정규 방송을 중단하고 뉴욕 속보를 내보냈지만 수신 상태가 좋지 않았다. 그래도 시청 직원들은 둘러서서 공포에 떨며 뉴스를 지켜보았다. 엘리엇 시장은 몇 분 보다 말고 CNN 방송을 보러 집으로 가기로 했다.

집 안에서, 엘리엇은 도무지 믿을 수 없는 심정으로 텔레비전을 응시했다. 건물이 불길에 휩싸이는 장면을 보는 내내 화면 한구석에 뜬 '생중계'라는 단어를 흘깃거렸다. 속으로 이게 영화에 나오는 장면이 아니라 진짜로 지금 벌어지는 일이란 말이지, 하고 되뇌었다. 얼마 안 가 읍장town manager *에게 온 전화를 받았다. 공항 관계자가 전화로 말하기를, 미국 영공이 폐쇄되어 수많은 비행기가 캐나다로 향하는 중이라고 했다는 것이다. 그중 상당수인 50대 정도가 갠더공항에 착륙할 것 같다고 했다.

"승객은요?" 엘리엇이 물었다.

읍장이 듣기로 현재로서는 착륙만 허가하고, 미국 영공이 다시 열려 이륙할 수 있을 때까지 승객은 기내에 그대로 머물게 할 계획이라고 했다. 대기 시간은 몇 시간 남짓으로 예상했다.

엘리엇은 상황을 간파했다. 텔레비전에 펼쳐진 사건을 볼 때 미국은 혼돈 상태일 듯했다. 대통령은 소재가 불분명하고 육군이 집결하고 있었다. 무슨 일이 벌어지고 있는지 누구도 알지 못하는 것 같았다. 분명 몇 시간 정도로 끝날 일이 아니었다. 시장은 계산하기 시작했다. 비행 중인 항공기 50대에 승객과 승무원이 대략 250명씩 타고 있다면 앞으로 몇 시간 안에 1만 2000명 이상이 갠더에 착륙할 것이다. 아무도 비행기에서 내리지 않는다 쳐도, 그만한 인원이 먹을 음식을 마련하는 일만 해도 갠더만 한 도시로서는 보통 일이 아닐 것이다.

엘리엇은 가만히 손 놓고 있을 수 없었다. 승객들이 밤새 고립될 경우에 대비해야 했다. 시청 안에 긴급 대응반을 꾸리고, 필요하면 협조를 요청하라고 지방자치단체에 두루 연락하기 시작했다.

* 　　시의 더 작은 단위인 읍town 행정을 담당하는 직위로, 읍의회town council 의장이 맡는다.

　　　　　　　　　　　　　　　온 세계가 마을로 온 날

공항에서는 제프 터커가 이미 대비하고 있었다. 갠더국제공항에서 19년 동안 일한 터커는 당시 지역 공항공사 부사장이었다. 사장이 회의 참석차 자리를 비운 터라 터커가 지휘를 맡아야 했다.

공항 관제탑에 있던 감독관 브루스 테리스에게서 뉴욕 테러 소식을 듣자마자, 그만한 재난이면 갠더에도 파장이 미치리라는 예감이 들었다. 터커는 늘 갠더국제공항을 "북대서양의 구명정"이라고 불렀다. 유럽에서 미국으로 운항하는 조종사라면 누구나 갠더가 어디에 있는지 정확히 안다. 대양 위에서 심각한 기계적 결함이 발생하거나, 심장마비 환자가 발생하거나, 기내 난동으로 야단법석이 나면 조종사는 갠더에 비상착륙한다.

관제탑에서 연락을 받은 후, 터커는 캐나다 연방경찰 파견대 대장, 갠더 캐나다 군사기지 사령관, 그리고 지방 및 연방정부 관계자와 만났다. 곧 엄청난 일이 닥쳐오리라는 걸 모두 알고 있었다. 그러나 연방경찰과 오타와의 중앙정부는 비행기 착륙은 허용하되 아무도 내리게 해서는 안 된다고 강력히 주장했다.

오라일리는 침착하게 대처하는 관제사를 보고 감탄했다. 첫 번째 임무는 현재 미국으로 향하는 모든 비행기와 접촉하는 것이었다. 사건 발생 후 한 시간이 지날 때까지는 테러 소식을 듣지 못한 조종사도 있었기 때문에, 관제사는 그냥 미국에서 "어떤 사건"이 발생해 정부가 영공을 폐쇄했다는 것까지만 말해야 했다. 연락받은 조종사는 비행기를 돌려 유럽으로 돌아가거나 캐나다에 착륙하거나 둘 중

하나를 선택해야 했다.

조종사가 뉴욕에서 일어난 사건에 관해 묻더라도 테러 이야기를 해선 안 되었다. 관제사의 임무는 새 소식을 전하거나, 질문에 답하거나, 헛소문을 막는 것이 아니라, 오직 비행기를 무사히 착륙시키는 것이었다. 사실 관제사는 제대로 된 정보를 전해 줄 위치에 있지도 않았다. 조종사가 민간 라디오 방송을 들을 동안, 관제사는 모니터를 보며 업무를 수행하고 있었다.

십 년 차 관제사인 드웨인 퍼디스터는 8500미터 상공의 비행 영역인 '고고도high altitude'를 맡고 있었다. 담당 구역으로 들어오는 항공기는 대부분 이미 캐나다에 착륙할 예정이라, 조종사에게 줄 만한 선택지가 별로 없었다.

"미국에 사건이 발생해 영공이 폐쇄되었습니다. 세인트존스나 갠더에 착륙할 수 있습니다. 30초 안에 결정해 주십시오. 그 후에는 제가 결정을 내릴 겁니다." 퍼디스터가 말했다.

1분이 지나지 않아 다시 물었다. "결정하셨습니까?"

조종사가 시간을 끌려 하면, 퍼디스터가 직접 결정했다.

"귀 항공기가 착륙 지시를 받을 곳은…" 하고 말을 이어 갔다. '지시'는 조종사와 항공교통관제사 사이에서 대단히 무게 있는 단어다. 예의상 조종사와 관제사는 주로 '요청'이라는 말을 쓴다. 관제사가 '지시'라는 단어를 쓴다면, 그 말은 곧 명령이다. 따르지 않는 조종사는 자격을 상실할 수 있다.

갠더와 세인트존스 중에서 고르라는 말을 들은 한 민간 항공기 조종사가 원래 목적지인 미국으로 가겠다며 퍼디스터와 입씨름을 시작했다. 그 조종사는 역대 최고로 비싸고 화려한 민간 제트기인 걸프스트림 V를 운항하고 있었다. 퍼디스터는 조종사가 아직 뉴욕과 워싱턴의 테러 발생 사실을 모르고 있는 게 틀림없다고 생각했다.

"오늘은 미국으로 못 갑니다. 세인트존스로 착륙 지시합니다." 퍼디스터가 말했다.

"뭘 모르시나 본데, 여기 갑부들이 타고 있단 말입니다."

"뭘 모르는 건 당신입니다." 퍼디스터가 날카롭게 대답했다. "누가 타고 있든 상관없습니다. 세인트존스에 착륙하십시오. 당신의 명청한 태도에 응할 시간이 없어요."

동료 관제사 레그 배슨은 조종사에게 더욱 직설적으로 말했다.

"누구든 미국 영공에 들어가려고 하면 격추당할 겁니다."

배슨은 모니터로 평상시보다 열 배나 많은 비행기를 제어하느라 씨름하고 있었다. 그러니 조종사에게 정신을 바짝 차리라고 당부했다. 담당 영공에 진입하는 모든 조종사에게 우려하는 심정을 드러내며, 대단히 솔직한 요청을 담은 방송을 내보냈다.

"많은 일이 일어나고 있습니다. 여러분을 일일이 주시하기 어려운 상황입니다. 근접 경고에 주의를 기울여 주십시오. 창밖으로 다른 항공기를 살펴보십시오."

승객에게 어떻게 설명할지 결정하는 건 조종사 몫이었다. 사소한 기술적 문제로 캐나다에 착륙한다고 거짓말하거나, 승객 중 환자가 발생해 의료 처치를 받으러 가까운 공항에 착륙한다고 말하거나, 사실을 있는 그대로 말할 수도 있었다.

뭐라고 설명하든, 거의 모든 조종사가 캐나다에 착륙한다는 공지를 확정 직전까지 미루기로 했다. 혹시 기내에 있을지 모를 테러범을 자극해서는 안 된다고 판단했기 때문이다.

프랑크푸르트의 루프트한자 본사에 지침을 요청한 지 30분이 지나도록 크노트 기장은 아무런 응답을 받지 못했다. 기다리는 동안 크노트는 수석 사무장을 조종실로 불러 뉴욕과 워싱턴에서 벌어진 사건에 관해 알려 주었다. 다른 승무원에게는 알리지 말고, 승객 귀에도 절대 소식이 들어가지 않게 주의하라고 했다. 캐나다까지는 아직 두 시간 더 가야 하니 소동을 일으켜서는 안 되고, 무엇보다 혹시 타고 있을지 모를 테러범을 자극해선 안 된다고 생각했다. 그리고는 사무장에게 조종실과 일등석으로 향하는 나선 계단을 식음료 수레로 막고 고정해 방어막을 치라고 했다. 납치범이 마음먹고 달려든다면 오래 버티지는 못하겠지만, 접근 속도를 줄여 승무원이 대응할 시간을 벌 수는 있을 거로 생각했다.

루프트한자 400편이 대서양 중앙 지점에 도착할 때까지도 프랑크푸르트에서는 아무 연락이 없었다. 크노트는 돌아가지 않고 서쪽을 향해 계속 비행하기로 결정하고, 갠더 항공교통통제센터에 연락해 토론토공항으로 비행하도록 허가해 달라고 요청했다. 토론토에는 규모가 큰 루프트한자 운영사무소가 있으니 며칠 동안 발이 묶일 승객을 잘 보살필 수 있으리라 생각했다.

"요청을 거부합니다." 갠더 관제사가 직설적으로 말했다. "지금 바로 착륙해야 합니다."

관제사가 준 선택지는 모두 뉴펀들랜드였다. 기막힌 우연이었다. 크노트는 몇 달 전 모의비행장치로 비상착륙 훈련을 했는데, 그때 연습한 곳 중 하나가 갠더국제공항이었다. 그리고 대서양을 횡단하는 조종사라면 누구나 그러하듯, 크노트의 비행 가방에도 갠더공항 구조와 활주로를 표시한 지도가 들어 있었다.

크노트는 즉시 대답했다. "갠더로 가겠습니다."

현지 시각 오전 11시 직전, 영국 맨체스터를 떠나 플로리다 올랜도로 향하던 버진애틀랜틱 75편이 회항한 비행기 중 제일 먼저 갠더에 착륙했다. 비행기는 도시를 빙 돌아 북동쪽에서부터 저공비행을 하여 22번 활주로에 착륙했다. 승객 337명은 대부분 가족 단위로 디즈니월드에서 휴가를 보내려던 중이었다.

비행기는 천천히 터미널로 진입한 후 멈춰 섰다. 승객들이 창문을 내다보는 동안 소규모 경찰대가 비행기 주위를 둘러쌌다. 승객이 내릴 때 사용하는 이동식 계단은 멀리 보이지 않는 곳에 그대로 서 있었다.

 루프트한자 438편 조종사가 속도를 줄이며 비행기를 오른쪽으로 크게 돌리자 록샌 로퍼의 몸이 앞으로 확 쏠렸다. 비행기가 급감속하는 동안, 록샌은 남편의 손을 잡고 몸을 지탱하며 바닥에서 자고 있던 두 살 배기 알렉산드리아를 두 팔로 안아 올렸다. 도대체 무슨 일인지 궁금했다. 날씨가 나빠졌나? 이상기류인가? 비행기가 고장이 난 걸까?

 프랑크푸르트에서 댈러스까지 가는 경로와 항공기 속도를 알려 주는 앞좌석 후면 모니터를 들여다보니, 시속 970킬로미터이던 비행 속도가 거의 480킬로미터까지 떨어졌다. 그리고 원래 비행경로는 보이지 않았다. 비행기는 서쪽이 아니라 미국에서 멀리 떨어진 북쪽을 향하고 있었다. 여전히 대서양 위에 있기는 하지만 지도의 가장 가까운 지점을 향해 가고 있는 듯했다. 록샌은 심장이 쿵쾅거렸다. 착륙하려는 걸까? 바다 위로 추락할까 봐 그러는 걸까?

 아주 긴 시간이 지난 듯했지만, 몇 초 안 되어 기내 방송을 통해 조종사의 목소리가 들려왔다. 독일어로 말했기 때문에 어조만으로는 별다른 정보를 알아낼 수 없었다. 그러는 사이 방송을 알아들은 승객이 육성으로 헉하며 놀라는 소리가 들렸다. 록샌은 더욱더 겁이 났다. 드디어 조종사가 약간 어색한 영어로, 미국 영공이 폐쇄되어 뉴펀들랜드 갠더에 착륙하라는 명령을 받았다고 전했다.

"30분 안에 착륙합니다." 더 이상의 설명은 없었다.

앞좌석에 앉아 있던 노신사가 록샌을 돌아보았다. 혼란스러운 표정으로 평생 여행하면서 미국 영공이 폐쇄되었다는 소리는 들어본 적이 없다고 말했다. "한 번도, 단 한 번도."

기내에 있던 모든 승객이 주변의 낯선 사람과 대체 무슨 일이 생긴 건지 염려하며 수군거렸다. 미국에서 비행기 충돌 사고가 발생한 게 아니냐고 묻는 사람이 있었다. 하지만 그건 말도 안 되는 일이었다. 사고 하나가 발생했다고 정부가 항공 체계를 전부 폐쇄한 적은 없었다. 뭔가 더 큰 일이 생긴 게 틀림없었다.

폭탄일까? 하지만 그 역시 비행기 한 대에만 영향을 미칠 것이었다.

테러일까? 미국이 테러를 당한 걸까? 세상에, 어떻게 공격했을까? 그리고 누가? 승객들은 최악의 경우를 상상하기 시작했다. 승무원에게 더 자세히 알려 달라고 해도, 맹세코 자신도 더 아는 게 없다고 했다. 중얼거리는 기도 소리가 기내를 맴돌았다.

알렉산드리아는 이제 록샌의 남편 클라크에게 안겨 있었다. 아이를 마침내 입양한 지 겨우 엿새째였다. 복잡한 해외 입양 절차를 거치느라 몇 달 동안 씨름한 록샌은 최악의 상황은 다 지나갔다고 생각했다. 그런데 갑자기 무슨 일이 벌어질지 모를 상황이 되고 말았다.

록샌의 삶은 이미 크게 달라졌다. 그 과정을 전부 돌이켜 보지 않을 수 없었다. 인터넷에서 처음 알렉산드리아의 사진을 본 게 15개월 전이었다는 게 실감나지 않았다.

아이를 가지려는 노력이 실패로 돌아가자 부부는 입양을 결정했다. 무수한 입양 안내 웹사이트를 살펴보던 중, 월드파트너스에서 당시 9개월이던 알렉산드리아를 발견했다. 록샌은 그 아이에게 전혀 알지 못하던 특별한 인연을 느꼈다.

월드파트너스에 연락하니 알렉산드리아는 입양할 수 없는 상태라고 했다. 부부는 포기하지 않고 입양 기관 상담사와 계속 의논한 끝에 3개월 된 다른 아이를 입양하기로 했다. 알렉산드리아와 마찬가지로 몽골인과 터키인의 후손이 사는 중앙아시아 국가 카자흐스탄에서 태어난 그 아이에게 서맨사라는 이름을 붙여 주었다.

아이를 입양하는 이 긴 여정에 나서는 미국인은 대부분 자신과 닮은 '백인' 아이를 찾으러 러시아나 루마니아로 향했지만 록샌과 클라크는 달랐다. 아이의 피부색이 달라도 상관없다고 생각했기 때문에 카자흐스탄을 선택했다. 단지 사랑을 줄 아이를 찾기 원했을 뿐, 얼마나 멀리까지 찾아가야 한들 개의치 않았다.

인구 1053명인 텍사스 알토에서 카자흐스탄까지는 분명 먼 거리다. 스물아홉 살인 록샌과 서른세 살인 클라크는 댈러스 남동쪽으로 두 시간 거리에 있는 이스트텍사스 외곽에 100만 평 넓이의 목장을 갖고 있다. 말과 닭, 소를 키우며, 숲을 조성하려고 수십만 평의 땅에 소나무를 심어 가꾸고 있다.

2000년 6월, 부부는 서맨사를 입양하기 위해 카자흐스탄으로

온 세계가 마을로 온 날

가는 고된 여정에 나섰다. 한 달 가까이 걸려 모든 절차를 끝낸 후 아이를 데리고 집으로 돌아오기까지 입양에 든 비용은 거의 2만 5000 달러에 달했다.

그리고 나서 2001년 초, 월드파트너스 웹사이트를 훑어보던 록샌은 또다시 알렉산드리아의 사진을 발견했다. 그때보다 더 자랐지만 분명 그 아이가 틀림없었다. 입양 기관에 연락해 실제로 자신이 일 년 전 보았던 아이임을 확인했다. 왜 이제 와서 갑자기 알렉산드리아가 입양 대상이 되었는지 알 수 없지만, 그런 건 아무 상관없었다. 록샌은 서맨사에게 자매가 생길 때가 왔다고 클라크에게 말했다.

부부는 가진 돈을 전부 끌어모아 입양 과정을 처음부터 다시 시작했다. 8월 18일 댈러스를 떠나 프랑크푸르트로 갔다가, 러시아에서 모스크바 남동쪽으로 800킬로미터 거리에 있는 공업 중심지 사마라로 향했다. 거기서 자동차를 타고 우랄산맥을 관통하는 비포장도로를 여섯 시간 달려 카자흐스탄에 들어갔다. 그리고 남동쪽으로 300여 킬로미터를 더 가서 아프가니스탄 국경 지대에 도착했다.

오랄시에 있던 그 고아원은 그냥 제2 보육원으로 불렸다. 검은 대문이 달린 보육원 건물은 마치 공장처럼 보였고, 아이들은 건물 주위를 둘러싼 메마른 흙밭에서 뛰어놀았다. 외관이 불길해 보이긴 했지만, 정부가 운영하는 그 시설의 내부는 깨끗했고 보육도 잘 하는 듯했다. 신생아부터 네 살 사이인 아이 80명 정도가 그 보육원에 살고 있었다.

8월 20일 오전 4시에 오랄에 도착한 부부는 보육원 근처 허름한 호텔에 묵었다. 이후 14일 동안 매일 보육원에 가서 알렉산드리아와 가까워지기 위해 오전과 오후 두 시간씩 함께 놀았다. 알렉산드리아는 클라크와 즉시 친해졌지만 록샌에게는 질색했다. 부부가 찾아갈 때마다 아이는 클라크에게 달려갔고, 록샌이 안으려 하면 기겁했다.

9월 5일, 입양을 확정받기 위해 부부는 카자흐스탄을 가로질러 알마티로 날아가 법원 심리를 받았다. 입양이 결정되자 9월 9일에 다 같이 모스크바로 갔다. 카자흐스탄에서 아이를 입양하는 경우 모스크바 주재 미 대사관을 방문해 미국 의사에게 건강검진을 받은 후에야 여행 비자를 발급받을 수 있다.

9월 11일 오전 3시, 러시아를 떠난 가족은 댈러스로 향하는 연결편 시각에 맞춰 프랑크푸르트에 도착했다. 루프트한자 438편 승객 중에는 카자흐스탄에서 아이를 입양해 가는 부부가 이들 말고도 더 있었다.

베스와 빌리 웨이크필드도 월드파트너스를 통해 11개월 된 여자아이를 입양했다. 아이 이름은 다이애나로 지었다. 두 부부는 댈러스에서 함께 출발했지만, 다이애나와 알렉산드리아의 보육원이 서로 다른 도시에 있어서 카자흐스탄에 도착해서는 헤어졌다가 알마티에서 다시 만나게 됐다.

두 가족은 함께 모스크바를 떠나 독일을 거친 다음 다 같이 집으로 가는 중이었다. 몇 시간 후면 댈러스에 도착할 수 있었다. 거기서 웨이크필드 부부와 새로 얻은 딸 다이애나는 다시 한 번 비행기를 타고 가족과 친구들이 공항까지 나와 기다리고 있는 내슈빌로 갈 예정이었다.

온 세계가 마을로 온 날

록샌과 클라크 로퍼는 댈러스에서 웨이크필드 가족을 떠나보낸 뒤, 역시나 커다란 환영 파티가 열릴 알토의 집까지 자동차로 이동할 예정이었다. 록샌은 빨리 가고 싶어 안달했다. 서맨사와 이렇게 오래 떨어져 지낸 적은 처음이라 너무 그리웠다.

비행기 좌석이 꽉 차지 않아 비좁은 느낌 없이 아이와 편하게 몸을 뻗을 수 있었다. 알렉산드리아는 바닥에서 잠을 잤다. 다이애나는 잠을 못 자고 조금 칭얼거렸다. 험난한 3주를 보낸 후라, 로퍼와 웨이크필드 부부 모두 정신적 육체적으로 지쳐 있었다. 이동 과정, 관료들, 서류작업, 언어 장벽, 음식, 생활환경 등 모든 게 고통스러웠다. 이제 더는 건너야 할 장애물도, 극복해야 할 걱정거리도 없으리라 생각했다. 몇 시간만 지나면 집에 도착한다. 몇 시간만 지나면 내 집에서 샤워하고, 내 침대에서 잠들고, 내 부엌에서 음식을 먹을 수 있다. 몇 시간만 지나면 일상을 되찾을 수 있다. 그렇게 생각하니 비로소 긴장이 풀리려 했다.

그러던 사이 갑자기 비행기가 우회전했고, 30분 후 갠더에 착륙했다.

아일랜드항공 105편에서 무슨 문제가 생겼다고 느낀 사람은 조종사와 승무원 외에는 아무도 없었다. 레니 오드리스콜은 아내 걱정뿐이었다. 아일랜드에서 집까지 가려면 몇 시간은 걸릴 텐데, 어떻게 해야 마리아의 마음을 달랠 수 있을지 여태 고민하고 있었다.

지도를 들여다보던 레니는 더블린에서 뉴욕으로 가는 항로가 뉴펀들랜드 위를 지나는 걸 발견했다. 순간 떠오른 생각을 마리아에게 말했다.

"이봐요, 마리아, 뉴펀들랜드에 당신을 한 번도 데려간 적이 없었 군요. 언젠가 한 번 데려가 줄게요. 다음 여행 계획을 세워 봅시다."

뉴펀들랜드에 못 간 지 35년 째였다. 세인트존스 외곽 베이불스 라는 어촌에서 태어난 레니는 직장을 찾아 미국으로 떠났다. 마리아 는 뉴펀들랜드에 가자는 레니의 제안이 무척 마음에 들었다. 새로운 모험을 향한 기대만큼 기운 나는 일은 없었다. 20분 후, 조종사가 기 내 방송을 켜더니 미국에 문제가 발생해서 가장 가까운 공항에 착륙 하라는 명령을 받았다고 공지했다. 그리고는 이렇게 선언했다.

"우리 비행기는 뉴펀들랜드 갠더에 착륙할 예정입니다."

마리아와 레니는 귀를 의심했다. 레니는 편치 않은 미소를 지으 며 말했다. "이런, 결국 내가 지금 바로 당신을 뉴펀들랜드에 데려갈 모양이군요."

같은 비행기 뒤쪽에서는 해나와 데니스가 조종사의 설명에 귀 를 기울이고 있었다.

"테러범이 쌍둥이 빌딩*을 공격했습니다. 더 자세한 사항은 파 악하는 대로 전해 드리겠습니다. 침착하게 기다려 주십시오."

해나는 즉시 아들 케빈을 떠올렸다. 뉴욕시에서 8년째 소방관으 로 일하는 케빈은 소방국에서도 가장 유능한 화재 구조팀 일원이었 다. 아들이 일하는 소방서가 맨해튼브리지 바로 건너편인 브루클린

---

*   세계무역센터의 별칭.

에 있으니, 만약 근무 중이었다면 참사 현장 한가운데 있을 가능성이 컸다.

"오늘은 아마 비번일 거예요." 해나가 말하자 데니스는 가볍게 고개를 끄덕였다.

할 수 있는 다른 일이 없으니, 해나는 눈을 감고 기도했다.

해나의 조카 브렌던 보일런과 여자 친구 어맨다도 동행 중이었다. 갠더에 착륙하자마자 네 사람은 서로 챙기기 바빴다. 얼마 동안 대기해야 할지, 언제 비행기에서 내릴 수 있을지 전혀 알지 못했다.

휴대전화로 집에 전화를 거는 승객이 늘면서 뉴욕 사태의 심각성이 기내에 알려졌다. 승객 중에 소방관 부모가 있다는 걸 안 몇몇 승객은 다가가 아들의 안전을 바라는 기도를 전했다.

해나는 한 남자가 가족과 통화하라며 빌려준 휴대전화로 롱아일랜드 시더허스트에 사는 딸 퍼트리샤에게 전화를 걸었다.

테러 발생 전, 퍼트리샤는 부모가 돌아왔을 때 냉장고가 비어 있지 않도록 장을 보러 갔다. 슈퍼마켓에서 나와 차를 몰고 돌아가던 중에 라디오에서 끔찍한 소식을 들었다. 퍼트리샤는 즉시 부모가 탄 항공기의 행방을 수소문했다. 얼마 안 가 유럽발 항공기는 모두 회항했으니 어머니와 아버지도 더블린으로 돌아가고 있을 거라는 이야기를 들었다. 극도로 흥분한 퍼트리샤는 아일랜드에 있는 친척에게 연락해 그 소식을 전했다.

더블린 공항에 마중 나갈 사람을 찾느라 바삐 움직이는데, 퍼트리샤의 전화가 울렸다. 해나였다.

"케빈 지금 일하는 중이니?" 인사를 나눌 겨를도 없이 해나가 물었다.

"네, 엄마. 오늘 근무일이에요." 퍼트리샤가 대답했다.

"무슨 소식 들은 사람 있어? 그 애는 괜찮다니?"

"아무 연락 없었어요." 퍼트리샤가 말했다. "하지만 분명 별일 없을 거예요."

그저 어머니를 안심시키려고 한 말이 아니라 정말 그렇게 믿고 있었다. 퍼트리샤가 아는 한, 큰오빠는 사건 현장에서 일손을 멈추고 전화할 사람이 아니었다. 지금까지 어려운 상황에 부딪힐 때마다 오빠는 늘 똑같이 행동했다. 우선은 일에 집중하고, 다 끝난 다음 모두에게 전화를 걸어 얼마나 엄청난 경험을 했는지 들려주곤 했다.

"지금 어디 계세요?" 퍼트리샤가 드디어 물었다.

"노바스코샤야." 해나가 엉뚱한 지명을 댔다. 소란한 와중에 조종사의 말을 잘못 들은 모양이었다. "이제 끊어야겠어. 전화를 걸려고 기다리는 사람이 많거든."

"걱정 마세요, 엄마." 퍼트리샤가 거듭 말했다. "오빠는 괜찮을 거예요. 집으로 돌아올 거예요."

퍼트리샤의 말이 옳다는 건 해나도 알고 있었다. 케빈은 분명 지금까지 여러 차례 위기를 넘겼다. 몇 주 전만 해도 허드슨강에 뛰어들어 자살하려던 남자를 구조하러 출동한 적이 있었다. 케빈은 구조대 중에서 제일 먼저 현장에 도착해 잠수 장비를 착용했다. 수면 아래 어떤 물체가 있을지 모르기 때문에 부두에서 어두운 물속으로 뛰어드는 건 위험하다는 사실을 알면서도 하여간 뛰어들었고, 수중

온 세계가 마을로 온 날

에 있던 말뚝에 부딪혀 다리를 다쳤다. 그런데도 구조 작업을 멈추지 않은 케빈은 결국 그 남자를 구해 냈다. 그보다 한 달 전에는 브루클린에서 불이 난 아파트에 들어가 나이 든 여성을 구조했다. 한 달후 그 여성의 아들이 소방서에 찾아와 감사의 표시로 평생 모은 돈 2000달러를 주려고 했다. 물론 소방관들은 받지 않았다. 그 대신 케빈이 나서서 그 돈으로 사랑하는 이들의 집에 화재 감지기를 설치하면 어떠냐고 일러 주었다. 해나는 그 일을 몹시 자랑스러워했다.

케빈은 장비가 녹을 정도로 불길에 가까이 다가가곤 했다. 상관이 그런 위험한 행동은 하지 말라고 꾸짖었지만, 그러지 않고는 일을 해낼 방법을 알지 못했다. 소방국에서 일하는 동안 케빈은 개인적으로는 네 차례, 같은 소방서 동료들과는 세 차례나 용기 있는 소방관에게 주는 표창을 받았다.

한번은 아내 메리앤이 그에게 물었다. 불길에 휩싸인 건물에 뛰어들거나 위험한 구조 작업을 시도하기 직전에, 집에서 자신을 기다리는 아내와 두 아이를 떠올리고 멈춰선 적이 있느냐고 말이다. 케빈은 아내에게 대답했다. "만약 그런 생각을 한다면, 다들 '너 먼저 가, 난 여기서 기다릴게'라며 뒤로 물러서겠지. 그런 생각은 할 수 없어."

가족들은 케빈이 어려서부터 소방관 일을 꿈꿔 왔고, 애정을 담아 일하고 있다는 사실을 알고 있었다. 9월 11일이 되기 얼마 전에 케빈의 구조팀을 따라다니며 취재하던 한 방송팀이 그에게 소방관이 된 이유를 물었다. 케빈은 이렇게 답했다 "제 생각에 아주 어린 시절까지 거슬러 올라가야 할 것 같은데요. 어릴 때 살던 아파트에서요, 제가 거기 사는 동안에만 세 번이나 불이 났어요. 그때 어린 저를 소방관이 안아서 구해 주었죠. 그래서 좋은 기억이 있어요. 그러니까, 그게, 연기 속에서 말이에요, 갑자기 커다란 아저씨가 나타나 저를 껴안고 계단을 내려가는, 그런 장면을 기억하고 있단 말이에요."

케빈은 자신도 어린이에게 그런 본보기 같은 존재가 되기 바랐다. 브루클린 중심가에 있는 케빈의 소방서 주위에 사는 아이라면 누구나 알고 있었다. 자전거가 고장 나면 케빈에게 찾아가 도움을 청하면 된다는 것을 말이다. 타이어가 터지거나, 체인이 걸리거나, 브레이크가 끼익 소리를 낼 때면 케빈이 늘 기꺼이 고쳐 주었다. 동료 소방관은 케빈의 사물함에 '케빈 자전거수리점'이라는 간판을 걸어 두기까지 했다.

비행기 안에서 기다리는 동안, 해나는 이 모든 일을 떠올렸다. 할 수 있는 일이라고는 지나간 시간을 돌아보며 내일을 위해 기도하는 것밖에 없었다.

콘티넨털항공 23편 기장이 기내 방송을 할 때, 뉴욕주 경찰 조지 비탈레는 그날 저녁에 참석할 브루클린대학 교육사회학 수업의 교재를 읽고 있었다.

"테러 공격 보고를 받았습니다." 기장이 말했다.

이해할 시간을 주려고 기장이 잠시 뜸을 들이는 동안에도 비탈레는 크게 신경 쓰지 않았다. 도착지인 뉴어크공항에 폭파 협박이 있었다든지 하는 흔히 있는 일일 거라 넘겨짚고서, 비행기가 케네디국제공항으로 방향을 돌리면 어떻게 대처할지 고민하고 있었다.

기장이 말을 이어갔다. "확인한 바로는 비행기 두 대가 세계무

온 세계가 마을로 온 날

역센터에 충돌했고, 세 번째 비행기 또는 폭탄이 펜타곤을 강타했습니다."

기내에 헉하고 놀라는 소리가 울려 퍼졌다.

"미국 영공은 모두 폐쇄되었습니다. 우리는 미국 정부로부터 즉시 착륙하라는 명령을 받았습니다. 이 비행기는 괜찮습니다. 우리 비행기는 아무 문제없습니다. 우리는 뉴펀들랜드 갠더공항에 착륙할 예정입니다. 바쁘게 움직여야 하니 착륙 시간을 알려 드리겠습니다. 우리는 15분 후 착륙할 예정입니다."

'패티!'

순간 비탈레 마음속에 무역센터 남쪽 건물의 보험회사에서 일하는 여동생 패티가 떠올랐다. 동생은 1년도 더 전에 폐섬유종으로 남편을 잃었는데, 지금은 본인마저 죽었을지 모른다. 이제 열네 살된 조카 패트릭도 생각났다. 비탈레는 그 아이의 후견인이었다.

만약 생각하기도 싫은 일이 패티에게 벌어졌다면 자신이 조카를 직접 맡아 키워야 했다. 10대 아이를 잘 키울 수 있을지, 동생과 한 약속을 지켜 낼 수 있을지 걱정이 밀려왔다.

놀랄 정도로 많은 생각이 한꺼번에 머릿속을 스쳐 지나갔다. 조카를 키우려면 아마 뉴저지로 이사해야겠지. 아이더러 학교를 옮기거나 친구들과 헤어지라고 하고 싶지는 않으니까. 적어도 지금은, 그렇게 많은 일을 겪은 아이에게 또 그럴 수는 없어. 하지만 뉴저지로 이주하면 뉴욕주 경찰을 그만두어야 할 텐데. 혹시 주소지만 브루클린에 그대로 둘 수 있으려나. 아니면, 관할 주 내에 거주해야 한다는 규정을 면제받을 수 있을까.

이렇게 최악의 상황을 가정하며 고민하는 사이에 비행기가 갠더에 착륙했다. 비탈레는 한 승무원에게 뉴욕주 경찰 신분이 찍힌 명함을 건네며 기장에게 전해 달라고 부탁했다. 명함 뒷면에는 이렇게 써 두었다. "도와드릴 일이 있다면, 저는 16C 좌석에 앉아 있습니다."

　　몇 분 뒤 승무원이 돌아와서 기장이 만나고 싶어 한다고 전했다. 기장은 다른 사람과 마찬가지로 혼란에 빠져 있었다. 어떻게 이런 일이 일어날 수 있지? 왜 그런 짓을 했을까? 무엇에 맞서 싸우려고 한 걸까? 답을 아는 사람은 아무도 없었다.

　　비탈레는 전화기 세 대를 소지하고 있었다. 한 대는 개인 전화기이고, 다른 두 대는 정부가 지급한 '세계 전화'로, 상사들 말로는 전 세계 어디서나 사용 가능하다던 것이었다.

　　하지만 그 '세계 전화'가 갠더에서는 무용지물이었다. 전화기 자체의 문제인지 착륙한 지역의 문제인지는 알 수 없었다. 정말로 그렇게나 외딴곳에 왔다는 건가?

　　비탈레는 조종실 안에 앉아서 개인 전화기를 눌러 보았다. 미국 국번을 누를 때마다 지역 교환원이 응답했다. 이유는 모르겠지만, 교환원은 자신을 통해서만 통화할 수 있고 수신자 부담 전화만 걸 수 있다고 했다. 비탈레는 교환원을 통해 올버니의 주지사 공관에 있는 경찰서로 전화를 걸었다. 그리고 응답한 경찰관에게 물었다. 자기 가족에게 전화를 걸어 모두 무사한지, 패티로부터 연락받은 사람이 있는지 물어봐 줄 수 있느냐고. 그리고 휴스턴에 있는 조종사의 아내에게 전화해서 승무원 가족에게 모두 안전하게 뉴펀들랜드에 착륙했다는 소식을 알리라고 전해 주겠냐고.

경찰관이 대답했다. "물론입니다."

마지막으로, 뉴욕시에 있는 주지사 집무실로 전화를 돌려 달라고 부탁했다. 퍼타키가 주지사로 취임할 당시부터 경호를 맡은 비탈레는 그를 아주 좋아했다. 비탈레는 1981년에 처음 뉴욕주 경찰이 되었고, 1989년부터 1993년까지는 조직범죄 사건을 수사하느라 범죄 집단인 보난노에 잠입하기도 했다. 덕분에 조직원 수십 명이 감옥에 갔다. 그 뒤로는 주지사가 뉴욕시를 방문할 때 경호팀 운영을 담당했다.

맨해튼의 주지사 집무실은 1996년까지 세계무역센터 남쪽 건물 57층에 있었다. 비탈레는 매일 그리로 출근했고, 지금도 그 건물에 아는 사람이 많았다.

몇 분 후, 비탈레의 전화가 세계무역센터에서 5.5킬로미터가량 떨어진 이스트 40번가 및 3번가의 주지사 집무실과 연결되었다.

"주지사는 무사합니까? 어디 계십니까?" 비탈레가 물었다.

주지사는 무사했다. 시장과 함께 시내에 있었다.

"우리 사람도 다 괜찮고요?" 비탈레가 또 물었다.

파악한 바로는 경찰관 중에 실종자는 없었다. 그래도 아직은 모든 게 혼란스러운 상황이었다. 전화를 받는 사람의 목소리가 매우 겁에 질려 있었다. 비탈레는 더욱 불안했다. 뉴욕과 너무 멀리 떨어져 있어 도움을 줄 수도 없으니 죄책감이 일었다.

갠더공항으로 최종 접근final approach 단계에 들어갈 준비를 하며, 라인하르트 크노트 기장은 승객에게 미국에서 발생한 문제로 인해 캐나다에 착륙한다는 소식을 전했다. 그 문제가 무엇인지는 설명하지 않았다.

비행기는 20분 후 착륙했다. 뉴펀들랜드 현지 시각으로 오후 1시 즈음이었다. 유도로에 늘어선 항공기를 본 크노트는 감탄했다. 몇 시간 만에 겨우 마음이 놓였다. 이제 자신은 땅 위에 있고, 비행기와 승객도 모두 무사했다.

휴고보스 회장 베르너 발데사리니는 미국에 대체 무슨 문제가 생겼길래 캐나다에 강제 착륙을 하는 건지 궁금했다. 그보다 앞서, 언제 다시 출발할 예정인지가 더 중요했다. 올해 패션쇼에 많은 것이 걸려 있는 만큼, 자신은 지금 뉴욕에 있어야 했다.

착륙 후에 그 답을 들었다. 크노트가 뉴욕과 워싱턴 상황을 설명해 주고는, 방금 펜실베이니아에 네 번째 비행기가 충돌했다는 소식을 들었다고 덧붙였다. 수천 명이 사망했을 가능성이 있다고 했다. 패션쇼 걱정을 하고 있던 발데사리니는 부끄러웠다. 지금 패션 위크가 문제가 아니었다. 사람의 우선순위가 이렇게 빨리 바뀔 수 있구나, 하는 생각이 들었다.

시장 페트라 로트는 프랑크푸르트시가 걱정이었다. 물론 미국에서 벌어진 사건은 가슴 아프지만, 미국의 도시가 테러를 당했다면 그다음 대상은 유럽 도시일 수 있었다.

"승객 여러분, 기장 배스입니다. 미국에 국가적 비상사태가 발생했다는 소식을 들었습니다. 영공이 모두 폐쇄되어, 우리 비행기는 뉴펀들랜드 갠더에 착륙할 예정입니다."

온 세계가 마을로 온 날

파리에서 댈러스로 향하던 아메리칸항공 49편은 거의 마지막으로 갠더에 도착한 비행기였다. 그 안에 있던 미 육군 준장 바버라 패스트는 조종사의 방송을 듣자마자 기내 위성 전화에 손을 뻗었다. 패스트는 유럽, 아프리카, 중동 91개국의 군사정보와 첩보 수집을 감독하는 미 육군 사령부 정보국장이었다.

독일 슈투트가르트에 본부를 두고 활동하는 패스트는 파리에서 프랑스 관료들과 회의를 마치고 애리조나 포트후아추카에 있는 미 육군정보센터로 가던 중이었다. 갠더에 착륙할 예정이라는 조종사의 안내 방송을 듣고 그 내용을 머릿속으로 되뇌어 보던 중, "국가적 비상사태"라는 표현에 주목했다. 미국 내에 대단히 끔찍한 일이 벌어지고 있는 게 틀림없었다.

방송을 듣자마자, 납치범이 이 비행기를 장악했고 항로 변경 이유를 대려고 조종사에게 안내 방송을 시킨 게 아니냐고 의심하는 승객들이 있었다. 그러나 비행기 앞쪽 일반석에 앉아 있던 패스트는 진실을 알고 있었다. 납치를 의심할만한 특이한 움직임이나 소동은 전혀 없었다. 아마도 미국에서 특정한 테러 공격이 일어난 것이라고 짐작했다. 대통령의 목숨을 노린 건지, 백악관이나 국회의사당 같은 특정 대상을 공격한 건지 궁금했다.

알려진 테러 집단의 움직임을 예측하고 밝혀내는 것이 패스트와 사령부 참모진의 주요 임무였다. 사령부에 연락해 현 상황을 파악하고 싶었지만 위성 전화는 작동하지 않았고, 비행기가 갠더에 완전히 착륙하기까지 거의 45분이 걸렸다. 착륙하자마자 휴대전화를 쓰려고 했지만 소용없었다. 패스트는 관례상 민간인 복장을 하고 있었기 때문에 기내에 신원을 아는 사람은 아무도 없었다. 승무원을 통해 조종사에게 신분을 밝히고, 사령부에 속히 연락을 취해야 한다고 설명했다. 하지만 조종사도 할 수 있는 일이 별로 없었다.

위성 전화 연결을 계속 시도한 끝에, 패스트는 드디어 독일로부터 연락을 받을 수 있었다. 보좌진에 따르면 비행기가 세계무역센터, 펜타곤, 그리고 펜실베이니아 들판에 각각 충돌했다. 그 밖에도 실종된 비행기가 더 있는 것으로 추정했다.

장군이 생각하기에 이런 비열한 짓을 저지른 자는 오사마 빈 라덴이 틀림없었다. 사우디의 그 백만장자는 전 세계에서 이런 일을 벌일 자원과 조직을 가진 몇 안 되는 인물이었다. 최근 몇 년 동안 빈 라덴은 미국과의 전쟁에 점점 열을 올리고 있었고, 1998년 케냐와 탄자니아에서 발생한 미 대사관 폭탄테러와 2000년 10월 예멘의 아덴항에서 벌어진 USS콜 함정 공격의 주모자로 지목되기도 했다. 그런 빈 라덴이 이제는 자기의 지하드Jihad*를 미국 해안까지 끌고 들어간 모양이었다.

정보국장 부임 6개월째인 패스트는 자신이 맡은 감시 대상 국가에 주둔하는 미군 병사의 안전 보장 대책이 빠짐없이 실행되고 있는지를 제일 먼저 확인하려 했다. 뉴욕과 워싱턴에서 벌어진 테러가 전 세계적으로 미국에 대항하는 연쇄 테러 공격의 시작점에 불과할지 모른다고 생각하니 두려웠다. 미군 기지를 보호하기는 어렵지 않지만, 기지 밖에 미국인이 모여 있을 주택 단지나 기타 시설이 걱정

*   아랍어로 거룩한 싸움을 뜻하는 단어로, 이슬람 극단주의 단체들이 자신의 무장 투쟁을 신성시하는 데에 사용하는 것으로 알려져 있다.

온 세계가 마을로 온 날

이었다. 마침내 사령부와 전화 연결이 되었을 때는 예상대로 이미 대원들이 각국 지역 관료와 협력하며 대응하고 있었다.

패스트의 두 번째 과제는 당연히 이 같은 테러가 워싱턴까지 침투할 수 있었던 과정에 관한 정보를 최대한 수집하는 것이었다. 보안 회선이 아니다 보니 전화로 참모진과 소통하는 데는 한계가 있었다. 비행기에서 내려 가능한 한 빨리 슈투트가르트로 돌아갈 방법을 찾아야 했다.

아메리칸항공 조종사인 베벌리 배스 기장은 곤경에 처한 패스트가 안타까웠다. 갠더공항 관계자에게 긴급 상황을 전하려 했지만, 현장이 워낙 혼란스러운 터라 할 수 있는 게 아무것도 없었다.

연방경찰이 공항을 완전히 통제하고 승객을 모두 조사해 자칫 테러범이 빠져나가지 못하도록 확실히 대처할 때까지는 누구도 비행기에서 내릴 수 없었다.

패스트는 다른 승객들처럼 좌석에 가만히 앉아 있을 수밖에 없었다. 게다가 그가 탄 비행기는 갠더에 거의 마지막으로 착륙한 비행기여서 조사도 가장 마지막에 받을 예정이었다. 대기하는 동안 패스트는 곰곰이 생각했다. 충격과 분노를 금할 수 없는 사건이었다. 당연히 펜타곤 내부 상황이 궁금했다. 테러 공격으로 인해 추후 공격을 방어할 군의 역량이 얼마나 타격을 입었을지 궁금했다. 개인적으로는 건물 안에 있었을 친구들이 얼마나 많이 죽거나 다쳤을지 걱정스러웠다.

04

초대형 여객기가 연달아 마을 위를 가로지르자, 주민들은 집과 가게 밖으로 나가 하늘에 줄지어 나타난 비행기를 올려다보았다. 대화 주제도 날씨 이야기에서 갠더에 착륙한 항공기 소식으로 순식간에 바뀌었다. 제2차 세계대전 이후로 공항이 이렇게까지 분주한 적이 없었다. 수백 명이 구경하러 모여들었다. 공항 주변 도로에 차를 세워 놓고 항공사별로 다르게 생긴 수많은 비행기의 모습을 촬영해 대는 통에 진입로가 막혔다. 버진애틀랜틱. 영국항공. 에어이탈리아. 에어프랑스. 사베나벨기에항공. 루프트한자. 아일랜드항공. 트랜스월드항공. 델타항공. 콘티넨털항공. 아메리칸항공. 유에스항공. 노스웨스트. 에어헝가리아. 목록은 줄을 이었다.

그 밖에 군용 비행기와 자가용 제트기도 있었다. 비행기가 너무 많아서, 공항 관계자는 일부 비행기를 갠더공항 제2 활주로 위에 주기駐機시켜야 했다. 비행기가 꼬리를 물고 줄줄이 활주로에 들어섰다.

공항 울타리에 늘어선 주민들은 차 옆에 붙어 선 채로 비행기 승객에게 손을 흔들었다. 환기도 하고 폐소공포증으로 고통받는 승객들에게 안정을 찾아주기 위해 문을 열어 둔 비행기도 일부 있었다.

계단이 없으니 지면으로부터 6미터 높이에서 뛰어내리지 않고는 내릴 방법이 없었지만, 열린 문을 통해 주민들은 누구든 지나가는 사람에게 인사를 건넬 수 있었다.

공항 안에서는 제프 터커가 착륙한 비행기 30여 대의 물류를 어떻게 감당할지 걱정하고 있었다. 승객이 비행기에서 내리지 않는다고 해도 항공기에 연료를 보충해야 했다. 기내 화장실도 넘치기 전에 비워 주어야 했다. 음식과 물을 채워 줘야 할 수도 있었다.

이런 문제를 고민하는 동시에, 터커는 비행기가 이곳에 잠깐 대기하는 수준을 넘어 좀 더 오래 머물게 될 것이라고 예상했다. 미국 영공이 금방 다시 열릴 것 같지 않으니 결국은 갠더시가 승객 전원을 수용할 공간을 마련해야 하리라는 생각이 들었다.

시장 엘리엇도 같은 생각이었다. 지역 내에 이만한 위기에 대응할 만큼 훈련받은 전문가 집단은 적십자사와 구세군 지부뿐이었다. 두 단체의 대표는 비상 대응 태세에 들어갔다.

제프 터커가 갠더국제공항 내부를 조율하고, 엘리엇 시장이 고립된 승객을 도울 구호 단체와 지역 위원을 불러 모으고 있을 때, 속히 대책을 마련해야 하는 뜻밖의 문제가 불쑥 터져 나왔다. 비행기가 착륙하기 시작한 지 얼마 안 되어, 급박하게 도움을 요청하는 기장의 호소가 공항 관계자에게 속속 날아들었다. 기내에서 담배를 피우지 못해 괴로워하는 승객이 점점 늘고 있었다. 흡연자들은 비행기를 타기 전에 대서양을 횡단하는 여섯 시간 동안 담배를 피우지 않고 버틸 마음의 준비를 했다. 그런데 갑자기 기내에 무기한 대기해야 하는 입장이 된 데다, 비행기가 갠더에 불시착하게 된 사태의 심각성을 생각할수록 스트레스가 치솟아 강렬한 금단증상에 사로잡히기 시작한 것이다.

규칙을 깨고 승객 몇 명을 열린 문 근처로 보내 불을 붙이게 해준 승무원도 일부 있었다. 그러나 대부분은 금연 원칙을 고수했다. 콘티넨털항공의 한 비행기에서는 심하게 몸을 떠는 승객 두 명에게 진정제를 놓아야 했다.

적십자사의 데이브 딜런이 이 문제를 넘겨받았다. 딜런은 메디플러스약국을 운영하는 케빈 오브라이언에게 전화를 걸었다.

"케빈, 해결책이 있을지 모르겠는데, 항공기 안에 갇힌 사람에게 문제가 좀 있어요."

오브라이언은 담배를 피우지 않지만, 흡연자가 처한 곤경에는 충분히 공감할 수 있었다. 빈 상자를 몇 개 가져다가 남아 있는 금연껌을 전부 쓸어 담고 니코틴 패치 스물다섯 상자를 자동차 뒷좌석에 가득 채워 넣었다. 미국에서 니코틴 패치를 붙이려면 처방전이 필요하지만, 캐나다에서는 매대에서 바로 살 수 있다. 공항으로 달려간 오브라이언은 연방경찰에 물건을 넘겨주어 필요한 비행기마다 나눠 주도록 했다.

제프 터커를 두려움에 떨게 한 또 다른 문제가 닥쳐왔다. 비행기가 전부 착륙한 후, 관제탑에서는 무선으로 비행기를 한 대씩 차례대로 호출해 조종사에게 상황 설명을 했다. 그런데 다섯 대가 무선호출에 응답하지 않은 것이다. 관제탑에서 이 소식을 들은 터커는 마음이 무거워졌다. 이 비행기 다섯 대의 기장에게 무슨 끔찍한 일이 생겨서 연락을 받지 못하는 거라면 어떻게 하나? 연방경찰과 군에서 이 중 어딘가에 테러범이 있을지 모른다고 하도 경고를 해대는 통에 터커도 정말 그럴 수 있다는 생각이 들었다.

더 곤란한 문제는, 착륙한 비행기 서른여덟 대 중에 응답이 없는 비행기가 어느 것인지를 가려낼 수 없다는 점이었다. 관제탑이 입수한 자료에는 항공사와 편명만 있고 꼬리 번호*가 없었는데, 활주로에 늘어선 비행기 동체에는 꼬리 번호만 적혀 있기 때문에 해당 비행기의 편명을 바로 확인할 수가 없었다. 터커가 넓은 공항 지휘 본부 한가운데 놓인 말발굽 모양 탁자에 앉아 관제사와 비행장 관리자와 연락을 주고받는 동안, 연방경찰 대장과 공군기지 사령관도 각자자기 자리에 앉아 귀를 기울이고 있었다.

비행기가 모두 한데 모여 있기 때문에, 한 대만 폭발해도 주위에 늘어선 비행기가 일종의 연쇄 반응을 일으켜 모조리 폭발할 수도 있는 상황이었다. 경찰과 군에서 눈치채면 소란이 일 것 같아서, 터커는 직원들이 응답 없는 비행기의 상황을 최대한 빨리 확인하려고 분주히 움직이는 것 뿐이라고 둘러댔다.

오후 서너 시 무렵에는 미국 영공이 당분간 폐쇄 상태를 유지할 것이 확실해졌다. 연방 항공국에서 그 사실을 공식적으로 확인해 주

---

*   개별 항공기에 부여하는 고유의 등록 번호를 말한다. 기체 끝부분에 있는 꼬리날개에 표기하는 경우가 많아 꼬리 번호라고도 부른다. 한국에서 통용되는 정식 명칭은 '항공기 등록기호'이다.

었을 때, 시 관계자는 이미 1만 2000명을 수용할 대피소를 마련하고 있었다. 제일 먼저 대피소를 설치할 수 있는 공간은 학교였다.

시내 중등학교인 세인트폴중학교 교장 테리 앤드루스는 그날 마지막 수업이 끝나기 직전에 전화를 받았다. 교내 방송을 켠 앤드루스는 학생들에게 교실 안에 간이침대가 가득 들어올 예정이니 책상을 모두 치워 달라고 안내했다. 갠더공립고등학교와 초등학교인 갠더아카데미에서도 비슷한 요청을 받았다. 시내 모든 교회와 라이온스클럽, 콜럼버스기사단, 재향군인회 같은 공익단체 회관에도 연락이 갔다.

갠더 주변에 있는 작은 마을 여러 곳에서 요청을 하기도 전에 승객이 머물 시설을 제공하겠다고 연락을 해 오기 시작했다. 이 마을 중 몇 곳에는 구세군 교회가 있었고, 숲에는 수백 명을 수용할 수 있는 여름 야영장도 있었다.

공군기지인 나인갠더윙은 이미 비상 상태였다. 모든 병력과 예비역을 소집하고, 장교클럽을 즉시 대피소로 바꾸었다.

시내 호텔 객실 550개는 유일하게 승객이 머물지 않는 공간이었다. 비행기가 착륙한 직후, 제프 터커는 승무원이 쾌적하게 묵을 공간을 마련해야겠다고 생각했다. 비행을 재개하려면 조종사와 승무원은 충분히 휴식을 취해야 했다. 터커가 계산한 바로는 비행기에 탑승한 조종사, 부조종사, 항공 기관사, 사무장, 객실 승무원은 모두 500명이었다. 터커는 읍장 제이크 터너에게 전화를 걸었다.

"시내 모든 호텔 객실이 필요합니다. 객실을 전부 다 잡고, 호텔 측에 기존 예약을 모두 취소하라고 하세요."

온 세계가 마을로 온 날

"의회에서 비상사태를 선언하지 않으면 못합니다." 터너가 대답했다.

"음, 그러면 비상사태를 선언해야지요." 터커는 이렇게 말하고 터너에게 상황을 설명했다. 통화를 마치고 두 시간이 지나기 전에 의회가 모여 즉시 비상사태를 선포했다. 터커의 직감이 옳았다. 영리한 일부 승객이 벌써 휴대전화로 지역 호텔에 전화를 걸어 신용카드로 객실을 잡아 둔 상태였다. 비상사태를 선포하자 기존 예약이 모두 취소되었다.

또 다른 위기 상황도 곧 해소되었다. 비행장 관리자가 비행기를 일일이 다 찾아가 본 결과, 앞서 무선 통신에 응답하지 못한 다섯 대를 포함해 모든 비행기가 다 무사했다. 조종사들이 전력을 아끼려고 무선 통신을 꺼 두었거나 주파수를 잘못 맞춘 탓이었다. 보고를 받은 터커는 안도의 한숨을 내쉬었다. 드디어 상황이 호전될 기미가 보이는 듯했다.

비행기에서 승객이 내리는 과정은 간단하지 않았다. 첫 번째 문제는 보안이었다. 모두의 안전을 보장하기 위해, 관리자는 착륙 순서대로 한 번에 한 대씩만 승객을 내리게 했다. 그런 다음에는 수차례 검색을 거쳐야 했다. 승객은 금속 탐지기를 통과하고 몸수색도 받았다. 소지한 가방 속 물건도 전부 꺼내 검사받았다. 출발 전에 접수한 수하물은 비행기 안에 그대로 보관했다.

보안 검색을 끝낸 후에는 세관과 입국 심사를 거쳤다. 갠더에 배정된 입국 심사관은 머리 오즈먼드 한 명뿐이어서 어려운 작업이었다. 세인트존스에서 파견한 지원 인력이 오는 중이었지만, 초기에는 오즈먼드 혼자 감당해야 했다.

거기서부터 캐나다 적십자사와 데이브 딜런이 승객을 맞이했다. 퇴직 공무원인 딜런은 30년 동안 구호 기관에서 활동했고 재난 관리자로서 특별 훈련도 받았다. 1994년에는 57명의 목숨을 앗아간 로스앤젤레스 노스리지 지진 참사 직후 재난 현장에 가서 자원봉사자 2000여 명을 감독했다. 1998년 노바스코샤 해안에 스위스항공 항공기가 추락했을 때도 구호 현장 관리에 손을 보탰다. 공항에서 적십자사가 맡은 역할은 승객 명단을 작성하고 어느 대피소에 배치하는지 기록하는 일이었다. 딜런은 몇 시간 만에 자원봉사자 200명을 확보했다. 공항에 들어선 승객이 최대한 빨리 이동해야 다음 비행기 승객이 내릴 수 있을 테니, 내부 동선을 효율적으로 짜야 했다. 딜런은 공항 안에 있는 텔레비전을 모두 가리거나 전원을 뽑게 했다. 아직 테러 영상을 본 승객은 아무도 없었는데, 터미널 안에서 사고 장면을 보면 감정적으로 무너질까 염려스러웠다. 동선이 흐트러지지 않도록 공항 안에 있는 유선전화에는 모두 고장이라고 써 붙였다. 실제로는 고장나지 않았지만, 승객들이 집에 전화를 하겠다고 니도나도 줄을 시면 곤란했다.

관리자가 풀어야 할 가장 어려운 숙제는 이동 수단이었다. 시내에서 거의 80킬로미터 떨어진 대피소도 있는데, 7000명이나 되는 승객을 각 대피소로 어떻게 이동시킬 수 있을까? 합리적인 방법은 스쿨버스를 활용하는 것이었다. 그러나 9월 11일 당시 갠더 지역 스쿨버스 운전사는 모두 격렬한 파업에 돌입한 상태였다.

온 세계가 마을로 온 날

하지만 놀랍게도, 파업 중이던 운전사들이 소식을 듣자마자 시위 팻말을 내려놓았다. 자신의 문제를 제쳐 두고 일제히 봉사에 참여해, 24시간 내내 어디든 가야 할 곳으로 승객을 실어 날랐다.

시내에서는 구세군이 지원 물품을 모아 각 대피소에 전달하는 중앙 유통처 역할을 맡았다. 지역 라디오 방송국과 공영 텔레비전 방송국에서는 음식, 여분 침구, 헌 옷 등 승객이 쓸 만한 물건이면 무엇이든 기부해 달라고 안내 방송을 내보내기 시작했다. 승객에게 주려고 집에서 이불, 담요, 베개 등을 들고 나온 사람이 주민센터 정문에서부터 3킬로미터 가까이 줄을 섰다.

지역 상인은 수천 달러어치 물품을 기부했다. 약사 오브라이언은 지역 내 모든 약국과 협력해 갑작스레 착륙한 승객들에게 나눠 줄 각종 세면도구를 확보하고, 칫솔 4000개도 따로 주문했다.

캐나다로 방향을 돌린 비행기 252대가 전부 안전하게 착륙하고 당분간 재이륙하지 않을 것이 확실해지자, 드웨인 퍼디스터는 갠더 항공교통관제센터에서 나와 스테이크와 맥주를 들고 동료 관제사인 키스 밀스의 집으로 향했다. 곧 센터에 있던 다른 관제사 여섯 명도 만찬에 합류했다.

누구도 겪어 본 적 없는 하루였다. 다 끝났다니 너무나 마음이 놓인 나머지, 아무도 혼자 있고 싶어 하지 않았다. 퍼디스터는 그날 일이 마치 한 치 앞도 보이지 않는 눈보라를 헤치며 빙판 위를 운전하는 것 같았다고 말했다. 빙판 위에서는 스스로 얼마나 겁에 질려 있는지조차 모를 정도로 온몸이 굳어서 열 손가락 끝이 하얘질 정도로 핸들을 꼭 붙들고 사소한 움직임에도 신경을 곤두세우게 되듯이, 하루 종일 한시도 긴장의 끈을 놓을 수 없었다. 다음 날 아침 퍼디스터는 승객을 돌보고 있는 지역 주민센터에 가서 트럭에서 물품 내리는 일을 도울 예정이었다. 그래도 오늘 밤은 두툼한 스테이크와 캐나다 에일 몇 병을 즐기고 싶었다.

레그 배슨은 센터 근무를 마친 뒤 시내 프리메이슨 사원으로 갔다. 오랜 프리메이슨 회원인 배슨은 다른 회원들과 파리발 트랜스월드 819편 승객 91명을 맞이할 준비를 함께 하고, 샤워를 원하는 승객에게는 자기 집을 쓰도록 내주었다.

그날 하루가 저물 때까지도 해럴드 오라일리는 쉰 살 생일 기념으로 뭘 하면 좋을지 결정하지 못 하고 있었다. 외출할 마음은 별로 들지 않았다. 그래도 쉰 살에 접어든다는 건 중요한 일이기는 했다. 차를 몰고 집으로 가는 동안 해럴드는 정문 앞에 '생일 축하해요'라고 쓴 현수막이 걸려 있다든지 하는 모종의 축하 행사가 있으리라 예상하고 마음의 준비를 했다. 아내가 종일 시내를 돌며 자원봉사를 하느라 바빴던 건 알고 있지만, 술과 생일 케이크를 준비하고 친구들을 초대해 깜짝 파티를 열지 모른다고 기대했다. 도착해 보니 집은 조용했다. 현수막도 없고, 친구도, 케이크도 없었다. 종일 빌어진 소동으로 아내뿐 아니라 모두가 해럴드의 생일을 까맣게 잊고 말았다.

05

록샌 로퍼는 자신이 어느 시간대에 있는지 헷갈렸다. 몸은 모스 크바 시각에 맞춰져 있었다. 시계는 댈러스 시각을 가리켰다. 어느 시간대이든 내내 두렵기는 마찬가지였다. 러시아를 떠난 시각도 알 고 댈러스 도착 예정 시간도 알았지만, 갠더에서는 지금이 몇 시인 지 알 수가 없었다. 확실히 아는 것이라고는, 기내에서 거의 영원처 럼 긴 시간을 보냈다는 것뿐이었다.

뉴펀들랜드로 도착지를 바꾼 후 두 시간이 지나도록, 록샌은 미 국 영공을 폐쇄한 이유를 알지 못했다. 조종사는 정보를 더 알려 주 지 않았고, 기내 전화는 하나도 작동하지 않았으며, 개인 휴대전화조 차 쓸 수 없었다. 록샌은 한시라도 빨리 가족에게 연락해야 했다. 자 신과 클라크, 알렉산드리아 모두 무사하다는 사실을 알리고 싶었다.

승무원은 얼마나 오래 대기할지 알 수 없으니 음식과 물을 아끼 라고 했다. 오후 서너 시쯤, 갑자기 기내 위성 전화 한 대가 작동했 다. 가장 가까이 앉아 있던 록샌이 먼저 전화기를 들었다. 부모에게 전화를 걸었지만 받지 않았다. 클라크의 부모도 마찬가지였다. 그다 음에는 남동생에게 걸었는데 역시 받지 않았다. 록샌은 자동응답기에 대고, 두려운 티를 내지 않으려고 목소리를 가다듬고 조심스레 말했다.

"저희 캐나다에 있어요. 언제 밖으로 나갈 수 있는지는 몰라요. 걱정 마세요, 모두 무사하니까."

다른 승객들이 통화를 이어 가는 사이에, 미국에서 벌어진 일에 관한 소식이 기내에 퍼지기 시작했다.

들었어? 비행기 일곱 대가 납치되었대! 세계무역센터 건물은 다 무너졌고! 펜타곤이랑 백악관이 공격을 당했다는데! 만 명 넘게 죽었다나 봐! 대통령은 비밀 핵 벙커에 들어갔대!

일부만 사실이고 대부분은 거짓이었다. 하지만 전부 믿을 수 없는 이야기였다.

록샌과 클라크와는 몇 줄 떨어진 곳에 앉은 리사 콕스도 그 엄청난 이야기를 함께 듣고 있었다. 열여덟 살인 콕스는 어린이꿈재단의 지원으로 어머니, 언니와 함께 17일 동안 이탈리아를 여행하고 집으로 돌아가는 길이었다. 의사는 열여섯 살인 콕스의 몸에서 종양이 자라고 있는 걸 발견했고 난소암 진단을 내렸다. 그 후 콕스는 난소 제거 수술과 항암 화학요법 치료를 받았다. 치료를 받는 동안 콕스는 재단에 소원을 접수했고, 지원 대상자로 선정됐다. 처음 제출한 소원은 가수 머라이어 캐리와 만나는 것이었다. 콕스는 팝의 여왕 캐리를 최고로 좋아했다. 하지만 안타깝게도 시기가 좋지 않았다. 소원을 접수했을 때 머라이어 캐리는 신경쇠약증을 앓고 있었다.

재단에서 다른 소원을 알려 달라고 했다. 친구에게 이탈리아가 무척 아름답다는 이야기를 들은 콕스는 어머니, 언니와 그 나라로 여행을 다녀오면 근사하겠다고 생각했다. 못해도 쇼핑은 많이 할 수 있을 것 같았다. 세 사람은 베니스와 피렌체를 지나, 나폴리 근처 카프리섬을 거쳐 로마까지 둘러보았다.

갠더에 착륙한 비행기 안에서 콕스는 속으로 외쳤다. 오, 세상에, 전쟁이 났나 봐.

엄마 베티 슈미트는 다른 생각을 했다. 테러범이 미국에 도착했을 때 이 비행기를 탈취하려 했다면? 지금 이 안에 당황한 테러범이 있을 수도 있다. 딸에게는 아무 말 못 했지만, 베티는 다리를 펴느라 통로를 걸어 다니는 동안 다른 승객을 힐긋거리지 않을 수 없었다. 테러범은 어떻게 생겼을까? 베티는 그 답을 알지 못했다.

오후 4시 30분, 갠더에 제일 먼저 착륙한 버진애틀랜틱 75편 승객이 비행기에서 내려 터미널로 들어섰다. 337명이 각종 검색대를 통과하고 버스를 타기까지는 거의 세 시간이 걸렸다. 그 속도면 모든 비행기 승객이 다 내리는 데 사흘 가까이 걸릴 듯했다. 하지만 데이브 딜런은 걱정하지 않았다. 각 기관이 업무를 숙지하고 인원을 보충하는 와중이니, 첫 비행기는 다소 시간이 걸릴 수 있었다.

얼마 지나지 않아 비행기 한 대당 진행 속도는 45분으로 줄었다. 그래도 아직은 느리고 고된 작업이었다.

딜런은 터미널 안에서 이동하는 승객의 태도에 감탄했다. 아무도 성질을 부리거나 불평하지 않았다. 모두 다 좋은 사람 같았다. 텔레비전이나 전화에 주의가 산만해지지 않으니 불필요하게 지연될 일도 없었다. 딱 한 가지만 빼고.

자원봉사자 한 명이 커다란 세계지도를 벽에 붙이고 빨간색 마커로 갠더를 가리키는 화살표를 그린 뒤, 현 위치라고 써넣었다. 지친 승객들이 그 앞에 멈춰 서서 몇 분씩 지도를 들여다보며 방향 감각을 되찾으려 애썼다.

루프트한자 438편 승객은 착륙한 지 일곱 시간이 넘어서야 비행기에서 내릴 수 있었다. 비행기에 연결한 이동식 계단으로 모두가 줄지어 내려온 시각은 저녁 8시 30분경이었다. 초반에 착륙한 비행기여서, 터미널까지는 50미터 정도만 걸어가면 될 만큼 가까웠다.

록샌이 제일 먼저 느낀 건 밤공기 속에서 나는 달콤한 향이었다. 착륙 후 비행기 문이 계속 닫혀 있어, 갈수록 탁해지는 내부 공기 속에 오래 있던 탓이었다. 내리기 전에 록샌은 일등석에서 담요와 베개 몇 개를 챙겼다. 다시 이륙할 때까지 공항 안에서 밤을 보내야 할 것이라고 생각했다. 아예 거기서 잠을 자야 할 수도 있었다.

검색대와 세관을 거친 다음, 복도를 따라 주 터미널로 가라는 안내를 받았다. 공항은 무서울 정도로 텅 빈 채 고요한 느낌이었고, 록샌은 자신이 어디를 향해 가는 건지 알 수 없었다. 복도 끝에 다다르니 앞쪽에서 사람 소리가 들리기 시작했다. 모퉁이를 돌자 낯선 사람이 록샌을 맞이하여 붉은 색과 흰 색*이 섞인 조끼와 바람막이를 입은 무리가 서 있는 탁자 앞으로 인도했다.

"오, 세상에, 적십자사잖아." 록샌이 말했다.

* 　　적십자사 대표색이다.

적십자사 자원봉사자 수십 명이 서 있는 모습은 충격적이었다. 지진 생존자나 허리케인, 토네이도, 홍수로 집을 잃은 사람을 돕는 단체 아닌가? 적십자사는 재난 피해자를 위해 활동하는 단체인데, 록샌 자신은 재난 피해자가 아니었다. 아니, 내가 피해자인가? 이 광경은 자신과 가족을 테러 공격의 '피해자'로 보고 있다는 뜻으로 느껴졌다. 록샌은 피해자 취급을 받고 싶지 않았다.

한 가지 사실은 분명했다. 적십자사가 움직였다는 건 몇 시간 안에 다시 이륙할 상황이 아니라는 뜻이었다. 이곳에 한동안 머물러야 할 것 같았다. 자원봉사자 몇 명이 곧장 록샌과 클라크에게 다가와 알렉산드리아에게 특별히 필요한 것이 있냐고 물었다.

"기저귀요." 록샌이 말했다.

"크기는요?" 자원봉사자 한 명이 달려가려다 말고 다시 물었다.

부부는 샌드위치, 피자 한 조각, 생수병이 든 가방을 건네받고 다음 탁자로 가서 이름과 전화번호를 알려 달라는 질문을 받았다. 록샌은 여전히 무슨 일이 벌어지고 있는지 알 수 없었다. 마침내 공항 밖으로 나왔다는 걸 깨닫기 전까지, 자원봉사자는 그저 웃는 얼굴로 이쪽에서 저쪽으로 가라고 일러 주기만 했다.

"버스에 올라타 주십시오." 한 남자가 주차장에 서 있는 노란 스쿨버스 한 대를 가리키며 말했다. "여러분, 모두 버스에 타시기 바랍니다."

주차장에는 승객을 기다리는 노란 스쿨버스가 가득했다. 한 대가 꽉 차면 다음 버스가 다가왔다. 버스에 타고 나서야 록샌과 클라크는 같은 비행기에 탄 승객들과 라이온스클럽으로 간다는 사실을 알았다. 승객이 전부 탑승하자 버스 행렬이 움직였다. 버스가 공항을 빠져나와 어두운 길을 따라 갠더로 달려가는 동안, 록샌은 방향을 파악하려고 창밖을 주시했다. 시내를 지날 때 익숙한 건물이 눈에 띄자 반가운 마음이 들었다. 맥도널드, 켄터키프라이드치킨, 그리고 아마 다른 어떤 것보다 더 큰 안도감을 주었을, 거대한 월마트까지.

회원이 47명인 갠더 라이온스클럽은 건물 하나를 지역 노인 단체와 함께 사용한다. 거기에는 특별한 행사 때 사용하는 바bar와 대형 업소용 난로, 무쇠 팬, 대형 오븐 등을 완비한 주방이 있다.

버스가 라이온스클럽에 정차하자, 십수 명이 웃는 얼굴로 손을 흔들며 "좀 어때요, 친구들?"이라고 외쳤다. 뉴피가 이름 모르는 사람을 그냥 "친구"라고 부른다는 사실을 록샌과 클라크도 곧 알게 되었다.

라이온스클럽 회관에 들어선 승객 대부분은 중앙 강당으로 몰려 들어갔다. 일행을 따라 들어가는 록샌과 클라크를 브루스 매클라우드가 가로막았다. 희끗희끗한 머리칼에 환한 미소를 띤, 키 크고 사교적인 이 남자는 라이온스클럽의 부대표였다. 브루스는 오전 8시에 항공교통관제센터에서 레이더 감시 업무를 마치고 자러 가려던 중에 미국에서 테러가 발생해 항공기들이 갠더로 목적지를 바꾸었다는 사실을 알았다. 센터에 전화해 도울 일이 있는지 물었더니 이미 자원봉사자가 충분하다고 했다. 그래서 대신 클럽에 와서 다른 회원들과 오후 내내 대피소 공간을 마련하는 작업을 했다.

"아이가 있으니 두 분은 방을 따로 드려야겠네요." 브루스가 록

온 세계가 마을로 온 날

샌과 클라크에게 말했다. 그리고는 아이가 있는 여섯 가족이 함께 머물 작은 방을 보여 주었다. 카자흐스탄에 아이를 입양하러 갔던 또 다른 부부, 베스와 빌리는 다이애나와 함께 벌써 와 있었다. 방 안에는 에어 매트리스와 침낭이 높이 쌓여 있었는데, 얼마 안 가서 모두 바닥 구석구석에 깔렸다.

록샌과 클라크는 알렉산드리아를 가운데 두고 매트리스에 누웠다. 아이는 거의 눕자마자 잠들었다. 클라크가 알렉산드리아를 데리고 에어 매트리스에 누워 있는 동안, 록샌은 일어나 씻고 라이온스 클럽을 돌아보기로 했다. 화장실에 가니 새 칫솔이 양동이 가득 담겨 있었다. 깔끔하게 접은 수건도 산더미였다. 색깔과 모양이 각양각색인 걸 보니 클럽 회원들이 자기 집을 뒤져 가져다 둔 것이라는 사실을 알 수 있었다.

씻고 나서 중앙 강당에 들어서니, 놀랄 만큼 고요한 가운데 텔레비전 소리만 들려왔다. 들어서는 록샌의 바로 오른쪽 벽에 텔레비전이 걸려 있었는데, 방향 때문에 록샌에게는 곧바로 화면이 보이지는 않았다. 대신 텔레비전을 지켜보는 사람들의 표정이 먼저 보였다. 록샌은 그 자리에 멈춰 섰다. 놀라서 벌어진 입. 크게 뜬 눈. 큰 소리로 우는 사람은 없었지만, 몇 명은 눈물을 글썽였다. 고요한 그 광경에 몸이 떨렸다. 아무도 말을 하지 않았다. 속삭이지도 않았다. 다른 곳을 바라보는 사람도 없었다. 마음을 달래려는 듯 몇 명은 팔짱을 끼고 있었다. 두 손으로 머리를 감싼 사람도 있었다.

록샌은 뉴욕의 현실이 상상한 것보다 더 심각하다는 걸 눈치챘다. 상상을 뛰어넘을 정도로 나쁠 것 같았다. 돌아서서 밖으로 나갈

까, 잠깐 고민했다. 오늘 밤에 이걸 꼭 봐야만 할까? 다들 피곤해서 그런 모습을 보이는 걸 수도 있는데. 밤에 푹 자고 나서 보면 그렇게까지 나빠 보이지 않을지도 모른다. 하지만 이대로 어떻게 잠을 잘 수 있을까? 록샌은 결국 텔레비전을 보는 편이 낫겠다고 마음을 먹었다.

천천히, 거의 발끝으로 걸어 강당에 모인 무리 뒤쪽으로 돌아 들어갔다. 고개를 들어보니 세계무역센터 잔해 앞에서 생중계를 진행하는 장면이 보였다. 그 순간 록샌 역시 놀라서 입을 다물지 못하고, 커진 눈에 눈물을 글썽이며 그 자리에 얼어붙었다.

뉴욕에는 한 번도 간 적이 없었지만, 늘 가 보고 싶었다. 이제는 많은 것이 예전과는 완전히 달라지겠다는 생각이 들었다. 잠시 후, 그날 아침 자신이 탔던 것과 비슷한 대형 민간 항공기가 건물에 충돌하며 붉은 화염을 일으키는 장면이 나왔다. 록샌은 결국 건물이 하나씩 무너져 내리는 모습을 지켜보았다.

거의 한 시간 동안 텔레비전을 보았다. 같은 장면을 거듭 보았더니 정신이 멍해졌다. 주위에 사람이 모여 있기는 해도, 더는 혼자 있고 싶지 않았다. 방으로 돌아가 매트리스에 누워 있는 클라크 옆에 앉았다.

"심각해요. 당신도 가서 봐야 해요." 록샌이 말했다.

클라크는 일어나 중앙 강당으로 갔다. CNN 방송을 보는 동안 충격은 금세 분노로 바뀌었다. 왜 저런 짓을 하는 걸까? 대체 누가 무고한 사람을 저렇게 많이 죽이고 싶어 하는 걸까? 방송을 보면 볼수록 더 화가 나서 끝내 버틸 수가 없었다. 방으로 돌아가니 아이가 울

온 세계가 마을로 온 날

고 있었다. 클라크는 침대에 누운 알렉산드리아와 록샌 곁으로 기어 들어가서 눈을 감았다. 잠들고 싶었다. 이 하루가 끝나기를 바랐다.

마침내 좋은 소식이 도착했다. 몇 시간이 지난 후, 뉴욕주 경찰 관 조지 비탈레는 여동생이 살아 있다는 얘기를 들었다. 처음에는 믿기지 않았다. 소식을 전해 준 올버니의 그 경찰관이 다른 여동생 과 패티를 혼동한 게 아닌가 싶었다.

"연락한 사람이 패티 맞아요?" 비탈레는 경찰관에게 물었다.

"네." 경찰관이 확실히 말했다. 기이한 운명의 장난으로, 첫 번째 비행기가 충돌하는 순간 패티는 지하 상점에서 물건을 사고 있었고, 곧바로 그 자리를 떠났다. 비탈레는 안도했다. 패티가 죽었을지 모 른다는 생각으로 앞으로 조카를 어떻게 키우면 좋을지 머릿속으로 온갖 계획을 세웠던 게 조금 바보같이 느껴졌다.

시간이 흐르는 동안, 비탈레는 계속 단편적인 정보만 전달받았 다. 공항 관계자도 항공교통관제사도 새로운 소식을 알려 주지 않았 다. 심지어 조종사는 비행기의 무선 통신 장치가 작동하지 않는다고 말했다. 상황을 파악하기 위해 휴스턴에 있는 콘티넨털항공 본사에 연락을 취하려면 비행 중이어야만 했다. 비행장에 선 채로 민영 라 디오 방송 채널을 잡으려고 시도해 봐야 소용없을 듯했다.

들리는 정보는 대부분 승객이 가족과 짧막한 통화를 하는 중에 나온 것이었다. 세계무역센터 건물 두 개가 다 무너졌다는 소문이 돌기 시작했다. 비탈레는 말도 안 되는 일이라고 생각했지만, 얼마 안 가서 결국 사실로 드러났다. 설상가상으로 당시 소방관과 경찰관 수십 명이 건물 안에 있었다는 이야기도 나왔다.

비탈레에게 새로운 걱정거리가 생겼다. 고등학교 때부터 친했던 친구 앤서니 드루비오가 뉴욕시 소방관으로 일하고 있었다. 드루비오네는 가족 모두가 소방관이나 다름없었다. 앤서니의 세 형제 도미닉, 로버트, 데이비드도 뉴욕시 소방청 소속이었다. 비탈레는 앤서니 생각에 잠겼다. 동갑인 둘은 브루클린세인트애거사초등학교, 퀸즈항공고등학교를 함께 다녔다. 비탈레가 항공고등학교에 간 것도 앤서니가 원했기 때문이었다. 두 사람은 생일도 엿새밖에 차이 나지 않았다. 비탈레는 9월 19일, 앤서니는 9월 25일에 태어났다. 어릴 때 비탈레는 항상 자기가 앤서니보다 더 형이라고 우기곤 했다. 앤서니는 정말로 세상을 떠난 걸까?

비행기가 이륙한 직후부터 비탈레는 좌석 바로 앞줄에 앉은 톰 매키언과 대화를 주고받았다. 비탈레가 세계무역센터 건물이 다 무너진 게 사실인 것 같다고 했을 때, 매키언은 분명 비탈레가 잘못 알고 있는 것이라고 생각했다.

비탈레는 매키언이 아버지와 통화할 수 있게 전화를 빌려주었다. 매키언의 아버지는 뉴저지 허드슨강 맞은편에 있는 웨스트뉴욕에서 35년째 소방관으로 일하고 있었다. 그 동네에서는 어디서든 세계무역센터의 두 건물이 잘 보였다.

"건물이 정말 무너졌어요?" 매키언이 아버지에게 물었다.

"다 무너졌다." 아버지가 답했다.

"소방관들도 같이요?"

"그래." 아버지가 슬픈 목소리로 말했다.

아버지의 말을 듣고서야 매키언은 상상할 수 없는 일이 일어났음을 믿게 되었다.

기내를 거닐던 중, 비탈레에게 한 가지 생각이 떠올랐다. 청취자 참여 방송의 애청자인 비탈레는 시내 라디오 방송 채널을 즐겨 들었다. 지상에 착륙한 상태로는 민영 방송사 채널을 잡을 수 없다는 조종사의 말은 맞을 것이다. 하지만 비탈레는 WABC* AM 770 채널이 유난히 신호가 강해서 밤에는 멀리 떨어진 메인주에서도 잡힌다는 사실을 알고 있었다. 어쩌면 오늘 밤에는 뉴펀들랜드에서도 주파수가 잡힐지 모를 일이었다.

조종사 톰 캐럴은 비탈레의 의견을 적극적으로 수용해 수신기의 채널을 신중하게 조정해 보았다. 옆에는 부조종사가 앉아 있고, 비탈레와 승무원 몇 명도 조종실 안에 함께 있었다. 캐럴은 주파수를 맞추려고 애쓰는 자신을 뚫어져라 바라보는 주위의 눈길을 느낄 수 있었다. 처음에는 아무 소리도 나지 않다가 드디어 뉴욕 방송국 신호가 잡히자 조종실 안에 작게 환호가 터졌다. 기쁨도 잠시, 스피커에서 흘러나오는 소식에 모두 얼어붙었다. 수천 명, 어쩌면 수만 명이 사망했을 거라고 했다. 몇 시간이 지나도록 라디오에 귀를 기울였다.

갠더 시각으로 밤 10시, 비탈레와 조종사, 승무원은 조종실의 희미한 불빛 아래 모여 앉아 대통령의 대국민 연설을 들었다.

---

* 　　뉴욕시를 중심으로 방송하는 라디오 방송사. 미국방송회사ABC, American Broadcasting Company의 자회사다.

안녕하십니까. 오늘, 우리 이웃 시민과 우리 삶의 방식, 우리의 자유 그 자체가 의도적이고 치명적인 테러범에게 연속 공격을 받았습니다. 비행기를 타고 있거나 사무실에서 일하고 있던 비서, 사업가, 군인, 연방 공무원, 엄마와 아빠, 친구와 이웃이 희생당했습니다. 악랄하고 비열한 테러 행위에 수천 명의 목숨이 순식간에 스러지고 말았습니다.

건물에 돌진하는 비행기, 치솟는 불길, 거대한 건물이 무너지는 장면은 믿기 힘든 광경이었을 뿐 아니라 우리에게 끔찍한 슬픔과 함께 조용하고도 강렬한 분노를 불러일으켰습니다. 이러한 대량 살상 행위는 우리나라를 겁박해 혼란에 빠트리고 퇴보시키려는 것입니다. 그러나 실패하였습니다. 우리 조국은 강합니다.

위대한 나라를 지키려고 위대한 시민이 나섰습니다. 테러범의 공격은 이 나라에서 가장 큰 건물의 기반을 흔들 수 있지만, 미국의 기반은 건드리지 못합니다. 테러 행위는 강철을 산산이 조각냈지만, 강철같은 미국인의 결의는 꺾지 못합니다…

대통령 연설을 들으며, 충격에 잠긴 비탈레는 속으로 생각했다. 어떻게 이런 일이 생길 수 있지? 대체 누가 이런 짓을 저지를 수 있지? 조종석 유리창 밖으로 어두컴컴해진 비행장을 내다보고 있으려니 고립감만 깊어졌다. 감정이 북받쳤다. 눈물이 가득 차올랐다.

미국이 공격 대상이 된 이유는 전 세계에서 가장 밝게 빛나는 자유와

온 세계가 마을로 온 날

기회의 불빛이기 때문입니다. 그리고 그 환한 빛은 누구도 가로막을 수 없습니다.

오늘, 우리는 최악의 인간 본성을 목도하였습니다. 그에 대하여 우리 미국은 구조대원들의 용기 있는 행동, 타인을 돌보는 마음, 헌혈부터 시작해 가능한 모든 방법으로 도움을 주려는 이웃의 발걸음 등 최선의 모습을 보여 주었습니다.

매키언은 조종실 문 앞에 서 있었다. 대통령이 연설하는 동안, 그는 제2차 세계대전 당시 부모와 조부모가 겪은 상황도 지금의 이 상황과 똑같을 거라는 상상을 해 보게 되었다. 그들도 라디오 주위에 모여 앉아 진주만 공격 소식을 듣고, 곧이어 나온 대통령 연설을 들으며 희망과 힘을 얻으려 했을 것이다.

이러한 악랄한 행위의 배후가 누구인지 조사를 진행하고 있습니다. 정보기관과 법 집행 분야의 모든 자원을 총동원해 책임자를 찾아내고 법의 심판 앞에 세우도록 지시하였습니다. …

오늘 밤에는 슬픔에 잠긴 모든 사람, 온 세계가 산산이 부서져 버린 아이, 안전과 안보를 위협받는 모든 사람을 위해 기도해 주시기를 여러분께 부탁드립니다. 그리고 저는 "내가 사망의 음침한 골짜기로 다닐지라도 해를 두려워하지 않을 것은 주께서 나와 함께 하심이라"는 시편 23편 말씀처럼, 우리 중 누구보다도 큰 권세를 가진 분께 모두 위로받

기를 기도합니다.

오늘은 각계각층의 국민이 함께 정의와 평화를 향한 결의를 다지는 날입니다. 미국은 지금까지 적을 물리쳤고, 이번에도 그럴 것입니다. 우리는 모두 이날을 절대 잊지 못할 것입니다. 그래도 우리는 자유를 수호하기 위해, 세상의 선하고 정의로운 모든 것을 지키기 위해 앞으로 나아갑니다.

감사합니다. 안녕히 주무십시오. 하느님이 미국을 축복하시기를.

대통령 연설이 끝나자 조종실은 침묵에 잠겼다. 비탈레의 얼굴이 달아오르고, 눈물이 뺨을 타고 흘러내렸다. 자신의 반응에 당황한 비탈레는 누군가 눈치채기 전에 재빨리 마음을 진정시켰다. 주위에서는 경찰관인 자신에게 강한 모습을 기대할 테니, 어떤 식으로든 약한 모습을 보이고 싶지 않았다. 눈물을 감추는 비탈레의 마음에 또 다른 감정이 차올랐다. 자부심이었다. 그 순간 자신이 미국인이라는 사실이 어느 때보다 자랑스러웠다.

루프트한자 400편의 승객과 승무원 372명은 착륙 후 열 시간 만에 비행기에서 내릴 수 있게 되었다. 터미널로 가서 검색을 받기 위해 모두 버스에 오를 때, 기장 라인하르트 크노트는 뒤에 남았다. 다양한 정보망을 통해 비행기의 승객 명단을 모두 입수한 연방경찰과 캐나다군은 크노트에게 승객 중 한 명의 이름이 테러 용의자와 일치한다고 알렸다.

그 남자는 터미널 안에서 조용히 한쪽으로 불려 가 경찰 심문을 기다리게 될 터였다. 연방경찰은 그 승객이 무언가, 어쩌면 폭탄 같은 것을 여객기 안에 숨겨 두었을지 모른다고 염려하고 있었다. 크노트는 경찰의 반응이 지나치다고 확신했다. 만약 승객이 기내에 폭탄을 갖고 탔다면 지금 당장 터트렸을 것이다. 대체 기다릴 이유가 어디 있단 말인가?

비행기를 둘러싼 경찰의 표정에는 그날의 사고가 끼친 압박이 고스란히 드러났다. 무엇을 어찌 해야 할지, 다가올 일분일초도 예상할 수 있는 사람이 없었다. 크노트는 상황이 얼마나 심각한지 깨달았다. 첫 번째 비행기가 첫 번째 건물에 충돌한 순간 전 지구적 테러에 대항하는 기존의 규칙은 무용지물이 되었고, 새로운 규칙은 아직 나오지 않은 상태였다.

경찰관 몇 명과 텅 빈 기내를 돌아다니며 의심스러운 물건이 있는지 살펴보았다. 그 승객이 앉았던 좌석 주변을 수색한 다음, 기내 전체로 흩어졌다. 누군가 흥분한 목소리로 좌석 위 짐칸에서 뭔가를 찾았다고 외쳤다. 특이하게 생긴 원통형 금속 용기였다. 크노트는 다가가서 잠시 그 물건을 바라보았다.

경찰은 부랴부랴 폭탄처리반에 전화를 걸며 그 반짝이는 금속 물체로부터 물러섰고, 크노트에게도 물러서라고 했다. 크노트는 오히려 그 앞으로 다가갔다. 위쪽 짐칸에 손을 뻗을 때 멈추라고 외치는 소리를 들었지만, 그대로 내용물을 집어 들었다. 어디선가 본 적 있는 물건이었다.

단츠카Danzka 보드카였다. 알루미늄 병에 담아 파는 덴마크산 고급 보드카로, 프랑크푸르트 면세점에서 판매하는 것이었다. 그 회사의 광고 문구는 이랬다. "뜻밖의 보드카, 단츠카."

루프트한자 400편 승객은 현지 고등학교인 갠더공립고등학교에 배정받았다. 자정에 도착했는데도 얼마나 많은 사람이 기다리고 있었던지, 프랑크푸르트시장 페트라 로트와 휴고보스 회장 베르너 발데사리니는 눈으로 보고도 믿을 수가 없었다. 자원봉사자가 세면도구와 침구를 건네주고, 음식과 물을 제공한다는 사실을 모두에게 빠짐없이 알려 주었다.

로트 시장은 영어가 유창하지 않지만, 학교 안에 있는 여러 사람에게 자신을 소개하며 이 모든 일을 해 주어서 고맙다고 인사를 했다.

간이침대는 아직 도착하지 않은 상태였다. 발데사리니는 너무 피곤해서 이미 있는 것으로 해결해 보기로 했다. 담요 한 장과 베개 하나를 들고 학교 체육관 한쪽 구석에 가서 자리를 잡았다. 캐시미어 정장을 입은 채로 금방 잠들었다.

조지 비탈레는 잠들기를 무척 바랐다. 하지만 비행기 안에 미무는 한 잠들기는 틀렸다는 사실을 깨달았다. 새벽 2시경, 이제 캐나다 세관으로 갈 차례가 왔다는 조종사의 안내를 듣고서야 마음이 놓였다. 터미널을 향해 걸어가는 승객은 수면 부족과 스트레스, 과도한 보안 수속 절차로 위축되어 있었다.

"갠더에 오신 것을 환영합니다. 이쪽입니다." 한 여성이 비탈레와 동행한 승객 톰 매키언에게 말했다.

공항 화장실을 써도 되냐고 물으니 그 여성이 웃으며 "물론이죠"라고 답했다. 그 순간 매키언은 자신이 생각보다 긴장하고 있었다는 걸 깨달았다.

콘티넨털항공 23편 승객은 버스로 25킬로미터를 달려 갠더 시내가 아니라 갠더강 동쪽 기슭, 주민 700명이 사는 아름다운 마을인 애플턴으로 갔다. 애플턴 주민센터로 들어가면서 매키언이 제일 먼저 느낀 것은 커피 향이었다. 해군에서 6년 동안 복무하면서 주로 잠수함을 탔던 매키언은 신선한 커피 향을 맡으면 어쩐지 늘 마음이 편안해졌다. 그러나 곧이어 텔레비전을 본 순간, 좀 전의 편안함은 싹 달아났다. 비탈레도 마찬가지였다. 세계무역센터가 파괴되었다는 사실을 이미 알고 있는데도 화면을 보니 여전히 몸이 굳었다. 처음에는 컴퓨터 시뮬레이션 같은 걸 보여 주는 게 분명하다고 생각했다. 주변에 모여든 사람이 모두 충격을 받고 눈물 흘리는 모습을 보고서야 그것이 실제 테러 장면이라는 사실을 깨달았다. 텔레비전은 대피소 구석에 켜 둔 촛불처럼 깜빡이며 밤새 켜져 있었다.

현지에 주둔하는 미군 병사와 가족이 꾸준히 찾아오는 덕에, 갠더 침례교회는 시내에서 교인이 가장 많은 교회에 속했다. 하지만 90년대에 들어 미군이 점차 떠나면서 거꾸로 교인이 가장 적은 쪽에 속하게 되었다. 정기 예배 참석자는 서른 명, 여섯 가정 정도이고, 전임 목사는 갠더만이 아니라 한 시간 넘는 거리에 있는 다른 도시를 동시에 담당하고 있었다. 수가 줄어들기는 했지만, 교인들의 공동체

의식까지 사그라든 것은 아니었다.

첫 번째 비행기가 착륙하자마자, 교회 집사 게리 하우스는 시 지휘 본부에 연락해 고립된 승객을 교회에서 수용 가능한 만큼 최대한 받아들여 대피소를 제공하고 돕겠다고 제안했다. 은퇴한 교사인 하우스는 서른 명에서 마흔 명 정도면 교회 안에 편히 머물 수 있을 것으로 짐작했다. 침례교회가 승객을 대규모로 수용할 수는 없는 곳이라 적십자사 관계자는 주의가 필요한 적은 인원의 승객들을 그리로 보냈다.

브뤼셀에서 뉴욕으로 가는 델타항공 141편 승객 135명 중에는 루마니아 동쪽 구소련 국가인 몰도바 출신 난민이 서른여덟 명 있었다. 모두 미국으로 가서 새로운 삶을 맞이하려던 다섯 가족의 구성원이었다. 그중에는 임신한 여성이 세 명 있었고, 영아부터 10대까지의 어린이는 열 명이 넘었다.

교회에 러시아어를 하는 사람이 아무도 없어 의사소통이 쉽지 않을 듯했다. 난민 중에 영어를 조금 할 수 있는 사람은 임신 상태로 남편과 그 가족과 함께 이동 중이던 17세 여성이었다. 그 여성은 갠더 사람이 자신의 실제 이름인 올레샤 분틸로를 알아듣지 못할 테니 그냥 앨리스라고 부르라고 했다.

분틸로는 까만 머리에 동그란 얼굴을 한 밝고 젊은 여성이다. 겸손하지만 재밌고, 신앙심이 매우 깊다. 미국으로 이주하려고 몇 년 동안 돈을 모은 분틸로의 가족은 시애틀 외곽 워싱턴주 렌턴에 먼저 가 있는 가족들을 찾아가기 위해 9월 11일에 길을 나섰다. 올레샤와 남편 발레리는 기독교인이라는 이유로 박해받지 않도록, 딸이 종교

　　　　　　　　　　　　　　　온 세계가 마을로 온 날

의 자유를 보장하는 나라에서 태어나기 바랐다. 몰도바는 이제 자유롭고 독립적인 국가로 여겨지지만, 종교에 관해서는 강경한 공산주의적 구습을 완전히 걷어내지 않고 있었다.

자원봉사자가 침례교회 내부의 긴 의자로 커다란 사각형 테두리를 다섯 개 만들어 마치 소형 요새처럼 보이는 가족별 생활 구역을 만들었다. 거기다 집에 있는 담요와 베개, 어른 옷과 아이 옷, 영아용 기저귀를 잔뜩 가져다 놓았다.

클라크 피어시는 몰도바인이 얼마나 혼란스러울지 어느 정도 이해할 수 있었다. 말이 통하지 않는 나라에서 지내는 것이 어떤 느낌인지 알기 때문이다. 클라크는 1990년에 아내 로라와 함께 캐나다 침례교 선교회 교사로서 6개월 동안 자이르에 머문 적이 있었다. 적어도 그때 자신은 무엇을 하러 가는지, 어떤 준비를 해야 하는지 미리 알았다. 그러나 구소련 지역에서 온 이 난민이 지금 벌어지는 일을 충분히 이해하고 있을지는 확실치 않았다.

항공교통관제사인 피어시는 여가를 거의 교회에서 보냈다. 승객에게 현 위치를 알려 주려고 일찌감치 집에서 지도책을 챙겨 갔다. 승객이 교회에 온 첫날 밤에는 혹시 필요할까 싶어 자진해서 밤새 교회를 지켰다. 새벽 두 시경, 한 남자가 피어시가 앉아 있던 교회 지하 식당으로 내려왔다. 찾는 것이 있는 듯한데 뭘 말하는지 알아들을 수 없었다. 남자가 손짓으로 표시를 하고 아이 같은 소리를 내었을 때에야 위층에 있는 아기에게 먹일 우유를 찾고 있다는 걸 깨달았다. 피어시는 냉장고에서 유아식 한 병을 꺼내 전자레인지에 툭 집어넣었다. 울그락불그락하며 서 있던 남자는 피어시가 건네주는 병을 받아 들고서야 유아식을 데우는 중이었다는 걸 알았다. 아이 아빠는 한 번도 전자레인지를 써 본 적이 없었다. 이때부터 침례교 인들은 난데없이 나타난 손님을 파악하는 기나긴 여정에 접어들었 다. 그 여정이 끝날 즈음에는, 몰도바인과 침례교인 모두 무언극과 몸짓의 달인이 되었다.

　뉴펀들랜드가 오래전에 잃어버린 아들, 레니 오도넬이 비행기 에서 내려 고향 땅을 밟은 시각은 거의 새벽 세 시였다. 레니와 아내 마리아를 포함해 승객 전원이 검색 절차를 끝낸 뒤 버스를 타고 재 향군인회 건물에 도착하니 새벽 네 시가 다 되었다. 늦은 시각인데 도 자원봉사자가 따뜻한 수프와 신선한 샌드위치를 대접하려고 기 다리고 있었다. 자원봉사자들은 '비행기 사람들'이 언제 도착할지 모르는 채로 밤새 자리를 지켰다. 처음 연락받은 도착 예정 시각은 화요일 저녁 6시 30분 정도였다. 그랬던 것이 열 시로, 자정으로 계 속 미뤄졌다.

　남는 시간에 자원봉사자는 물품을 모았다. 뷸라 쿠퍼 등 향군부 인회 여성들은 샌드위치를 만들었다. 쿠퍼는 달걀 샐러드 한 통에 햄치즈샌드위치 한 판을 만들었다. 수프는 밤의 한기를 떨칠 수 있 도록 죽보다는 든든한 스튜에 가깝게 끓였다.

　하지만 승객들은 그저 담요와 베개, 누울 자리를 원했다. 한 사 람만 빼고. 레니는 피곤하지도 배가 고프지도 않았다.

　"한잔하고 싶군요"라고 말한 레니는 향군회의 기다란 목제 선 반에 손을 뻗었다. 차가운 뉴펀들랜드 밤공기를 들이마실 때마다 점차 억양이 돌아오는 듯했다. "35년 동안 떠나 있다 돌아왔답니다. 자, 그럼 제가 바를 열어도 되겠습니까?"

향군회장 윌리 크럼멜은 어떻게 반응해야 할지 몰랐다. 자원봉사자들과 함께 만일의 사태에 대비해 치약에서 생리대까지 필요한 모든 물품을 예측하려 애를 썼지만, 방탕한 뉴피가 돌아오리라고는 아무도 생각 못 했다.

"아이고, 이 사람아." 크럼멜은 고개를 저었다. "이 꼭두새벽에 어떻게 바를 엽니까? 주위에 어린애도 있는데요."

주위를 둘러보니 아이들은 대부분 아버지 어머니 팔에 안겨 잠들어 있었다. 레니가 다시 물었다.

"그럼 한 병만 주시면 안 됩니까? 저쪽 구석에 앉아 있을 테니, 저의 귀환을 축하하며 건배하고 싶은 분이 있다면 누구든지 찾아오면 됩니다."

크럼멜은 바 담당자 앨프 존슨을 향해 몸을 돌렸다. 두 사람은 승객들이 전부 자리 잡을 때까지는 술 진열장을 열지 않는 것이 좋겠다고 결정했다.

"제 고향은 아발론 사우스쇼입니다." 뉴펀들랜드의 주도 남쪽에 붙어 있는 모퉁이 지역을 언급하며 레니가 말했다. "오드리스콜은 죄다 거기서 태어났지요."

크럼멜은 레니가 무슨 말을 하는지 잘 알았다. 누군가의 성만 들어도 그 집안이 어느 지역 출신인지 다 알 수 있던 시절이 있었다. 크럼멜은 어린 시절과 옛 뉴펀들랜드 이야기를 꺼내며 추억에 잠기는 레니가 마음에 들었다.

레니는 아무리 먼 거리든, 얼마나 오랜 기간이든, 뉴펀들랜드인을 고향에서 떼어 놓을 수는 있어도 그 마음에서 뉴펀들랜드를 지울 수는 없다는 사실을 보여 주는 산 증인이었다. 크럼멜이 보기에 레니는 유별난 사람이 아니라 이 지역 말로 "무병장수 체질"이라 불리는 유형에 꼭 맞는 인물이었다. 자신도 여든두 살에 그만큼 활기 있고 생명력 넘치는 사람이 되기를 바랄 따름이었다.

"에라, 모르겠다." 크럼멜은 레니 곁에 있던 앨프 존슨을 자기 쪽으로 끌어당기며 조용히 말했다. "최대한 빨리 바를 열어서 저 사람에게 술을 주도록 해."

바 반대편에서는 해나 오루크가 뉴욕시 소방관인 아들 케빈에게 새로운 소식이 있는지 알아보려고 향군회관 전화기 앞에 줄을 서 있었다. 늦은 시각이지만, 케빈의 집에 전화를 걸어 보니 아내 메리앤이 받았다. 좋지 않은 소식이었다.

"아까 케빈 상관에게서 전화가 왔어요, 할무니." 메리앤이 이야기를 시작했다.

메리앤은 해나의 첫 손주를 낳은 20년 전부터 시어머니를 할무니Gran 또는 함무니Granny라고 불렀다. 그 후 해나 가족은 다른 아이도 해나를 할머니Granma나 함미Nana가 아니라 할무니라고 부르게 했고, 얼마 안 가서 모두가 해나를 그렇게 부르게 되었다.

"케빈과 팀원이 실종 상태라네요. 그래도 아직 구조할 수 있을 거라고 기대하고 있대요."

"그래, 그럴 거야." 해나가 단호하게 말했다. "우리가 아무 일 없기를 기도하면 돼."

해나는 남편 데니스에게 수화기를 넘겼다. 메리앤에게 같은 소식을 들은 데니스는 울면서 주저앉았다. 수화기는 다시 아내에게 건네주었다.

메리앤도 울고 싶었다. 해나와 데니스를 메리앤은 친부모처럼 사랑했다. 케빈과 메리앤이 처음 만난 건 세인트요아킴초등학교 행진 악대에서였다. 케빈은 메리앤의 오빠와 제일 친한 친구였고, 21년 전 결혼한 후로 두 가족은 더욱더 친밀해졌다. 메리앤은 해나와 데니스가 집에서 멀리 떨어져 있어 견디기 힘들어하고 있다는 걸 알았다. 단단한 모습을 보여 주는 게 최선이었다. 할 말을 고르고 목소리를 다듬어 해나에게 말했다.

"희망을 버리지 말자구요."

"그러자." 해나도 다짐했다.

전화를 끊기 전에, 해나는 또 다시 자신이 노바스코샤 어딘가에 있다고 잘못 말했다. 향군회관이라고 덧붙였지만, 연락처를 알고 있지는 못했다.

둘째 날

9월 12일 수요일

록샌 로퍼는 잠을 잘 수 없었다. 아이가 있는 가족을 전부 한 방에 배치하는 것은 좋은 방안이었을 테지만, 밤새도록 어느 집 아이가 자다 깨서 울지 않는 때가 없었다. 그게 아니라도 애초에 록샌은 편히 쉬기 어려웠다. 집이 아니면 잠을 잘 자지 못하는데 이미 3주 넘게 집 밖을 떠도는 중이었다. 남편 클라크와 새로 입양한 아이 알렉산드리아가 자는 동안, 록샌은 라이온스클럽 회관을 혼자 돌아다녔다.

주기적으로 주방에 들렀는데, 거기에는 밤중에 뭐라도 찾는 사람이 있을까 싶어 주방을 지키던 브루스 매클라우드가 있었다. 록샌과 그는 처음부터 죽이 잘 맞았다.

"한동안 여기서 지내실 모양이네요." 브루스가 말했다.

"슬슬 집을 알아봐야 할 것 같아요." 록샌이 시치미를 떼며 대답했다. "요 위에 있는 오두막이 얼마라고요?"

입구에 서 있는 오토바이를 가리키니 브루스가 자기 것이라고 말했다. 그 말을 들은 록샌은 브루스가 자신과 취미가 잘 맞는 사람이라는 걸 눈치챘다. 록샌도 텍사스에 오토바이를 갖고 있었다.

아침에는 라이온스클럽 회원이 더 많이 몰려와, 승객을 위해 어마어마한 아침 식사를 준비했다. 레이크사이드양로원 조리장으로 일하며, 라이온스클럽에서는 비공식 주방장이기도 한 스탠 니콜이 앞장섰다. 니콜과 회원들은 계란, 베이컨, 소시지, 토스트, 커피, 튀긴 볼로냐소시지를 한가득 만들었다. 텍사스에서 온 록샌과 클라크는 볼로냐소시지를 튀긴다는 소리는 한 번도 들어 본 적이 없었는데, 평소 입이 짧던 두 살배기 아이가 살면서 먹어 본 가장 맛있는 음식이라는 듯이 마구 달려드는 모습을 보고 조금 당황했다.

아침 식사를 하고 나서, 낯선 여성이 록샌과 클라크에게 시내에 갈 곳이 있으면 태워 주겠다고 했다. 이를테면 가게에 가서 살 게 있지는 않은지, 월마트에 가고 싶지는 않은지 물었다. 부부는 둘 다 간절했다. 수하물이 비행기에 그대로 실려 있는 상태여서 아무도 짐을 챙기지 못했다. 사흘째 같은 옷을 입고 지낸 터라 갈아입을 옷이 필요했다. 클라크가 특히 더했다.

카자흐스탄에서 알렉산드리아를 입양한 후, 비행기로 러시아를 거쳐 가야 했다. 모스크바공항에서 알렉산드리아가 클라크에게 다토하는 바람에 공항을 뒤져 가슴팍에 WWW.RUSSIA.RU라는 까만 글자가 박힌 셔츠 한 장을 겨우 구했다. 글씨는 그다지 신경 쓰이지 않았는데 셔츠 크기가 너무 작았다. 입어 보니 너무 꽉 조여 당황스러웠지만, 몇 시간이면 집에 도착할 테니까 그 정도는 버틸 만하다고 생각했다. 그 몇 시간이 이제 며칠이 되게 생겼으니, 클라크는 주위에서 이상하게 바라보는 시선을 견디기가 점점 더 힘들어졌다.

"비행기에 탔던 분이세요?" 가게 안에 있던 사람이 이렇게 묻고는 무탈하기를 바란다고 했다. 미국에서 벌어진 사건에 애도를 표하는 사람도 종종 있었다. "정말 안타깝습니다"라며, 마치 록샌과 클라크가 가족을 잃기라도 한 듯이 위로의 말을 건넸다.

두 사람은 입기 편한 옷과 갈아입을 속옷, 체취 제거제를 좀 사기로 했다. 라이온스클럽으로 돌아오자마자 모르는 여성이 샤워하고 싶은지를 물었다. 록샌은 샤워 시설을 못 봤지만, 건물 내 일부 구역에 칸막이로 만든 공간을 보여 주려는 거로 짐작했다. 그러자 여성이 말했다.

"그게 아니라, 우리 집에 와서 씻으셔도 된다고요."

록샌은 웃음이 나오려는 걸 참았다. 생전 처음 보는 사람이 자기 집 욕실을 쓰게 해 주겠다고 제안하고 있었다. 록샌과 클라크 둘 다 소도시에서 자랐지만 이건 소도시의 환대 수준을 한참 뛰어넘는 것이었다. 록샌은 이곳 주민이 세상에서 최고로 친절한 사람이라고 생각했다.

그 여성의 집은 라이온스클럽에서 겨우 100미터도 떨어지지 않은 곳에 있어서 록샌과 클라크, 알렉산드리아는 거기까지 걸어서 갔다. 샤워하고 깨끗한 옷으로 갈아입으니 얼마나 기분이 좋던지, 탄성이 절로 나왔다. 그 여성은 라이온스클럽으로 돌아가기 전에 거실에서 원하는 만큼 충분히 쉬라고 했다. 집 안은 고요했다. 부부가 며칠 만에 처음 맞이하는 평화로운 순간이었다.

로즈 셰퍼드는 48년 동안 뉴펀들랜드에 살았지만, 갠더에 고립된 비행기 중에 자신이 몹시 사랑하는 아일랜드의 국적기인 아일랜드항공도 있다는 소식을 들으니 곧바로 할 일이 떠올랐다. 로즈는 남편 더그에게 이렇게 말했다.

"그 사람들 어디 묵는지 알아보고, 가서 멋쟁이 아일랜드 사람 몇 명 데려와 줘요. 같이 이야기라도 나누게."

로즈는 아일랜드 북쪽 끝, 벨파스트 서쪽에 있는 도니골주에서 태어났다. 제2차 세계대전 기간에 간호사가 되려고 잉글랜드로 건 너갔다가 1953년 영국 간호사 해외파견 프로그램*에 참여해 뉴펀 들랜드에 왔다. 3년 후에는 19세기 중반부터 뉴펀들랜드에 살았던 집안에서 태어난 더그 셰퍼드와 결혼했다.

은퇴한 사업가인 더그 셰퍼드는 16년 동안 갠더시장으로 일했 다. 1993년 이후로는 시장이 아니었지만, 아직도 시장님 소리를 종 종 듣는다. 아일랜드항공 승객을 찾아내는 건 일도 아니었다. 재향 군인회관에 도착한 셰퍼드는 회장 윌리 크럼멜을 찾았다.

"아일랜드 항공 승객이 여기 와 있다고 하더군요." 셰퍼드는 이 렇게 말하며 아내가 요청한 일을 설명하기 시작했다.

그러자 골치 아픈 수수께끼를 막 풀어낸 듯, 크럼멜의 입꼬리가 살짝 올라갔다. 셰퍼드를 데리고 강당을 가로질러 간 크럼멜은 두 사람을 소개했다.

"여기 멋쟁이 부부가 계십니다. 레니와 마리아 오드리스콜 씨입 니다."

---

* 제국주의 영국 시기에 시작된 의료 서비스로, 영국 식민지에 주재하는 관료 와 그의 가족, 그 밖의 영국인들에게 간호 서비스를 제공하는 프로그램이다. 1896년부터 1966년까지 운영되었다.

온 세계가 마을로 온 날

크럼멜은 약삭빠른 이 늙은 뉴프가 마음에 들긴 했지만, 모두를 위해서는 이 부부를 별도의 숙소에 묵게 하는 편이 낫겠다고 생각했다. 셰퍼드는 오드리스콜 부부에게 자신을 소개한 뒤, 갠더에 머무는 동안 자신과 아내가 사는 집에 함께 머물겠냐고 물었다.

"오, 그거 좋지요." 레니는 망설임 없이 대답했다. "갑시다."

조지 비탈레는 운동화 끈을 묶었다. 수요일 이른 아침 애플턴에 도착한 후로 바삐 움직이며 텔레비전 화면에서 멀어지려고 노력했다. 최고의 해법은 달리기였다. 아일랜드공항에서 수하물을 부치지 않고 짐을 옷 가방 하나에 다 담아 기내에 들고 들어갔던 것이 다행이었다. 그 덕에 비탈레는 승객 대부분과 달리 갈아입을 옷과 개인 물품을 곧바로 사용할 수 있었다.

겉옷과 속옷을 갈아입을 수 있다는 것도 좋았지만, 비탈레의 기분을 북돋아 줄 물건은 바로 운동화였다. 달리기는 오래전부터 비탈레가 뉴욕주 경찰이라는 직업의 압박을 피해 안정과 평화의 시간을 누리는 방법이었다. 매일 아침 출근 전에 브루클린 아파트에서 출발해 스태튼아일랜드와 경계를 이루는 수로를 따라 달렸다. 처음 절반은 맨해튼을 등지고 남쪽을 향해 달려가다가, 베라자노교 아래에서 돌아서서 북쪽 수평선 위로 세계무역센터 건물이 마치 횃불처럼 서 있는 맨해튼 남단까지 달려갔다. 주지사 집무실이 세계무역센터에 있던 90년대 전반 내내, 비탈레는 아침 달리기를 끝낸 다음 옷을 갈아입고 남쪽 건물로 출근해 맨해튼의 주지사 본부 보안을 감독했다.

애플턴 언덕길을 따라 달리기 시작하면서, 비탈레는 다시 집에 돌아가 달릴 때 어떤 풍경이 펼쳐질지 상상해 보았다. 세계무역센터 건물이 사라진 맨해튼의 하늘을 바라보며 달릴 기운이 날까 싶었다. 느리고 편안한 속도로 달리며 지난 이틀을 되돌아보았다. 비행기 안에 있을 때는 브루클린에서 소방관으로 일하는, 어릴 때부터 가장 친했던 친구인 앤서니 드루비오 걱정이 제일 컸다. 초반에는 거의 앤서니 생각만 하다가, 그 다음에는 뉴욕시 소방청 구조대장인 앤서니의 형 도미닉은 또 어찌 되었을지 걱정했다. 기내에서 머무는 동안 비탈레는 실종된 소방관 다수가 소방청 지휘관이라는 사실을 알았다. 구조대장인 도미닉도 그중 한 명일 가능성이 있었다. 도미닉은 정말 실종되었을까? 살아 있을까, 죽었을까? 애플턴에 도착한 직후 가족과 연락이 닿았을 때, 비탈레가 형 데니스에게 제일 먼저 던진 질문은 이랬다.

"앤서니는?"

"그 애는 무사해." 데니스가 감정을 자제하며 말했다.

감격한 비탈레가 다시 물었다. "그러면 도미닉은?"

"도미닉도 괜찮아. 그런데, 데이비드가 실종되었어."

데이비드 드루비오는 앤서니의 남동생 중 한 명이었다. 브루클린 시내에 있는 엔진226소방서 소속 소방관으로, 사건 직후 세계무역센터에 도착한 소방관 중 한 명이었다. 일곱 형제자매 중 다섯째인 데이비드는 앞서 세 형제가 가던 길을 따라가기로 하고 뒤늦게 소방국에 들어갔다. 서른여덟 살, 소방관 일을 한 지 겨우 3년밖에 되지 않은 데이비드에게는 아내와 열두 살 딸이 있었다.

앤서니와 도미닉 걱정만 하고 데이비드는 별로 떠올리지 못한

온 세계가 마을로 온 날

게 미안했다. 비탈레가 기억하는 데이비드 드루비오는 재미있는 꼬맹이자 좋은 아빠였다. 금발에 푸른 눈을 가진, 눈에 띌 정도로 잘생긴 데이비드는 언제나 농담을 달고 살았다. 그 아이의 웃음에는 사람을 끌어들이는 힘이 있었다. 브루클린에서 이웃에 살던 베이 리지와 롤러블레이드를 타거나, 형 앤서니와 롤러 하키를 하던 데이비드의 모습이 아직도 생생히 떠올랐다. 소방교육학교에 합격했을 때 그 애가 얼마나 기뻐했는지도 기억하고 있었다. 소방관이 되는 것은 데이비드로서는 인생의 빈 부분을 되찾는 의미였고, 아내와 딸 외에 세상에서 그 이상 사랑하는 것이 없었다. 뉴욕레인저스New York Rangers* 만 빼면 말이다. 데이비드의 소방 헬멧에는 레인저스의 휘장이 달려 있었다. 비탈레는 열두 살 난 딸 제시카가 아일랜더스New York Islanders** 열성 팬이라는 사실에 황당해하던 데이비드를 떠올리니 웃음이 났다.

애플턴을 휘감아 흐르는 강을 따라 달리며, 비탈레는 잠시나마 마음을 비우고 싶었다. 워크맨Walkman*** 소리를 높여서 〈조 블랙의 사랑〉 영화음악에 귀를 기울였다. 브래드 피트가 출연한 영화 자체는 그리 인상적이지 않았지만, 작곡가 토머스 뉴먼이 만든 음악은 강렬했다. 가수이자 작사가, 작곡가인 랜디 뉴먼의 사촌인 토머스 뉴먼은 〈아메리칸 뷰티〉, 〈쇼생크 탈출〉 같은 영화의 음악을 만들었

---

*   연고지가 뉴욕인 미국 프로 아이스하키팀이다.

**   연고지가 브루클린인 미국 프로 아이스하키팀이다.

***   자기 기록 테이프에 녹음한 음악을 들을 수 있는 휴대용 오디오 기기의 상표명이다.

다. 〈조 블랙의 사랑〉에서 뉴먼은 고전 음악에서 영감을 받은, 인상적이고 감동적인 관현악곡을 선보였다. 주인공이 죽음의 화신으로 분하는 영화의 분위기에 맞추어 거의 장례식장 같은 느낌을 주는 어두운 음악이었다.

아일랜드에 가는 길에 별 뜻 없이 챙겨간 테이프였지만, 상황에 잘 어울리는 배경음악이었다. 귀를 가득 채우는 그 침울한 음은 머리 위를 덮은 초록색 나뭇잎과 푸르스름한 하늘, 강을 따라 깔끔하게 단장한 주택이 늘어선 아름다운 주변 풍경과 극명한 대조를 이루었다.

홀로 낯선 곳을 달리고 있자니, 이토록 멀리 떨어져 있는 자신이 쓸모없게 느껴졌다. 지금은 뉴욕에서 여러 사람을 돕고, 제 역할을 하며, 데이비드를 포함한 실종자를 수색하는 등 건설적인 일을 하고 있어야 한다는 생각이 들었다. 비탈레는 발밑에 닿는 도로를 느끼며 다시 마음을 비우려고 노력했다. 그저 땀을 흘리고 몸을 움직이는 데 집중하고 싶었다. 열심히 달리면 달릴수록, 잠시나마 슬픔으로부터 멀어질 수 있었다.

몇 킬로미터 더 가서 주민센터에 도착했다. 늘 그랬듯 켜 놓은 텔레비전에서 뉴스 보도와 지난 영상이 흘러나왔다. 자원봉사자도 가까이 있었다. 주민센터에는 샤워 시설이 없어, 비탈레는 신디와 레그 휘튼을 따라 길 건너편에 있는 집으로 갔다. 휘튼 부부는 냉장고에 있는 음식은 뭐든지 꺼내 먹고, 전화를 걸거나 컴퓨터로 이메일을 보내도 된다고 했다. 위성방송 리모컨이 어디 있는지 알려 주고, 깨끗한 수건을 건네준 뒤 부부는 밖으로 나갔다. 원하는 만큼 머물러도 좋으니, 있다가 나갈 때는 문을 잠그지 말고 그냥 두라고 했다. 비탈레는 두 사람에게 아무 말도 못 했다. 낯선 사람을 집에 남겨 두고 나가는 휘튼 부부는 별생각이 없었지만, 비탈레에게는 그런 신뢰의 표현이 절실했다. 마음의 고통을 덜어 주는 특별한 행동이었다. 여전히 머릿속에 울려 퍼지고 있는 음악만큼 세상이 삭막하지만은 않다는 안도감을 주는 표지였다.

유럽, 아프리카, 중동 지역 일부를 감시하는 미 육군 정보국 사령관인 바버라 패스트 장군은 밤새 아메리칸항공 여객기 바닥에서 자다가 수요일 아침 일찍 깨어났다. 같은 줄에 앉은 임신 중인 인도 여성이 몸을 뻗을 수 있도록 좌석을 양보했기 때문이었다. 47세인 패스트는 비좁고 불편한 공간에서 자는 건 아무렇지 않았다. 어쨌거나 직업 군인이었다.

패스트는 제대군인원호법GI Bill*의 혜택을 받아 대학원 학비를 대려고 1976년에 입대했지만 오래지 않아 군에서 진로를 찾았다. 대학에서 독일어를 전공했고, 독일어와 스페인어를 유창하게 구사하는 패스트는 초기부터 주로 유럽 지역 정보부대에 배속됐고, 차근차근 승진을 거듭해 국가안보국에서 근무 중이던 2000년 7월에 장군으로 진급했다.

6월에는 미유럽공동사령부 정보국장으로 발령받아 테러와의 전쟁에서 핵심 역할을 맡게 됐다. 그런 패스트가 스무 시간 넘게 비

---

*　제2차 세계대전 후 미국 퇴역 군인의 교육, 주거, 직업 등 다양한 방면의 지원을 위해 제정한 법이다.

행기 안에 발이 묶여 있는 중이었다. 기내 전화와 개인 휴대전화 모두 간헐적으로 작동했지만, 슈투트가르트에 있는 대원들이 사고에 제대로 대응하고 자신을 복귀시키는 데 필요한 일을 빠짐없이 하고 있는지 확인하기에는 충분치 않았다.

이따금 상황을 살피려고 문이 열려 있는 비행기 앞쪽을 서성였다. 갠더는 미군이 연료를 보충하러 자주 착륙하는 곳이라 꽤 익숙했다. 애로우항공 추락 사고와 그로 인해 목숨을 잃은 101공수사단의 젊은 군인들도 떠올랐다. 시야가 넓은 비행기 위에서 바라보니 공항 주변은 나무로 둘러싸여 있었다. 민간 항공기가 기막히게 줄지어 늘어선 광경도 볼 수 있었다.

수요일 오전이 절반쯤 지난 무렵, 비행기 앞에 노란 스쿨버스가 줄줄이 정차하자 드디어 내릴 수 있었다. 패스트는 버스를 타고 가면서 운전사와 대화를 주고받다가, 파업하던 스쿨버스 운전사들이 비행기 착륙 소식을 듣고 모두 자발적으로 파업 현장에서 뛰쳐나왔다는 말을 들었다. 감동적인 이야기였다.

공항 내부 경비는 연방경찰과 캐나다 군사기지 파견대가 함께 맡고 있었다. 금속 탐지기를 통과한 패스트는 젊은 병사 앞 탁자에 짐 가방을 올려놓았다. 제복을 입지 않아도 군인 신분증은 갖고 있었기에, 패스트의 계급을 확인한 병사는 매우 정중한 태도를 취했다. 앞서간 승객들은 금방 통과시키더니 패스트에게는 유난히 시간을 들였다. 그 청년은 철저하고 신중하게 임무를 수행하는 모습을 보여 자존심을 지키려는 듯했다. 검색이 끝나자, 패스트는 인정한다는 뜻으로 고개를 끄덕였다.

공항을 빠져나온 아메리칸항공 49편 승객 154명은 콜럼버스기사단 건물로 이동했다. 비행기에서 나왔는데도 패스트는 기다리는 것밖에 할 수 있는 게 별로 없었다. 주민센터 근처에서 씻고 나서, 미국에 있는 동안 해 달라고 남편이 부탁한 일 몇 가지를 처리할 수 있을지 알아보기로 했다. (패스트는 그것을 "자기야-해 줘 목록"이라고 불렀다. "자기야, 이것 좀 해 줘", "자기야 저것 좀 해 줘" 하듯이.) 미국으로 가기는 어렵겠지만 몇 가지는 갠더에서도 가능할 듯했다.

남편이 준 목록은 대부분 독일에서 구하기 어려운 물품이었다. 그중에서 제일 중요한 것은 유통업체 시어스의 크라프트맨 공구 카탈로그였다. 운 좋게도, 전 품목을 갖춘 곳은 아니었지만 조그만 시어스 할인 매장 하나가 시 외곽 지역에 있었다. 패스트는 위치를 파악한 후 매장까지 걸어갔다. 원하면 차를 태워 줄 사람을 쉽게 찾을 수도 있었지만, 비행기 안에 오래 갇혀 있다 나왔으니 걸어가는 것도 좋겠다는 생각이 들었다.

걷다 보니 생각할 시간이 많았다. 앞서 콜럼버스기사단에 도착했을 때, 텔레비전을 통해 그동안 벌어진 일을 처음으로 보았다. 패스트는 지난 몇 달간 사령부에서 취합한 정보 조각을 하나하나 떠올려 보았다. 그중에 테러를 막을 수 있도록 미리 파악하거나 발견해야 했는데 놓친 정보가 있었을까? 최근 몇 달 사이에 빈 라덴의 조직이 전보다 활발히 움직이는 낌새가 보이긴 했지만, 그렇게까지 대담하게 미국을 공격하리라고 예상할 만한 일은 전혀 없었다.

패스트는 자신을 갉아먹거나 죄책감을 자극할 만한 의심은 일체 하지 않기로 했다. 사령부 대원 모두 정보 취합을 위해 최선을 다

했다고 믿었다.

　주택 지역을 지나가던 중 현관에서 손을 흔드는 한 남자를 발견했다. 남자는 패스트에게 이번에 고립된 승객이냐고 물었다.

　"맞아요." 패스트가 대답했다.

　남자는 뒤뜰에서 가족과 함께 손자의 생일 파티를 준비하는 중이라며, 혹시 함께하겠냐고 물었다. 패스트는 그러기로 하고 뒤뜰로 따라갔다. 아이의 부모가 다른 아이가 도착하기를 기다리며 풍선과 색종이 띠로 뒤뜰을 장식하고 있었다. 남자가 그날 파티의 주인공에게 패스트를 소개했다.

　"생일 축하해요." 패스트가 말했다.

　"감사합니다." 아이가 답했다.

　"몇 살이에요?"

　"일곱 살이요." 아이가 대답했다.

　우연히 길을 지나던 이방인을 초대해 기꺼이 함께 시간을 보내려는 이 따뜻한 가족이 패스트의 기운을 북돋웠다. 잠시나마 위험한 세상도, 전날에 느낀 공포도 거의 잊을 수 있었다. 그러나 패스트는 오래 머물지 않았다. 잠깐의 따뜻함만으로도 충분했다. 그리고 문을 닫기 전에 이서 시이스 매장에 도착하고 싶었다.

　준장이 시내를 탐험하는 동안, 콜럼버스기사단 건물을 살펴보던 아메리칸항공 49편의 또 다른 승객 리사 제일은 그 나름의 놀라운 순간을 경험하고 있었다. 비행기에서 하룻밤을 보내고 나온 서른여덟 살 제일에게는 조그만 공간이 절실했다. 기내에서와 다를 바

　　　　　　　　　　　　　　온 세계가 마을로 온 날

없이 밤마다 다 같이 북적대는 강당에서 자느니, 차라리 건물 앞 잔디밭에서 야영을 하면 어떨까? 제일은 동업자인 사라 우드와 함께 있었다. 파리에서 열린 무역박람회에 참석했다가 댈러스의 집으로 돌아가던 중이었다. "그냥 밖에서 자요." 제일은 콜럼버스기사단 건물과 도로 사이에 있는 초록색 잔디밭을 가리키며 우드에게 말했다.

처음에 우드는 리사가 미쳤다고 생각했다. 간이침대가 있는 실내에서 잘 수 있는데 누가 굳이 잔디밭에서 야영을 해? 게다가, 마흔다섯 살 우드는 제일과 달리 한 번도 야영을 해 본 적이 없었다. 제일은 조금만 믿어 보라고 했다. 두 여성은 큰길을 따라 걸어서 800미터 정도 떨어진 월마트에 갔다. 손전등과 몇 가지 물건은 샀지만, 에어 매트리스와 침낭은 재고가 없었다. 그래서 둘은 캐나디안타이어 Canadian Tire* 로 이동했다. 오래된 홍보 문구에도 있듯, 캐나디안타이어에서는 타이어만 팔지 않는다. 점원 한 명이 에어 매트리스와 침낭 두 개씩을 찾아내더니, "텐트도 필요하신가요?"라고 물었다.

제일은 필요 없다고 대답했지만, 우드가 말을 막았다.

"어휴, 네. 텐트도 필요해요." 우드는 텍사스 억양으로 점원에게 거의 달려들 듯 말했다. 비가 올지도 모르니까 텐트가 편할 거라고 이유를 댔다. 제일과 우드는 계산대에 물건을 쌓아 올린 뒤 신용카드를 찾기 시작했다.

"비행기에서 내린 분들이시죠?" 계산원이 물었다.

제일과 우드가 고개를 끄덕이자, 계산원은 물건을 그냥 가져가

---

*   캐나다의 유통업체로, 자동차용품, 가정용품, 스포츠용품 등을 판매하며 주
유 서비스도 제공한다.

도 된다고 했다. 매장에서는 그 고립된 승객들이 필요하다면 무엇이든 기꺼이 제공했다. 심지어 직원 한 명을 콜럼버스기사단으로 보내 텐트 치는 것을 도와주도록 했다. 매장 사람이 어찌나 인심이 좋은지, 두 여성은 경외심이 들었다.

제일과 우드는 장비를 모두 월마트에서 가져온 대형 수레에 싣고 800미터 떨어진 숙소로 끌고 갔다.

갠더의 모든 상점이 구호 작업에 참여했다. 화요일과 수요일에는 켄터키프라이드치킨과 서브웨이 샌드위치 매장 및 지역 피자 가게들이 비행기 안에 고립된 승객이 먹을 음식을 차에 가득 실어 공항으로 보냈다. 시내에 있는 슈퍼마켓 두 곳 중 하나인 갠더식품조합은 각 대피소에서 매장에 있는 물건을 찾을 때를 대비해 24시간 운영에 돌입했다.

뉴펀들랜드의 통신 회사 뉴텔은 각 지점 앞 도로에 탁자를 길게 이어 붙이고 전화기를 가득 올려놓아 승객이 무료로 가족에게 장거리전화를 걸 수 있게 해 주었다. 인터넷 접속이 가능한 컴퓨터를 비치한 탁자도 있었다. 뉴텔 관계자는 승객이 필요로 하는 한 밤낮으로 탁자 위 설비를 가동했다.

갠더와 주변 지역에 유선방송을 제공하는 로저스 통신은 승객이 CNN 등 24시간 연속 방송 채널을 볼 수 있도록 모든 대피소에 유선방송을 보급했다. 승객을 태운 첫 번째 버스가 시내를 향할 즈음에는 로저스의 기술자가 이미 대피소로 쓸 지역 교회마다 임시 유선 설치를 완료한 상태였다. 로저스는 갠더의 시민방송public-access

　　　　　　　　　　　　　　온 세계가 마을로 온 날

television*인 채널나인도 운영하는데, 그 채널은 구호 작업에 필요한 사항을 전하는 거대한 게시판으로 쓰였다. 시내 라디오 방송국도 긴급한 소식을 전달했다. 세인트폴에 휴지가 떨어졌다는 긴급 공지가 뜨자 주민은 집에 있던 휴지를 챙겨 학교로 몰려갔다.

초기에 기내 금연으로 인한 금단증상 사태에 대응했던 메디플러스약국 주인 케빈 오브라이언은 이제 훨씬 더 큰 과제에 대처하기 위해 약사들을 불러 모았다. 유럽을 떠나기 전에 처방받은 약품을 짐 가방에 넣어 수하물로 부친 승객이 많았다. 짐 가방은 전부 비행기 안에 있어 꺼낼 수 없었기 때문에, 갠더에 지내는 동안 별도의 처방전이 꼭 필요했다.

실물 처방전을 소지한 승객은 거의 없었다. 오브라이언을 포함한 약사들은 매번 현지 의사나 약사에게 전화를 걸어 정확한 약품과 용량을 확인한 뒤, 새 처방전을 작성해 전송했다. 오브라이언과 아내 론다는 42시간 동안 쉬지 않고 십여 개 국에 전화를 돌렸다.

놀랍게도, 약품을 표시하는 일반적인 기준이라는 게 없었다. 보통 고혈압 환자에게 처방하는 아테놀 같은 약품은 나라마다 다른 이름으로 통하곤 했다. 20년 넘게 약사로 일한 오브라이언은 모호한 처방전을 해석하고 승객에게 꼭 맞는 약품을 찾아내려고 몇 시간씩 인터넷 검색을 하고, 지역 병원 및 캐나다 보건 공무원의 협조를 구했다. 모두 승객을 위해 무보수로 한 일이었다.

이런 일을 한 이유는 갠더를 사랑하기 때문이었다. 평생 뉴펀들

---

*   주류 매체 및 민간 방송사와 달리 시민이 직접 참여해 만드는 공공성을 띤 방송 채널이다.

랜드에서 살아온 오브라이언은 이웃을 위해, 또 지금은 생판 모르는 이방인을 위해 지역사회가 팔을 걷어붙이고 나서는 모습이 자랑스러웠다. 이 점 때문에 오브라이언은 절대 고향을 떠날 생각이 없었다. 자신의 세 딸도 이런 공동체 의식을 깨닫고 이해하기를 바랐다.

퍼트리샤 오키프는 오전 내내 노바스코샤 미 재향군인회관 전화번호를 수소문했다. 부모인 해나와 데니스의 행방에 관해 알고 있는 정보는 그게 다였다. 두 사람이 머물고 있는 주 이름뿐 아니라, 머물고 있는 향군회관이 어느 나라의 향군회관인지도 잘못 알고 있었다. 나중에 이 일을 안 가족은 웃음을 터트렸지만, 당장은 미칠 노릇이었다. 해나와 데니스는 저 멀리 어딘가에 발이 묶여 돌아오지 못하고, 그 아들 케빈은 무너진 세계무역센터 건물 안 어딘가에 갇혀 있었다.

퍼트리샤는 부모, 그중에서도 특히 어머니가 집에 있었으면 했다. 해나는 모두가 위태로울 때 중심을 잡아 주는 사람이었다. 누군가 생각해 내기 전에 이미 일을 다 처리해 놓고, 모든 일이 문제없이 해결될 듯한 분위기를 만들어 주었다. 퍼트리샤는 그 공백을 메워 보고 싶었다. 결혼하고 아이가 둘인데도 여진히 스스로 제 역할을 해낼 수 있을지 의문이었다. 그동안 필요할 때마다 가족에게 받았던 도움을 이제 자신이 줄 수 있을까?

몇 시간 자고 일어난 해나 오루크는 성당 가는 길을 물었다. 아침 하늘은 맑았고, 재향군인회 건물에서 나와 네 블록을 걸어가는

온 세계가 마을로 온 날

내내 길가에 늘어선 나무 사이로 산들바람이 불었다. 성요셉성당이 있는 곳은 갠더의 종교 기관이 밀집한 구역이다. 바로 옆에는 성공회교회와 연합교회가 있고, 길을 따라 좀 더 내려가면 침례교회와 성결교회가 있다.

성요셉성당은 멋진 첨탑을 얹은 아름다운 신축 건물이다. 교회에 도착한 해나는 3대째 뉴펀들랜드에 살아온 집안 출신으로 30년 동안 성직을 수행해 온 데이비드 힐 신부를 만났다. 신부는 아침 미사를 앞두고 입구 계단에 서서 교구민을 맞이하고 있었다. 해나를 본 힐 신부는 누군지 알기도 전에 한눈에 고립된 승객 중 한 명일 것이라고 짐작했다.

"안녕하세요." 힐 신부가 인사했다.

해나는 신부의 손을 잡고, 애써 마음을 가다듬으며 말했다.

"신부님, 제 아들을 위해 기도해 주시겠어요? 소방관인데 뉴욕에서 실종되었답니다."

아침 미사를 올린 후, 해나는 걸어서 향군회관으로 돌아갔다. 집에서 너무 멀리 떨어져 있으니 암담하기 그지없었다.

"아직 아무 소식도 못 들었어요." 퍼트리샤가 전했다.

해나는 아무 말을 하지 않았다.

"희망을 잃지 말아요, 엄마. 케빈을 아시잖아요. 밖으로 나오는 길을 찾아낼 거예요. 오빠는 분명 살아 있어요. 사방에 에어 포켓air pocket *이 있다잖아요." 퍼트리샤가 말했다.

---

* 무너진 건물 등의 재난 현장에서 실종자가 버틸 수 있게끔 공기가 남아 있는 빈 공간을 말한다.

"그래, 알아." 비관적으로 보이지 않으려 애쓰며 해나가 말했다.

이윽고 퍼트리샤가 물었다. "어디 계세요?"

아일랜드항공, 적십자사, 구세군에 전화를 돌린 끝에, 퍼트리샤와 그의 남편은 마침내 해나와 데니스가 노바스코샤가 아니라 뉴펀들랜드에 있다는 사실을 알아냈다. 해나 역시 그 사실을 이제야 깨달았다. 전화를 끊기 전에 해나는 퍼트리샤에게 향군회관 전화번호를 알려 줬다.

그날 해나와 데니스는 종일 퍼트리샤와 케빈의 아내 메리앤에게 연락해 새 소식이 있는지 물었다. 하지만 대답은 매번 똑같았다. '알려 드릴 건 없지만, 믿음을 잃지 말아요.'

이제 해나와 데니스의 소재를 파악한 뉴욕의 가족은 그들을 집으로 데려올 방법을 고민했다. 메리앤의 오빠는 가능하다면 자신이 차를 몰고 가서 데려오겠다고 제안했다. 퍼트리샤의 남편은 심지어 상원의원 힐러리 클린턴에게 연락을 시도하기까지 했다. 클린턴 의원실 직원에게 상황을 설명하니 그쪽에서 도울 방법을 찾아 보겠다고 답했다.

해나와 데니스는 자기 집으로 오라는 주민의 초대를 번번이 거절했다. 향군회관을 나갔다가 행여 자신을 찾는 연락을 놓칠까 두려웠다. 한편, 회관 안에 있으면 텔레비전 뉴스를 피할 수 없어 괴로웠다. 뉴욕의 참사 현장을 참고 지켜볼 수가 없었다.

두 사람이 머리를 식힐 필요가 있다는 걸 눈치챈 향군회 사람들은 돌아가며 그들 곁을 지켰다. 향군회관 바 담당자의 아내로 임신 8개월이던 캐런 존슨은 해나와 함께 시간을 보내려고 매일 회관을 찾

온 세계가 마을로 온 날

아갔다. 두 사람 다 엄마로서 캐런의 임신에 관해 이야깃거리가 많았다.

뷸라 쿠퍼도 함께했다. 은퇴한 공무원이며 갠더 재향군인 부인회 회계담당자인 쿠퍼는 9월 11일 이후 거의 내내 회관에 머물렀다. 승객 세 명을 자기 집에 머물게 했고, 씻을 수 있게 욕실을 내준 사람은 열 명이 넘었다.

수요일에 쿠퍼는 데니스에게 동행 중인 조카 브랜든 보일과 여자 친구 어맨다를 데리고 복잡하고 시끄러운 회관을 나와 자기 집에 와서 샤워도 하고 몇 시간이라도 편하게 쉬라고 권했다. 하지만 해나는 거부했다. 쿠퍼가 회관 사람이 자기 집 전화번호를 알려 줄 거라고 설득했지만, 해나는 위험을 감수하고 싶지 않았다. 매일 아침저녁 미사에 다녀오는 두 시간 외에는 절대 회관 밖으로 나가지 않았다.

해나가 나가지 않는다니 쿠퍼는 다른 방법을 찾아보기로 했다. 자기 아들도 갠더에서 소방관으로 일하는 중이라, 쿠퍼는 해나에게 유난히 친밀감을 느꼈다. 자신도 소방차 경보음을 들을 때마다 아들 걱정을 하곤 하니, 그 마음보다 천 배는 더 두려운 마음으로 며칠을 보내야 하는 해나의 심정을 상상해 보았다.

해나의 고통을 덜어 줄 수는 없어도, 이따금 단 몇 분씩이라도 머리를 식히게 해 줄 수는 있으리라 생각했다. 거침없는 성격인 쿠퍼는 활기 넘치고 외향적인 여성이었다. 농담할 때면 뉴펀들랜드의 셔키 그린*으로 변신했다. 웃긴 이야기를 들려주기 좋아하는 쿠퍼

---

*　미국의 희극 배우이다.

는 해나 옆에 앉아 다짜고짜 이야기를 꺼냈다.

어떤 남자가 바에서 술을 진탕 마시고 나오다가 신부님과 마주친 거예요. 남자가 신부님에게 말해요. "이봐요, 아저씨 칼라 좀 보세요, 셔츠를 거꾸로 입으셨잖아요."

신부님이 남자에게 설명해요. "저는 신부 father 입니다."

그러니까 남자가 대답해요. "저도 그런데요."

신부님이 다시 말해요. "네, 하지만 저는 아주 많은 사람의 아버지랍니다."

그랬더니 남자가 이러는 거예요. "뭐, 그렇다면, 아저씨는 셔츠가 아니라 바지를 거꾸로 입으셔야겠네요."

이야기를 들은 해나가 미소를 짓거나 웃음을 터트리면 쿠퍼는 때를 놓치지 않고 더 많은 농담을 늘어놓았다.

온 세계가 마을로 온 날

　승무원을 제외하면 비행기 서른여덟 대에 타고 있던 승객은 공식적으로 6132명이었다. 하지만 실제 탑승객은 그보다 더 많다는 걸 알아낸 해리스는 아연실색했다. 책임자 중에 누구도 비행기 바닥에 있는 화물칸 구멍을 들여다보지 않은 걸까? 아니면 이 거대한 여객기를 전부 샅샅이 검사하는 게 그렇게 버거운 일이었나? 화요일 밤 내내 해리스는 최악의 상황을 상상했다. 하늘에 운명을 맡긴 채, 밖으로 나가기를 간절히 바라며 캄캄한 비행기 안에 숨어 있을 승객들의 모습이 눈앞에 아른거렸다.

　수요일 아침 일찍, 날이 밝자마자 직접 진실을 알아내기로 했다. 지휘 본부 사람은 아무것도 모를 것 같으니 곧바로 지상직 승무원 업무 공간으로 전화를 걸었다.

　"비행기에 동물이 탑승한 기록이 있나요?"

　해리스의 짐작이 맞았다. 승객 명단에는 적어도 개 아홉 마리, 고양이 열 마리, 희귀한 보노보 원숭이 한 쌍이 탑승한 기록이 있었다. 지금까지 거의 24시간 동안 좁은 이동 장에 갇힌 채 기내에 실려 있을 이 동물들에게 먹이나 물을 넣어 달라고 요청한 사람이 있었냐고 물었다. 아무도 없었다는 대답이 돌아왔다. 더 들을 필요가 없었다. 5년 동안 동물학대방지협회 갠더 지부에서 활동해 온 해리스는 시내에 하나밖에 없는 동물 보호소의 관리자였다.

"그 동물들을 그렇게 방치하면 안 돼요." 해리스가 항의했다.

해리스는 동료 직원 비 터커에게 연락해 사료와 물, 청소 도구, 그 밖에 필요할지 모를 물건을 전부 트럭에 싣고 공항으로 달려갔다. 도착 즉시 상황을 파악하기 시작했다. 동물은 이동 장에 갇힌 채로 수하물 칸에 실려 있었다. 각 비행기 내부를 급히 훑어본 해리스는 동물들이 감정적 고통을 겪고 있다는 걸 알 수 있었다. 짐 가방 더미 뒤에 묻혀 아예 보이지 않는 동물도 있었다. 그래도 울거나 짖는 소리는 들을 수 있었다.

처음에는 비행기에 있는 동물을 모두 데려가 제대로 먹이고 돌보게 해 달라고 공항 관계자를 설득하려 애썼다. 그러나 캐나다 농업부 파견 공무원은 검토해 볼 생각조차 않고, 혹시라도 동물이 풀려나 낯선 질병을 국내에 퍼트릴지 모른다는 점만을 염려했다. 해리스와 터커, 그리고 동물학대방지협회의 또 다른 활동가인 린다 험비는 관료와 싸우는 대신, 주어진 상황 속에서 최선을 다해 보기로 했다.

한 번에 한 명씩 비행기 바닥으로 기어들어 가서 산더미 같은 가방 사이를 뚫고 동물에게 다가갈 통로를 만들었다. 손이 닿는 대로 이동 장을 청소한 다음 사료와 물을 조금씩 넣어 주었다.

내부는 좁을 뿐 아니라 몹시 더웠다. 냄새도 났다. 그러나 겁에 질려 혼란스러워하는 동물의 표정을 마주하는 게 가장 괴로웠다. 이름이라도 불러 주면 좀 나을까 싶어 이동 장의 수하물 표에 이름이

온 세계가 마을로 온 날

적혀 있는지 살펴보았다. 모두 유럽에서 온 동물이라 영어를 잘 못 알아들을 것이라고 생각했지만, 개와 고양이는 저마다 자기 이름을 알아들었다.

영국항공 비행기에는 문 앞에 알약을 붙여 둔 고양이 이동 장이 있었다. 그 안에 있는 고양이는 간질을 앓고 있어 발작을 막기 위해 정기적으로 투약을 해야 하는 모양이었다. 루프트한자 항공기에는 샴 고양이 두 마리와, 문 앞에 '랠프'라는 이름표가 붙은 생후 10주 차 순종 아메리칸코커스패니얼 강아지 한 마리가 타고 있었다. 둘은 랠프를 보자마자 사랑에 빠졌다.

비행기를 한 대 한 대 거치는 사이 점점 속이 타들어 갔다. 동물이 타고 있는 비행기 열두 대를 모두 살피려면 열 시간은 더 걸릴 듯했다. 작업을 모두 마치고 나오니 땀과 먼지, 그리고 정체를 알고 싶지도 않은 이런저런 얼룩이 온몸에 가득했다.

"이래가지고는 안 되겠어요." 해리스가 험비에게 말했다. "밥 한 끼 먹이는 데 하루가 다 가 버렸으니 말이에요."

간질을 앓는 고양이와 마찬가지로 정기적으로 약을 먹여야 하는 동물이 좀 있었다. 원숭이는 별로 걱정할 필요가 없다는 게 그나마 좋은 소식이었다. 벨기에에서 오하이오에 있는 동물원으로 가던 보노보 두 마리는 따로 돌보는 사육사가 있었다. 그렇다 해도, 개와 고양이를 모두 돌보려면 손이 더 필요했다. 무엇보다도 비행기에서 전부 데리고 나와야 했다. 절박한 심정으로 지역 공공 수의사인 더그 트위디에게 전화했다.

해리스에게 상황을 들은 트위디 선생은 경악했다. 미국에서 일어난 테러 사건과 비행기 회항 소식을 들은 화요일에 트위디는 갠더에서 60킬로미터 떨어진 비숍폴스에서 병든 소를 돌보고 있었다. 비행기에 동물이 타고 있을지 모른다는 생각이 들어 아내에게 확인해 보라고 부탁했다. 아내가 갠더시청에 문의하자, 동물이 탄 비행기는 없다는 대답이 돌아왔다.

그런데 이제 와서 갑자기 비행기에 동물이 있다는 걸 알게 된 것이다. 해리스에게 끔찍한 이야기를 들은 트위디는 당장 행동에 돌입했다. 세인트존스에 있는 상사와 몇 차례 통화를 한 뒤, 그 여성들이 비행기에서 동물을 모두 데리고 나와 빈 격납고에서 돌볼 수 있도록 허가를 받아 냈다.

"하느님, 감사합니다." 트위디 선생에게 소식을 전해 들은 험비가 말했다. 허가를 받지 못했다면 그중 일부는 목숨을 잃었을 게 틀림없었다.

용감한 동물학대방지협회 활동가들이 구호 활동을 펼치는 사이, 오즈 퍼지 순경은 멀리 있는 동료 경찰관의 요청을 들어 주느라 분주했다. 퍼지는 그날 일찍 조지아주 매리에타에 있는 코브카운티 경찰국 수사관인 셰릴 매콜럼의 전화를 받았다.

"부탁할 일이 있어요." 매콜럼이 말을 꺼냈다.

"편하게 얘기해요. 어려울 게 있나요. 제가 뭐든지 도와드리죠." 퍼지가 대답했다.

"내 동생 샤런 보언이 비행기 안에 있었어요. 델타항공 승무원인데, 지금 어빙웨스트호텔 214호에 묵고 있대요. 가서 그 애를 안아

주고 우리가 보고 싶어 한다고, 집에 돌아오기를 손꼽아 기다린다고 전해 줬으면 해요."

"좋아요." 퍼지가 말했다.

"지금 바로, 약속은 약속이라는 거 잊지 말아요." 매콜럼이 말했다.

"알았어요, 자기. 걱정할 것 하나 없어요. 약속해요."

호텔로 달려갔지만 마흔다섯 살 보언은 그곳에 없었다. 퍼지는 전할 말이 있다고 애매하게 쓴 쪽지를 남겼다. 갠더경찰국 휘장도 선물로 남겨 두었다.

퍼지가 호텔에 찾아갔을 때, 보언은 시내를 돌아다니던 중이었다. 델타항공 15편 승무원인 보언은 다섯 자매 중 셋째였다. 자매 사이가 무척 끈끈했는데, 보언이 탄 비행기가 착륙한 후로 보언의 소식을 들은 이가 그들 중 아무도 없었다.

보언은 승객이 빌려준 휴대전화로 남편하고만 짧게 통화할 수 있었다. 비행기에서 나와 호텔에 도착했을 때도 전화를 걸려고 했지만 모든 회선이 통화 중이었다. 방 안에 앉아서 전화가 연결되기만 기다리느니 밖으로 나가 보기로 했다. 기내에 서른 시간이나 있었으니 다리도 펴고, 신선한 공기도 쐬고 싶었다.

조지아에 있던 매콜럼은 가만히 기다릴 수 없었다. 형사로서 실력을 발휘해 동생의 소재를 알아낸 다음 퍼지에게 전화를 걸었다.

퍼지가 떠난 지 한 시간 정도 지나 호텔에 돌아온 보언은 안내 데스크에 맡겨 둔 쪽지와 휘장을 보고 당연히 델타항공 승무원을 찾는 것으로 생각했다. 바로 한 블럭 떨어진 곳에 갠더시 청사가 있으니 경찰국도 거기 입주해 있으리라 생각해 조종사와 동료 승무원들과 함께 그리로 걸어갔다.

퍼지는 자리에 없어 못 만났지만, 일행은 우연히 클로드 엘리엇 시장과 마주쳤다. 시장은 퍼지가 공항 보안을 점검하고 있으니 나중에 보언에게 연락할 거라고 말했다. 그러면서 시내 구경을 하러 가겠냐고 했다. 모두 그러기로 하고 시장의 차에 끼어 탔다. 엘리엇은 일행을 데리고 갠더호에 들렀다가 비행기가 보이는 공항 근처로 갔다. 보언은 그때 처음 갠더에 착륙한 모든 항공기를 한눈에 둘러볼 수 있었다.

그런 다음 시장은 일행을 주민센터로 데려갔다. 보언은 지역 주민이 기부한 어마어마한 물품을 눈으로 보고도 믿을 수가 없었다. 시장은 갠더시의 노력을 대단히 자랑스러워했다. 급기야 맥주 시음을 할 수 있는 지역 양조장까지 데려갔다. 관광 안내를 이어 가던 중, 엘리엇의 전화기가 울렸다.

"좋아요, 집에 들러서 골프채를 챙겨 갈게요. 곧 봐요." 엘리엇이 전화에 대고 말했다.

전화를 건 사람은 지역 골프장 관리인이었다. 비행기 승객에게 골프장을 무료로 개방하려는데 골프채가 인원수만큼 충분치 않았다. 그래서 단골들에게 전화를 돌려 골프채를 가져다줄 수 있는지 알아보는 중이라고 했다. 그때까지 연락을 받은 고객들은 모두 동의했다고 덧붙였다.

몇 시간이 지난 뒤 호텔에 돌아온 보언은 퍼지가 남긴 또 다른 쪽지와 경찰국 야구 모자를 발견했다. 이번에는 퍼지가 전화번호를 남겨 두었다.

"거기 그대로 계세요." 전화를 걸자 퍼지가 간절히 부탁했다. "5분 안에 제가 그리로 갈게요."

3분 후 퍼지가 도착했다. 로비에 서 있던 보언은 여전히 퍼지가 왜 자신을 찾는지 알지 못했다. 순경 퍼지는 보언에게 걸어가 아무 말 없이 두 팔로 꼭 끌어안았다.

"언니가 보낸 거예요." 퍼지가 마침내 말했다.

08

세계무역센터 테러가 발생한 지 24시간이 지난 후에도 갠더공항에는 비행기 안에서 차례를 기다리는 승객이 아직 남아 있었다. 런던에서 휴스턴으로 가는 콘티넨털항공 5편 승객은 그렇게 오래 기다리면서도 놀랄 만큼 좋은 기분을 유지하고 있었다. 그 요인은 크게 세 가지였다. 첫째, 승객 모두 미국에 비극적인 사건이 일어난 마당에 자신의 처지를 불평할 수는 없다고 생각했다. 둘째, 어차피 불평해 봐야 아무 도움도 안 될 테니 그 시간을 최대한 잘 활용하는 편이 낫다고 생각했다. 셋째, 승무원이 주류가 담긴 수레를 열어 누구나 자유롭게 마시도록 해 주었다.

화요일의 해가 저물고 나자, 기내는 서로 섞이고 어우러지며 술을 들이켜는 승객들로 자유분방한 국제연합 칵테일파티* 분위기가 만들어졌다. 이 시끌벅적한 파티에서 데버라 패러는 난생처음 진토닉 한 모금을 입에 대었다. 텍사스 출신인 스물여덟 살 패러에게 해외여행은 온통 처음 겪는 일투성이였다. 무엇보다 중요한 점은 미

---

*   국제연합에서 각국 대표가 자유롭게 돌아다니며 서로 인사를 나누는 시간을 뜻하는 것으로, 모임에서 참여자의 긴장을 푸는 사교 기법으로 통용된다.

국 밖으로 나가 본 것 자체가 처음이라는 사실이었다. 새로운 기회와 경험을 얻고 자기 세계를 넓히는 것이 이번 휴가의 목표였다. 비록 끔찍한 사건 때문에 곤경에 처한 상황이지만, 패러는 이런 식으로 다른 승객과 어울리는 것이 즐거웠다.

휴스턴에 있는 정보기술회사에서 회계 관리자로 일하는 패러는 열흘 전에 일손을 놓고 혼자 유럽으로 떠났다. 처음 엿새 동안은 노르웨이 오슬로와 베르겐을 여행하고, 그다음에는 런던으로 가서 남은 기간을 보냈다. 이번 주 후반에는 직장에 복귀할 예정이었는데, 갑자기 이름도 들어 본 적 없는 곳에서 어떻게 대처해야 할지 모르는 처지가 되고 말았다.

화요일 오후 비행기가 착륙한 뒤 조종사가 방송으로 뉴욕 사태를 알려 주었을 때, 패러는 눈물을 흘리며 주저앉았다. 가족의 목소리를 듣고 자신이 무사하다는 걸 알려 주고 싶었지만, 기내에 있는 전화기는 전부 불통이었다. 그러다 마침내 일등석 승객 한 명의 휴대전화 신호가 잡혔고, 그 남자가 기내에 있는 모든 승객에게 전화를 빌려주었다. 승객과 승무원이 저마다 몇 분 남짓 집에 있는 소중한 가족과 통화를 하는 동안, 비행기 통로에는 줄이 길게 늘어섰다. 패러는 착륙 후 다섯 시간이 지나서 아버지와 통화했다.

집에 전화를 걸 수 있다는 걸 안 승객들이 마음을 놓으니, 기내에 감돌던 긴장감도 걷혔다. 이제는 다들 자신을 걱정할 가족을 걱정하는 대신, 밤새 기내에 갇힌 채 견뎌야 할 지루함을 털어 낼 방법을 찾는 데 골몰했다. 게다가 승객 중에 뉴욕이나 워싱턴에서 가족이 죽거나 실종된 사람이 아무도 없어, 기내에 참사와 직접적으로 연관된 사람은 없는 듯했다. 이따금 전해 듣는 단편적인 뉴스만이 현실과의 유일한 연결고리였다.

조종사는 사고 소식을 쉼 없이 보도하는 미국 뉴스 방송 채널에 조종실 라디오를 맞춰 놓았다. 승객들이 가끔 조종실에 머리를 들이밀고 뉴스를 들었다. 조종사가 알고 그랬든 아니든 간에, 조종실 문을 열어 두니 승객 입장에서는 한결 마음이 놓였다. 홀로 고립된 기분에 휩싸이는 걸 피할 수 있었고, 속보를 듣고 싶으면 애쓰지 않고도 바로 들을 수 있었다. 그날의 사건에 얼마나 깊이 파고들지는 승객 각자의 판단에 달려 있었다.

승무원은 마지막 식사를 나눠 준 다음, 근사한 미니어처 술병이 담겨 있는 수레를 끌어내 기내 맨 뒤쪽에 늘어놓고 돌아갔다. 승객 중 몇 명이 즉시 앞치마를 두르고 바텐더 노릇을 자처했다. 뉴스 보도를 들으려는 사람이 조종실 근처에 옹기종기 모여 있는 동안, 비극에서 벗어나고 싶은 사람은 항공기 뒤쪽으로 몰려갔다.

분위기를 주도한 건 일등석 칸에 있던 부유한 석유 업계 사람이었다. 그중에서도 특히 빌 캐시가 사교성을 발휘했다. 캐시는 해상 석유시추장 건설을 지원하는 회사 대표였다. 영국에서 태어났지만, 앨라배마 출신 여성과 결혼해 지금은 휴스턴에 살고 있었다. 쉰한 살인 캐시는 어떤 공간이든 들어서자마자 파티를 벌일 줄 아는 사람이었다. 캐시가 보기에 고립된 여객기 안은 그 어느 곳보다 즐겁게 지내기 좋은 장소였다.

캐시와 뎁은 금세 친해졌다. 뎁도 캐시 못지않게 활달한 사람이었다. 캐시의 동료 사업가가 진토닉을 권하자 뎁은 흥미가 생겼다.

이런 술을 마셔 보는 게 처음이라는 말을 들은 승무원 한 명이 기내 주방으로 달려갔다. 잠시 후 돌아온 승무원은 뎁의 술잔에 라임 조각을 퐁당 떨어뜨렸다.

"진토닉을 처음 마시는데 라임이 없다니 말도 안 되죠." 승무원이 말했다. "그건 예의가 아니에요."

패러는 이렇게 색다른 사람들을 만났다는 게 놀라웠다. 기내에서 만난 라나 에더링턴과 위니 하우스라는 두 여성과 친구가 되었다. 위니를 처음 보았을 때, 뎁은 그 스물여섯 살 여성의 유난히 아름다운 외모에 눈이 갔다. 모델처럼 키가 크고 늘씬했다. 뒤로 땋은 머리는 허리 근처까지 드리웠다. 나이지리아 아사바에서 마을 족장의 딸로 태어난 위니는 자라는 동안에는 런던에서 오래 지냈다. 영어와 자국어인 이그보어 둘 다 유창한 데다 프랑스어도 조금 했다. 오클라호마에 있는 대학을 다녔고, 최근 휴스턴에 정착했다. 9월 11일에는 런던에 언니를 만나러 갔다가 휴스턴으로 돌아가던 중이었다.

라나도 아프리카 출신이었다. 어린 시절 로디지아로 알려져 있던 나라에서 자라 로디지아대학에서 법학 학사학위를 받았다. 한때 영국 식민지였고 이후로도 백인 통치하에 있던 로디지아는 1980년 게릴라 지도자에서 독재자로 변신한 로버트 무가베가 정권을 탈취한 후 국명이 짐바브웨로 바뀌었다. 그러자 라나는 고국을 떠나 중동으로 이주해 팬아메리칸항공에서 비서실장으로 일했다. 5년 동안 두바이에 살면서 석유 업계에서 일하는 미국인과 결혼했다. 19년을 함께 한 부부는 현재 휴스턴에서 두 아이와 함께 살고 있다. 텍사스주 방언에 별 영향을 받지 않았는지, 라나는 여전히 영국식 억양을 고스란히 유지하고 있다.

뎁, 위니, 라나. 셋은 순진한 텍사스 농대 출신에 나이지리아 공주, 지구 한 바퀴를 돌며 살아온 엄마가 한데 모인 절묘한 3인조였다.

수요일 아침이 밝아 올 무렵, 콘티넨털항공 5편은 술에 찌들고 잠도 몇 시간 못 잔 승객들을 서른다섯 번째로 지상에 내려놓았다. 뎁과 새 친구들은 게슴츠레한 눈으로 노란 스쿨버스를 타고 터미널 건물로 가서 캐나다 세관을 통과한 다음 적십자사의 등록 절차를 거쳤다. 런던에서 비행기에 탑승한 후 마침내 갠더공항에 내릴 때까지 걸린 시간은 29시간 30분이었다.

콘티넨털 5편 승객들이 공항을 나설 무렵에는 시내 대피소가 거의 다 찬 뒤여서, 캐나다횡단고속도로를 따라 50킬로미터를 달려 갠더강과 프렛워터만이 합류하는 지역에 위치한, 인구 2300명이 사는 마을 갬보로 갔다. 뉴펀들랜드의 남쪽 끝인 이 지역에는 풍광이 좋은 키티웨이크 해안을 따라 작은 어촌과 좁은 포구, 북대서양 쪽으로 툭 튀어나온 섬이 늘어서 있다. 키티웨이크 해안은 로렌스턴에서 트윌링게이트와 포고 아일랜드를 지나 포트 블랜차드까지 뻗어 나간다. 늦은 봄과 초여름 사이 극지 빙하가 떨어져 나오기 시작하면, 대서양으로 흘러가는 거대한 빙하를 보려는 사람이 몰리는 곳이다.

1860년대에서 1950년대까지 거의 한 세기 동안 갬보는 지역 내 벌목 산업 중심지였다. 위쪽에서 그날 벌목한 가문비나무, 전나무, 소나무를 강물에 띄워 보내면, 갬보에 있는 제재소에서 그 나무를 잘라 궤도차에 실었다. 그러나 61년 대화재가 발생한 후 모든 게 변했다. 천만 평이 불에 타 사라지면서 갬보의 경제도 무너졌다. 텅 빈

온 세계가 마을로 온 날

철교만이 남아서 과거의 사연을 떠올리게 한다.

갬보로 향하는 구불구불한 도로를 달리다 보니, 라나는 영국 북부의 언덕과 계곡이 떠올랐다. 그만큼 고풍스러운 시골 지역이었다. 수요일 오후에 구세군교회에 도착했다. 마을에 사는 거의 모든 주민이 맞이하러 나온 듯했다. 탁자 위에는 비프스튜 한 솥과 샌드위치가 준비되어 있었다. 반대쪽에는 일곱 명의 여성이 한 줄로 서서 새로 우린 차를 작은 찻잔에 담아 나눠 주었다.

실내에는 텔레비전이 켜져 있었지만, 뎁과 라나, 위니는 거들떠보지 않고 가족과 통화하려 교회 전화기를 찾아 나섰다. 남편과 통화를 끝낸 라나는 같은 비행기 승객인 마크 코언이 담배를 피우러 밖으로 나갔다는 걸 알았다. 아이에게는 흡연 습관을 감추는 숨은 흡연자인 라나도 따라 나갔다. 의식했든 안했든, 라나는 텔레비전에 비친 참상을 보지 않기로 한 셈이었다. 신선한 공기와 얼굴에 내리쬐는 따뜻한 햇볕이 기운을 북돋워 주었다. 비행기와 버스에 거의 서른 시간 갇혀 있다 나왔으니, 실내에 앉아서 뉴스를 보는 건 제일 마지막으로 미루고 싶었다. 라나는 마크에게 뎁과 위니를 찾아서 마을을 돌아보자고 제안했다. 마크가 동의하자, 네 명은 곧 길을 나섰다.

계획은 간단했다. 갬보의 술집 찾아내기. 길을 따라 걸으며 일행은 주변을 실컷 구경했다. 몇 분 뒤, 60대 초반 정도로 보이는 한 남자가 빨간 밴을 몰고 지나가다가 옆에 멈춰 섰다.

"비행기 사람입니까?" 운전하던 조지 닐이 물었다.

다들 영문도 모른 채 고개를 끄덕였다.

그러자 조지가 말했다. "커피 마시러 가시겠어요? 저는 바로 이 길 끝에 삽니다. 원하면 태워 드리지요."

네 사람은 재빨리 서로를 바라보았다. 눈썹을 치켜올리고, 고개를 살짝 흔들고, 얼굴을 찡그리는 등 부정적인 몸짓을 주고받으며, 생전 처음 보는 사람의 밴에 타는 건 좋은 생각이 아니라는 결론을 내렸다. 조지에게 괜찮다고, 좀 걷고 싶다고 말하며 공손하게 거절했다. 조지는 알겠다고 하고는 만약 마음이 바뀌거나 어딘가 이동해야 할 때는 그냥 자기 집으로 찾아오라며 집을 손으로 가리킨 다음 떠났다.

길가에 선 채로 모두 웃음을 터트렸다. 아무래도 공포 영화를 너무 많이 본 게 틀림없었다. 낯선 곳에 떨어진 친구 몇 명이 친절한 노인의 차를 얻어 탔다가 결국 살아남기 위해 발버둥 치는 식으로 전개되는 영화 말이다. 몇 분 정도 더 걸어가니 마을 상점이 나타났다. 신용카드를 받지 않아서 각자 지니고 있던 현금을 모아 아이스크림과 감자칩, 생수를 샀다. 그리고 점원에게 술집이 얼마나 멀리 있느냐고 물었다가, 답을 듣고는 깜짝 놀랐다. 술집은 거의 3킬로미터나 떨어져 있다고 했다. 갬보는 인구가 많지 않고, 지형은 길고 좁으며 강을 따라 휘돌아가는 형태다. 승객을 맞이한 교회는 마을의 서쪽 끝에 있었고, 술집은 동쪽 끝에 있었다. 조금 전까지 기분 좋게 내리쬐던 태양이 이제는 좀 뜨거웠다. 30도 기온에 3킬로미터를 더 걸어가기 원하는 사람은 아무도 없었다. 하지만 칵테일을 더 마시겠다는 목표는 포기하고 싶지 않았다. 그렇다면 대안은 분명했다.

밴 운전자가 가리킨 방향을 따라 걸어간 일행은 미색 비닐 벽판

온 세계가 마을로 온 날

을 대고 하얀 테두리를 두른 커다란 주택에 도착했다. 뭔가 문제가 생기면 자신이 지켜 주겠다며 마크가 농담하자, 여성들은 불안해하며 웃었다. 집 앞 차도에 나이 든 여성 한 명이 앉아 있었다.

"조지가 커피 마시러 오라고 하더라고요." 뎁이 말했다.

"비행기 사람이군요." 집 앞에 있던 여성이 말하고는, 자신은 조지의 아내 에드나라고 소개했다. "어서 들어와요, 자기들."

집 안에 있던 조지는 무척 반가워했다. 조지와 에드나가 바삐 주방으로 들어가자 뎁, 라나, 위니, 마크는 그 집의 대형 텔레비전을 바라보았다. 수요일 오후 늦은 시각, 거기서 처음으로 뉴욕 참사 현장영상을 보았다. 여태 테러로부터 거리두기를 잘 해 왔는데, 뉴스 보도와 화면을 본 순간 지난 24시간 동안 벌어진 현실이 더는 부정할 수 없을 정도로 네 사람을 강타했다. 충격적이고, 몸이 떨리고, 섬뜩했다. 다들 감정을 표현할 말을 찾지 못했다. 뎁은 거실에서 눈물을 쏟았다. 위니는 화장실로 달려가 울었다. 나머지 둘은 그저 말없이 서 있었다.

적어도 이제는, 파티가 끝났다.

09

에녀 스미스는 팩스를 보내는 중이었다. 소중한 가족과 통화가 안 되어 팩스를 보내려는 승객이 좀 있었기 때문이다. 글렌우드에 유일한 학교인 레이크우드아카데미 교무실 안에서 스미스는 승객이 건네준 긴급한 소식을 모아 팩스에 넣고 있었다. 수요일 하루 동안 팩스를 얼마나 많이 보냈던지 번호를 누르는 검지손가락이 부어오르기 시작했다.

뉴펀들랜드 토박이이자 20년째 교사로 일하는 스미스는 레이크우드 규모 도시에 있는 학교에서 학생 220명과 교직원 17명이 빚어내는 가족적인 분위기를 사랑했다. 레이크우드에서는 글렌우드와 애플턴 지역의 아동과 청소년을 유치원부터 12학년까지 가르치는데, 스미스는 고학년 역시괴와 불어과 전체, 그리고 영어과의 3분의 1을 담당했다. 다른 교직원과 마찬가지로 스미스는 온갖 일을 도맡아 하는 데 익숙했다.

스미스가 매번 수신음이 울리는지 확인하며 팩스를 보내는 사이에 승객 한 명이 교무실로 들어왔다. 글렌우드와 이웃 마을 애플턴에는 비행기 네 대 분의 탑승객 650명 이상이 이송되었다. 그중 상당수가 학교에 머물고 있었다.

"오전 내내 다른 분들의 고충을 해결하느라 애쓰시는 모습을 지켜보았는데요, 제가 하나 더 보태려고요."

그 여성이 말하길, 학교 안에 정통파Orthodox Judaism* 랍비 한 명과 적어도 두 명의 여성 신자가 있는데, 율법에 맞는 음식이 전혀 없어서 비행기가 갠더에 도착한 뒤로 지금까지 24시간 넘게 아무것도 먹지 못하고 있다고 했다. 이들은 배가 고파도 누구에게도 불평하려들지 않았다. 음식을 먹지 않는다는 걸 눈치챈 그 여성이 왜 그러냐고 물어보고서야 안 사실이라고 했다.

스미스는 문제를 해결할 의지가 충만했다. 에녀라는 이름은 스미스의 어머니가 한결같이 좋아했던 고대 게일어 이름이다. 스미스가 알아낸 바로, 가장 최근에는 아일랜드의 오래된 전함과 천주교 수녀가 그 이름을 썼다. 남편은 둘 중 어느 쪽이 더 스미스를 떠올리게 하는지 모르겠다고 농담을 하곤 했다. 9월 11일 이후 며칠 동안, 스미스는 두 역할을 모두 맡았다.

그 여성에게 당장 문제를 해결하겠다고 약속한 뒤, 스미스는 학교 본부 사무실에 전화해 도움을 요청했다. 한 시간이 지나기 전에, 갠더에 정기적으로 이착륙하는 비행기에 음식을 납품하는 회사 대표가 유대교식 음식kosher meals**을 앞으로 며칠은 먹을 수 있을 만큼 한 통 가득 담아 학교로 가져왔다.

---

*   율법을 엄격히 고수하는 유대교 분파를 가리킨다.
**   육류와 유제품 동시 섭취를 금하고 특정 육류만 허용하는 등 유대교 경전에
          따라 금기를 지켜 만든 음식.

"저희가 배를 곯고 있다는 걸 어떻게 아셨습니까?" 음식이 왔다고 알리러 간 스미스에게 랍비 레이비 수닥이 물었다.

스미스는 다른 승객이 알려 주었다고 대답했다.

"감사합니다. 모든 게 다 감사합니다." 랍비가 말했다.

스미스는 주위에서 대신 알려 주기 전에 스스로 유대교식 음식을 요청했다면 좋았을 텐데, 하고 생각했다. 사실 뉴펀들랜드에는 유대교인이 그다지 많지 않다. 인구 중 98퍼센트가 천주교와 개신교인이고, 지역 내 유일한 유대교 회당은 세인트존스에서 300킬로미터 이상 떨어진 곳에 있었다. 스미스가 아는 한, 갠더의 유대교인은 CBC 통신원 데이비드 젤서 뿐이었다.

학교 측에서는 대피소에 머무는 동안 필요를 해결할 수 있도록, 랍비 수닥에게 난로, 개수대, 냉장고를 갖춘 교직원 휴게실을 마음껏 쓰라고 내주었다. 랍비는 유대교인 승객 몇 명과 함께 새 냄비, 팬, 식기, 요리 기구 등을 마련해 휴게실을 유대교식 주방으로 꾸며 놓았다.

스미스는 좋아하는 사람에게 자주 그러듯이, 무척이나 푸근한 느낌을 주는 랍비와도 다정하게 포옹하려 했다. 스미스가 몸에 손을 대려고 하는 걸 깨달은 랍비는 부드럽게 뒤로 물러서시 두 팔로 자기 몸을 감쌌다. 그러면서 다정한 태도는 고맙지만, 교리상 자신은 여성의 몸에 손을 대서는 안 된다고 설명했다.

학교 안에 몰려든 각양각색의 문화를 마주한 스미스는 어안이 벙벙했다. 승객들이 도착한 직후, 학교 관계자는 벽에 커다란 세계지도를 걸어 놓고 승객들에게 각자 자기가 사는 지역에 압정을 꽂아 표시해 보라고 했다. 스미스가 세어 본 바로는, 레이크우드아카데미에만 스리랑카에서 호주 태즈메이니아에 이르기까지 40여 개 국 사람이 모여 있었다. 부르카를 입은 여성도 있고 긴 예복을 입은 남성도 있었다. 온갖 언어로 대화하는 소리가 복도를 가득 채웠다.

기아 사태를 해결한 스미스는 다시 팩스 작업으로 돌아갔다. 얼마 안 가 호주에서 걸려 온 전화 한 통이 작업을 중단시켰다. 전화를 건 여성은 아들 피터를 찾고 있었다. 적십자사에서는 피터가 글렌우드로 갔다고 했지만, 스미스가 가진 명단에는 그런 이름이 없었다. 그 여성은 정신을 잃기 직전이었다. 아들이 이륙하기 전에 다투었는데, 마지막에 서로 분노에 차서 주고받은 말 때문에 괴로워하고 있었다. 미국에서 테러가 발생한 직후부터, 그 여성은 아들이 무사한지 확인하려고 미친 듯이 수소문하는 중이었다.

스미스는 나가서 그 젊은이를 찾아보았다. 아무래도 보이지 않자, 가능한 한 빨리 교무실로 연락을 달라고 학교 주변과 게시판에 쪽지를 써 붙였다. 한 시간쯤 지나자 그 사람이 찾아왔다.

피터는 금발에 키가 큰 거구로, 전형적인 호주 서퍼처럼 보였다. 자기가 붙여 둔 쪽지를 손에 들고 있는 모습을 본 스미스는 다가가 피터의 볼에 입 맞추고 말했다. "어머니가 보내신 거예요. 전화해 주길 바란대요. 화난 거 아니라고요."

피터는 주체할 수 없이 울먹이기 시작했다. "어머니께 전화하기 두려웠어요. 여전히 화내고 계실 거라고 생각했거든요." 스미스는 피터의 손을 잡고 교장실로 들어가 지금 바로 어머니에게 전화하라고 말했다.

쇼핑을 끝낸 바버라 패스트 장군은 저녁 시간에 맞춰 콜럼버스 기사단 건물로 돌아갔다. 승객에게 첫날 저녁에 뭔가 근사한 요리를 대접하고 싶었던 단체 자원봉사자들이 고기구이 파티를 준비했다. 그것도 뷔페식으로 하지 않고, 마치 식당에 온 것처럼 승객 154명이 전부 자기 자리에 앉아 기다리도록 했다.

이제는 승객 중에 패스트의 직업을 아는 이가 더러 있었다. 패스트에게 답을 구하는 사람도 있었다. 어떻게 이런 일이 일어날 수 있었을까요? 패스트는 뭐라고 대답해야 할지 알 수 없었다. 그토록 비이성적인 행동을 어떻게 이성적으로 설명할 수 있단 말인가?

패스트는 독일에 있는 대원에게서 계속 보고를 받았다. 펜타곤에서 나온 초기 보고에 따르면 건물 내 사망자 수가 대단히 많아 900명 정도에 이를 거라고 했다. 그 건물 안을 수없이 걸어 다녔는데, 이제는 검게 그을린 잔해가 되고 말았다. 최종 집계에서 펜타곤 내부 사망자는 125명이었고, 건물에 충돌한 아메리칸항공 여객기 승객 64명도 함께 사망한 것으로 드러났다.

최종 사망자 명단이 나왔을 때, 페스트는 그중에서 친구 이름을 몇몇 발견했다. 군 인사차장으로, 9월 11일에 목숨을 잃은 장교들 중 계급이 가장 높았던 티머시 모드 중장도 그 명단에 있었다. 패스트는 1996년부터 모드 장군과 그 가족을 알고 지냈다. 독일에서 모드 부부와 골프를 친 게 마지막 만남이었다.

기사단은 수요일마다 빙고 대회를 열었는데, 이번에는 뜻밖의 손님을 맞이하느라 행사를 취소했다. 패스트가 보기에는 잘못된 판

온 세계가 마을로 온 날

단이었다. 빙고 카드를 팔았으면 기분 전환이 되어 즐거워하는 승객들 덕에 꽤 수익을 올렸을 텐데 말이다. 하지만 만약 그랬더라도 패스트는 거기 낄 시간이 없었을 것이다. 저녁 식사를 마친 뒤 캐나다 군 장교 몇 명이 패스트를 찾아왔다.

"패스트 장군." 앞장선 장교가 말했다. "저는 매키지 중령입니다."

갠더 소재 캐나다공군기지 중령인 매키지는 패스트가 여기 있다는 걸 더 빨리 파악하지 못해 미안하다며 사과했다. 대원과 편하게 연락을 취할 수 있도록 기지 내 안전한 공간으로 이송할 것이며, 최대한 빨리 갠더에서 나갈 수 있도록 준비하고 있다고 말했다. 밖에서는 이미 많은 일이 벌어지고 있었다. 패스트가 갠더에 있는 동안, 독일 경찰은 9월 11일 테러 계획을 상당 부분 진행한 장소로 보이는 어느 아파트를 급습했다.

다음 날 아침, 장군을 유럽으로 이송하는 특별 작전이 비밀리에 진행되었다. 패스트는 금요일에 테러 발생 과정의 정황 정보를 취합하고 책임자 색출 작업을 진행하고 있던 슈투트가르트 사령부에 복귀했다. 콜럼버스기사단을 떠나기 전에, 패스트는 승객 몇몇과 작별 인사를 나누고 자원봉사자가 보여 준 친절에 감사 인사를 건넸다.

공군기지로 향하며, 패스트는 매키지에게 마을 주민이 얼마나 잘 대해 주었던지, 마치 가족이 된 듯한 느낌을 받았다고 말했다.

"오늘 밤에는 우리 모두 미국인이지요." 매키지가 대답했다.

루프트한자 438편 조종사가 소식을 전하러 라이온스클럽을 찾았다. 조종사는 승객 전원을 한 방에 불러 모은 후, 이륙 허가가 나는 즉시 댈러스로 가지 않고 프랑크푸르트로 회항해야 할 거라고 말했다. 최종 결정은 아직 나지 않았지만, 유럽으로 돌아갈 가능성이 가장 높다고 덧붙였다.

록샌 로퍼는 독일로 갈 마음이 조금도 없었다. 새로 입양한 딸이 입국하는 데 문제가 생길지도 모르고, 다시 미국으로 돌아가기까지 또 몇 주가 걸릴까 두려웠다. 록샌은 집으로 가고 싶었다. 독일에 가느니 집에서 훨씬 가까운 캐나다에 있는 편이 나았다.

"왜 우리가 독일로 돌아가야 하죠? 저는 가고 싶지 않아요." 조종사가 말하는 중에 록샌이 끼어들었다. 다른 승객도 반대 의견을 내기 시작했다.

반발이 일자 조종사는 무척 당황했다. 이대로 미국으로 가기를 바라는 사람이 얼마나 되는지 손을 들어 보라고 했다. 방 안에 있던 거의 모두가 손을 들었다.

"알겠습니다. 루프트한자 관계자와 이야기해 보겠습니다." 조종사가 말했다.

록샌은 그 불확실한 상황이 언짢았다. 독일로 가는 비행기는 절대 탈 생각이 없었다. 리이온스클럽의 요리사 스탠 니콜에게 록샌은 이렇게 말했다. "저는 아무것도 숨기는 게 없다는 걸 증명하려고 발가벗은 채 낙타를 타고 국경을 건너야 한대도 상관없어요. 프랑크푸르트로 가느니 다른 비행기를 기다릴래요."

브루스 매클라우드는 록샌이 얼마나 큰 압박을 받고 있는지 알고 있었다. 록샌은 잠을 못 자고 있는 데다, 자신이 안으려고 할 때마다 알렉산드리아가 질색하니 우울하고 당황스러워했다. 그 모습을 보면서 브루스는 자기 아이를 떠올렸다. 딸과 같은 나이인 록샌이 그런 고통을 겪고 있다는 게 가슴 아팠다. 록샌이 모두와 떨어져 휴식을 취할 필요가 있다고 판단한 브루스는 지난밤에 오토바이에 관해 이야기를 나눈 기억이 났다.

"한 바퀴 돌까 하는데, 같이 갈래요?" 브루스가 말했다.

"좋죠." 록샌이 눈을 반짝이며 말했다.

록샌은 브루스를 문으로 거의 떠밀다시피 했다. 브루스는 장거리 여행용으로 설계한 금색 대형 오토바이인 스즈키 카발케이드를 갖고 있었다. 배기량 1400시시에 정속 주행 장치, 헬멧에 연결할 수 있는 AM-FM 카세트 라디오, 뒤쪽에 짐 싣는 공간 등 자동차에서나 누릴 만한 설비를 모두 갖춘 기종이었다. 길이는 2미터가 넘고 무게는 400킬로그램 정도였다. 1996년에 산 그 오토바이를 타고, 브루스와 아내 수전은 캐나다 전역을 여행했다.

록샌은 브루스가 건네주는 헬멧과 선글라스를 쓰고 오토바이 뒤쪽에 올라탔다. 시원한 밤공기에 기분이 좋았다. 브루스는 시내를 한 바퀴 돌고 콥스연못에 들렀다가 주민센터로 갔다. 록샌은 주민들이 기부한 엄청난 물품과 그것을 관리하는 자원봉사자의 노력에 감탄했다. 상하기 쉬운 물품을 시내 아이스링크에 보관해 둔 걸 보고는 웃음을 터뜨렸다.

브루스는 공항 내부 상황이 어떤지 가서 보고 싶었다. 항공교통 관제사로서, 지난 24시간 동안 벌어진 사건이 얼마나 역사적인 일인지 누구보다 잘 알았다. 그리고 아이처럼 그 비행기를 전부 구경하고 싶은 마음도 있었다.

연방경찰이 공항으로 가는 주도로를 차단하고 지키고 있었다. 다행히도 경비 요원 중에 지역 청년이 몇 명 있어, 잠시 비행장을 둘러보고 와도 되겠냐고 물었다.

"이 여자분이 타고 온 비행기가 그 자리에 그대로 있는지만 보고 싶다고 해서 말이야."

경찰은 두 사람을 들여보냈다. 공항 외부 순환로를 따라 달려간 브루스와 록샌은 활주로 한쪽 끝부분에 쳐 놓은 울타리 근처에 멈춰 섰다. 전날 밤 비행기에서 내릴 때, 록샌은 착륙한 비행기가 그렇게 많다는 걸 알지 못했다. 이제는 텅 빈 비행기가 꼬리에 꼬리를 물고 줄줄이 서 있었다.

"우와." 오토바이에서 내리며 록샌이 말했다. "엄청나네요. 비행기가 저렇게나 많았다니. 사람은 또 얼마나 많았을까."

록샌은 눈을 돌려 하늘의 별을 올려다보았다. 어떻게 그토록 악독한 짓을, 그 많은 무고한 목숨을 짓밟는 그런 짓을 할 수 있었을까? 어떻게 미국을 그토록 증오할 수 있었을까? 눈물이 얼굴을 타고 흘러내렸다. 고국이 공격을 받고 있다는 자각, 죽거나 실종된 사람의 가족이 겪을 고통의 무게, 갠더에 얼마나 오래 머물러야 할지, 다음에는 어디로 가야 할지 모르는 처지, 수면 부족, 사생활 부족, 서맨사를 못 보는 괴로움, 자신을 거부하는 알렉산드리아. 이 모든 생각이 결국 되살아났다. 어둡고 텅 빈 도로 한 쪽에서, 사방에 가득 찬 여객기 사이에서 더 작아진 모습으로 록샌은 마냥 울었다. 보통 때였다면 잘 모르는 사람 앞에서 무너지는 걸 부끄러워했을 텐데, 브루스 앞에서는 어쩐지 마음이 놓였다. 아버지처럼 의지할 수 있는 사람이었다. 실컷 울고 난 록샌이 다시 오토바이에 타자 두 사람은 그곳을 떠났다. 브루스는 숙소까지 가장 먼 길을 택했다. 록샌이 마음을 가다듬을 시간을 주고 싶었다.

수요일 밤 라이온스클럽에 있던 리사 콕스는 심심했다. 텔레비전에서 쉬지 않고 나오는 뉴스 보도를 보는 것 외에, 한밤중에 열여덟 살 리사가 할 수 있는 일은 별로 없었다. 리사의 엄마가 자러 간 뒤, 브루스 매클라우드와 스탠 니콜이 농담으로 리사 자매에게 시내 술집 구경을 시켜 주겠다고 했다. 리사가 환한 표정으로 "진짜로요?" 하고 묻자 두 사람은 "어쩌면"이라고 말하며 웃었다. 하지만 실제로는 그저 놀리려고 한 말일 뿐이어서, 리사는 하릴없이 건물 안을 서성거렸다. 라이온스클럽에서 지내는 동안 리사는 아기와 어린이를 돌보는 부모를 도우며 많은 시간을 보냈다. 암을 발견한 후 지난 2년 동안 겪은 모든 일과, 자신은 절대 아이를 갖지 못할 거라는 슬픈 현실을 생각하면 그런 광경이 유난히 마음 아팠다.

라이온스클럽 대표인 한스 라슨은 리사가 조금 무료해하고 있다는 걸 눈치챘다. 바다코끼리처럼 육중하고 사랑스러운 그 남자는 리사에게 자동차 열쇠를 건네주며 주차장에 있는 자기 차에 가서 음악이라도 들으라고 했다. 잠시나마 혼자 있을 수 있다니 리사는 신이 났다. 라슨이 즐기는 컨트리 음악은 취향에 맞지 않았지만, 리사는 오래된 에릭 클랩튼 테이프를 몇 개 찾아냈다. 차 안에서 스테레오를 켜고 눈을 감은 채, 한 시간 남짓이라도 집으로 돌아가 있는 상상을 했다.

수요일 밤 해나와 데니스가 저녁 미사를 드리러 성요셉성당에 가니, 힐 신부가 미사 중에 특별히 두 사람이 처한 곤경을 언급했다.

"오늘, 아들을 찾지 못한 부부가 여기 와 있습니다. 여러분은 기도 중에 특히 이분들을 기억해 주시기 바랍니다."

성당 뒤쪽에 있던 톰 머서는 힐 신부가 말하는 사람이 누구인지 보려고 목을 길게 뺐다. 인구 85명인 뉴펀들랜드 북동쪽 해안 마을 포트앨버트에 사는 머서는 자원봉사를 하려고 9월 11일에 집에서 130킬로미터를 차로 달려 갠더에 왔다. 주로 차량이 필요한 승객을 위해 운전을 해 주었다. 이틀 동안 수십 명을 쇼핑센터에 데려다주고, 지역 관광도 몇 번 시켜 주었다. 그날 이른 저녁에는 갠더공립고등학교에 머무는 스페인 여성 몇 명이 저녁 미사에 참석하기를 원했다. 머서는 자가용인 신형 폰티악에 그들을 모두 태워 성요셉성당으로 데려왔다.

예순다섯인 머서는 천주교인이 아니라 개신교인이지만, 여성들을 다시 대피소로 데려다주려고 미사를 진행하는 동안 기다리기로 했다. 미사가 끝나자 관례대로 모두 커피와 차를 준비해 둔 모임실로 이동했다. 머서는 해나와 데니스 부부가 마음에 걸렸다. 두 사람에게 다가가 아들 사연을 듣고 너무 안타까웠다며 계속 기억하고 기도하겠다고 말했다.

선하고 점잖은 이들 부부를 보니 머서는 말문이 막혔다. 자신과 나이도 같다고 하니, 만약 자기 아들이 실종 상태였다면 어떻게 버텼을까 싶었다.

10

갬보에 있는 조지와 에드나의 집에서, 콘티넨털항공 5편 승객 뎁 패러, 위니 하우스, 라나 에더링턴, 마크 코언은 집주인이 일부러 자리를 비워 준 뒤로 몇 시간 동안이나 미국 관련 뉴스 보도를 시청했다. 가만히 지켜본 결과, 조지는 손님들이 마음에 들었다. 에드나에게 물으니 역시 마음에 든다고, 괜찮은 젊은이가 모인 것 같다고 말했다.

"다들 우리 집에 머물게 하면 어떨까?" 조지가 제안했다.

에드나는 근사한 제안이라고 생각했다.

조지는 손님의 대답을 오래 기다릴 필요가 없었다. 교회 바닥과 아늑한 조지와 에드나의 집, 이 두 가지 선택지 앞에서 다들 아늑한 집을 택했다. 라나는 지구상에 이런 공간은 또 없을 것이라고 생각했다. 세상 어느 부부가 모르는 사람을 넷이나 자기 집에 재워 주려고 할까?

새롭게 발견한* 우정을 축하하기 위해, 모두 저녁 식사를 하러

＊　저자가 뉴펀들랜드newfound라는 지명을 활용해 재치 있게 표현한 부분이다.

나가기로 했다. 식당을 정하기는 어렵지 않았다. 갬보에 식당은 실라스 하나뿐이었다. 조지는 그곳을 잘 알았다. 한때 직접 운영했기 때문이다. 당시 식당 이름은 말 그대로 길목Roadside식당이었다. 조지는 그 식당을 1981년에 실라에게 팔았다.

메뉴는 뉴펀들랜드에서 주로 먹는 음식으로, 거의 다 대구가 들어간 것이었다. 대구 오븐구이. 대구 석쇠구이. 대구 튀김. 대구 구이. 텔레비전 앞을 떠나 밖으로 나간다니 모두가 기뻐했다.

갬보에는 콘티넨털항공 5편 말고도 비행기 다섯 대의 승객이 더 이송되었다. 이 외딴 마을에 모두 합해 900명에 가까운 '비행기 사람'이 몰려든 것이다. 어민연합회는 회관을 개방해 100명가량을 수용했다. 연합교회는 75명, 성공회성당은 140명, 천주교성당은 정확히 100명을 받았다. 의용소방대에서는 소방차를 건물 밖으로 빼서 엔진실에 120명이 쓸 간이침대를 설치했다. 나머지 인원은 유치원부터 12학년까지 다니는 갬보의 유일한 학교인 스몰우드아카데미로 이동했다.

마을 주민은 집마다 옷장을 털어 안 쓰는 침대보와 담요, 베개를 여러 대피소로 가져갔다. 짐을 못 꺼내서 같은 옷을 거의 이틀 내내 입고 있는 사람이 있다는 소문이 돌자 마법처럼 헌 옷과 새 옷너미가 생겨나기 시작했다. 가까운 글로버타운과 도버, 헤어베이 같은 작은 마을에 사는 여성들은 음식 장만을 돕기로 하고, 매일 갬보까지 자동차 여러 대로 줄지어 음식을 실어 날랐다.

씻고 싶은 승객은 누구든 지역 주민의 어깨를 톡 건드리고 묻기만 하면 그만이었다. 아예 이런 행동조차 필요 없을 때도 많았다. 주

민이 먼저 대피소에 들어가 "누구 샤워하실 분 계세요?"라고 소리치
곤 했기 때문이다. 손을 든 사람은 누구든지 집으로 초대받았다. 그
러나 수요일 저녁까지는 승객 대부분이 자기가 속한 대피소 주위를
맴돌며 그냥 버텼다. 그래서 조지와 에드나, 뎁, 라나, 위니, 마크가
식당에 자리를 잡는 데는 아무 문제가 없었다. 딱 한 명 익숙한 얼굴
이 있었는데, 일등석에 있던 활달한 성격의 텍사스 백만장자 빌 캐
시였다. 일행은 빌에게 운 좋게 조지와 에드나를 만난 사연과 지금
누리는 편안한 숙소에 관해 귀찮을 정도로 이야기를 해 댔다.

식사를 마칠 때쯤 되자 빌이 자기 탁자에서 일어나 슬그머니 조
지 곁으로 다가갔다. 그 집에 함께 머물고 싶은 마음에 자신의 매력
과 사회성을 한껏 발휘했다. 갬보의 주택이 몇천 달러밖에 안 하니
한 채 살까 생각도 했지만, 집 안에 가구가 없어 곤란했다. 얼마 안
가 조지는 빌이 함께 지내도 괜찮겠냐고 일행에게 물었다. 어떻게
거절할 수 있었겠는가? 특히나 빌이 그날 밤 술값을 전부 다 내기로
한 마당에 말이다.

조지의 차에 끼어 타고 출발한 일행은 8시쯤에 드디어 약속의
땅이자 그날 나들이의 최고 결실인 갬보의 트레일웨이스펍에 도착
했다. 흙더미 위에 세운 단순한 목조 건물이라 외관은 좀 지저분해
보였다. 위니는 아무 말도 하지 않았지만, 그 가게를 보니 흑인은 절
대 들여보내지 않는 휴스턴 근교의 술집이 떠올랐다.

위니는 자신이 마을에서 유일한 흑인이라는 사실을 의식하지
않을 수 없었다.

가게는 9월 11일이 있던 주간에 내부 수리를 하고 있었지만, 고

립된 승객을 위해 어쨌든 문을 열기로 했다. 한쪽 벽에는 임시로 만든 바가 있고, 천장은 반쯤 무너져 있고, 무대는 공사 중인 채였다.

내부 상태가 어떻든 간에, 가게 주인은 지역의 비상사태가 끝나기 전에는 문을 닫을 생각이 없었다. 비행기 사람들이 머무는 동안, 청소하고 직원이 눈을 붙일 잠깐씩만 빼고는 하루 24시간 가까이 문을 열어 둘 예정이었다.

조지와 새 친구들이 도착해 보니 가게 안은 손님으로 북적였다. 빌은 일행의 술값을 나중에 한꺼번에 계산하겠다며 바텐더에게 신용카드를 맡겼다. 주크박스에서는 락과 컨트리 음악에다 그레이트 빅 시, 에니스 시스터즈, 버디 와시스네임Buddy Wassisname* 같은 뉴펀들랜드 지역 가수들 노래가 섞여 나왔다. 일행은 다시 기분이 좋아졌다. 무리 중에 짝이 없는 이는 뎁 뿐이어서, 주위에서 나서서 남자를 찾아 주기로 했다.

"우리가 소개해 줄 사람을 찾았어요." 위니가 웃으며 말했다.

일등석에 탔던 석유업자 중 한 사람이 들이댔지만, 뎁은 퇴짜를 놓았다. 자부심이 너무 강해 보여 취향에 맞지 않았다.

마침내 뎁이 한 사람을 골랐다. 키는 180센티미터 정도에 나이는 30대 초반 정도로 보였다. 근육이 과하지 않은 건장한 몸에 호감형이지만 예쁘장한 남자는 아니었다.

"저쪽에 있는 사람 좀 봐요." 뎁이 라나와 위니에게 몰래 속삭였다. "저 남자 괜찮아 보이지 않아요?"

---

*   저자가 앞서 설명했듯 빠르게 말하는 뉴펀들랜드식 발음으로 'Buddy, What is your name'을 줄인 말로 보인다.

"오, 그러네요." 라나가 말했다. 위니도 동의했다.

"우리가 가서 이야기해 볼까요?" 라나가 물었다.

뎁이 미처 대답을 생각하기도 전에 위니가 일어서더니 일행에게 말했다.

"잘 봐요." 건너편에 있는 그 남자를 가리키며, 위니가 소리 질렀다. "저기요, 당신, 이리 와 봐요!"

그리고는 올가미 밧줄을 돌리듯 손을 머리 위로 흔들다가 가상의 밧줄을 그 남자를 향해 던지고 끌어당기는 시늉을 했다. 남자는 그다지 망설이지 않고 테이블로 걸어왔다. 위니는 빈 의자를 하나 가져다가 자신과 뎁 사이에 놓고 남자에게 앉으라고 했다.

"제가 데버라를 소개해 드리려고 해요." 위니가 말했다.

뎁은 얼굴이 빨개졌지만, 위니는 신경 쓰지 않았다. 남자는 서른한 살의 미 해군 중위 그레고리 커티스였다. 비행기가 비상착륙했을 때, 커티스는 보스니아에서 6개월 동안 주둔한 후 노스캐롤라이나로 돌아가던 중이었다.

콜럼버스기사단 건물 밖에서 리사 제일과 사라 우드는 텐트와 씨름하느라 요란을 떨었다. 승객 중 한 사람이 도와준 덕에, 두 사람은 건물 앞 잔디밭에 초록색과 흰색이 섞인 나일론 집을 설치했다. 바닥에는 에어 매트리스를 두 장 깔고, 침낭도 두 개 놓았다. 도로에서 나는 소음을 막으려고 비행기 일등석에서 들고 나온 보스 헤드폰을 썼다. 텐트 옆에는 월마트에서 끌고 온 대형 수레를 세워 두었다.

그날 밤 잠을 자러 갈 때까지, 두 사람이 미친 짓을 한다고 생각하는 승객이 좀 있었다. 제일이 예상한 대로 콜럼버스기사단 내부는 비좁고 시끄러웠다. 코 고는 소리에 잠을 이루지 못하는 사람도 있었다. 자정 무렵, 제일과 우드는 주차장에서 승객들이 투덜대는 소리를 들었다. 우리도 텐트랑 에어 매트리스를 준비할 걸 그랬어!

갠더시 동쪽, 애플턴 건너편에 있는 글렌우드의 한 마을 주민인 재닛 쇼는 구세군교회 야간 근무를 자청했다. 승객 50명 정도가 교회 바닥에 매트리스를 깔고 자는데, 밤사이 도움이 필요할지 모르니 지키고 있기로 했다. 쇼는 봉사를 할 수 있어서 기뻤다. 그전에는 이미 자기 집을 개방해 누구든 씻고 싶으면 와서 욕실을 쓰게 해 주었다. 막상 해 보니 깨끗한 수건을 충분히 구비해 두는 게 쉽지 않았다. 이틀 동안 세탁기와 건조기가 쉴 새 없이 돌아갔다.

어두워진 교회에 앉아 있으니 평화롭고 고요해서 좋았다. 교회에 머무는 승객은 대부분 자정 무렵 잠들었지만, 남자 몇 명은 무스헤드라운지에 술을 마시러 갔다. 전화기만 울리지 않았다면 잠깐 눈을 붙일 수 있었을 텐데, 어떤 여성이 한 시간에 한 번씩 전화해 아들 빌 피츠패트릭을 찾았다. 교회 안에 있는 남자 승객을 조심스레 한 명씩 깨워 확인해 본 결과, 쇼는 그 남자가 술집에 몰려간 무리 중에 있는 게 틀림없다고 생각했다.

무스헤드에 전화를 걸어 피츠패트릭을 찾아 보았지만 아무 답이 없었다. 마침내 새벽 3시경에 피츠패트릭이 교회에 도착했다. 문 열리는 소리가 나자마자, 예순네 살 여성인 쇼가 달려들었다.

"대체 어디 있었던 겁니까?" 쇼가 소리쳤다.

온 세계가 마을로 온 날

남자에게는 대답할 틈조차 주지 않았다.

"그리고 어째서 어머니에게 연락도 안 해서 내가 한밤중까지 기다리게 하는 거예요? 어머니가 걱정할 거라는 생각조차 못 합니까?"

쇼가 질책하는 동안, 서른여덟 살 피츠패트릭은 고개를 숙인 채 가만히 서 있기만 했다. 교회 안에 있던 사람들에게는 놀라운 장면이었다. 저렇게 작은 노인이 키가 30센티미터는 더 큰 남성을 꾸짖고 있다니. 하긴, 누가 봐도 "충분히 그럴 만 한 일"이기는 했다.

"어서 어머니에게 전화하세요." 쇼가 말을 끝냈다. "지금 당장."

피츠패트릭이 슬그머니 사라지자, 승객 몇 명이 손뼉을 쳤다.

한숨도 못 자고 서른여덟 시간 동안 일을 한 게리 베이는 녹초가 되었다. 갠더국제공항청사 대표이자 최고경영자인 베이는 공항의 총 책임자였다. 안타깝게도, 9월 11일에 베이는 몬트리올에서 열린 공항 대표자 국제회의에 참석하느라 갠더를 떠나 있었다. 역설적이게도 그날 회의 주제 중 하나가 공항 보안이었다.

비행기를 무기로 쓰는 모습을 본 회의 참석자는 모두 충격에 빠졌다. 게다가 북미 영공이 모두 폐쇄되는 바람에, 각 공항이 전례 없는 위기에 대응하는 동안 대표자는 죄다 발이 묶였다. 베이는 영공이 열려 갠더로 돌아갈 수 있을 때까지 기다리는 대신에, 차를 빌려 노바스코샤 동쪽 끝까지 900킬로미터 넘는 거리를 달려갔다. 거기서 여객선을 타고 캐벗해협을 지나 여섯 시간 만에 뉴펀들랜드 포트오바스크에 도착했다. 도착 후에는 다시 갠더까지 여덟 시간 동안 운전해야 했다.

수요일 오후에 갠더에 도착한 베이는 곧장 공항으로 달려갔다. 직원뿐 아니라 도시 전체가 이 위기 상황에 얼마나 잘 대처하고 있던지, 그 모습을 보니 자랑스러웠다. 부사장 조지 터커가 공항 지휘 본부를 운영하며 모든 항공기를 관리하고 있었다. 베이는 지휘 본부를 그대로 터커에게 맡겨 두고 당면한 다른 문제를 처리했다. 하지만 새벽 네 시쯤 되니 기력이 떨어지기 시작했다. 집에 가서 씻고 몇 시간 밀린 잠을 잔 다음 터미널에 돌아와 다음 문제를 처리하기로 했다.

아내를 깨우지 않으려고 복도 욕실에서 재빨리 씻고는 잠을 자러 손님방으로 들어갔다. 방 안은 어두웠다. 수건을 벗어 던지고 아무것도 걸치지 않은 채 젖은 머리와 지친 얼굴로 침대에 기어 올라갔다.

그 순간, 베이는 혼자가 아니라는 사실을 깨달았다. 침대 옆자리에는 아내 패치가 대피소에서 친해져 집으로 데려온 일흔 살의 텍사스 포트워스 출신 여성이 누워 있었다. 놀랍게도 그 여성은 여전히 잠든 상태였다. 베이는 조심조심 일어나 수건을 몸에 두르고 침실로 갔다.

"손님이 와 있더군요. 내가 봤어요." 다음 날 아침, 잠에서 깬 베이가 아내에게 말했다.

"맞아요." 아내가 말했다. "비행기를 타고 온 사랑스러운 여성이죠."

아내는 이 나이 많은 노인이 밤에 갠더아카데미 교실 바닥에서 잘 생각을 하니 견딜 수 없었다고 말했다. 편하게 지내라고 집으로

데려왔다고 했다. 아이고, 베이가 웃으며 말했다. 하마터면 그분을
더 불편하게 만들 뻔 했다고.

셋째 날

9월 13일 목요일

목요일 이른 아침, 브루스와 수전 매클라우드는 컴퓨터도 쓰고 친구와 가족에게 이메일도 보내라며 로퍼와 웨이크필드 가족을 집으로 초대했다. 며칠 동안 일상을 미뤄야 하더라도 어떻게든 도움을 주고 싶었다. 12일은 수전의 생일이었지만 둘 다 라이온스클럽에서 봉사하느라 별다른 축하 행사 없이 넘겼다. 심지어 다음 월요일은 결혼 30주년 기념일이지만, 만약 그때까지 승객이 머문다면 똑같이 할 생각이었다. 축하할 시간은 나중에라도 얼마든지 있으니 그렇게 하자고 결정했다.

브루스와 수전은 "멀리서 온" 사람이다. 캐나다 본토인 뉴브런즈윅주 멍크턴이라는 마을에서 이주했기 때문에 지역 주민은 부부를 그렇게 부른다. 브루스가 일 때문에 뉴펀들랜드로 오게 되면서 두 사람이 갠더로 이주한 지 이제 겨우 4년째였다. 브루스는 항공교통관제센터에서 일하는 관제사이고, 수전은 화장품 회사 에이본의 방문 판매원이었다. 비교적 시간을 자유롭게 쓸 수 있는 직업이라 둘은 여행을 많이 다녔다. 이제 두 아이는 다 자라서 뉴브런즈윅에 살고 있었다.

베스 웨이크필드는 브루스와 수전의 친절과 우정에 감사하지 않을 수 없었다. 집 안을 살펴보던 베스는 손님방 매트리스의 침구가 전부 벗겨져 있는 걸 발견했다. 라이온스클럽의 다른 회원과 마찬가지로 이들 부부도 승객에게 주려고 시트와 담요, 베개를 전부 벗겨 냈다.

베스는 서른넷이고 마흔 살인 남편 빌리는 운송업체인 UPS의 운전사였다. 부부는 내슈빌에서 북쪽으로 25분 거리에 있는 작은 마을 구들레츠빌에 살고 있었다. 고립된 두 사람에게 가장 괴로운 일은 아들 롭과 떨어져 지내야 하는 것이었다. 카자흐스탄에서 입양한 작은 딸 다이애나와 달리 롭은 직접 낳은 아이였다. 겨우 세 살밖에 안 된 그 아이는 화요일에 부모가 집에 오기를 고대하고 있었다. 약속대로 부모가 돌아오지 않아 아들이 무척 속상해하리라는 걸 부부는 알고 있었다.

로퍼 부부와 웨이크필드 부부 모두 흔치 않은 경험을 하고 있었다. 모든 것이 혼란스러운 가운데 새로 입양한 딸과 가까워지려고 애썼다. 입양할 때는 아이와 함께 보내는 처음 며칠과 몇 주가 대단히 중요하다. 두 부부는 이 중요한 기간을 앞으로 뭐가 어떻게 될지 전혀 모르는 상황에서 대피소에서 낯선 사람에 둘러싸인 채 보내야 했다. 브루스와 수전이 두 가족을 몇 시간이나마 집으로 초대한 것도 그런 사정이 안타까워서였다. 그리 긴 시간이 아니더라도, 두 가족에게는 하늘에서 내려온 선물이나 마찬가지였다.

겨우 몇 시간 자다 깬 데버라 패러가 눈을 떠 보니 조지가 곤란

할 정도로 함박웃음을 지으며 자신을 내려다보고 있었다. 뎁은 조지의 집 거실 바닥에 동그랗게 웅크리고 있었다. 춥고 배고파 시계를 보니 오전 7시였다. 조지의 아내 에드나는 주방에서 손님에게 대접할 아침 식사를 준비하고 있었다. 조지는 그대로 서서 웃으며 뎁을 바라보다가, 잠깐씩 눈을 돌려 마찬가지로 거실 바닥에서 웅크리고 있는 그렉을 바라보았다.

"잘 잤어요?" 조지가 말했다.

뎁은 그렉을 집에 데려온 일로 그날 내내 놀림당하리라는 걸 알았다. 하지만 상관없었다.

"조지, 너무 추워요. 담요 좀 있어요?" 뎁이 물었다.

뎁과 그렉이 갬보의 술집에서 돌아와 보니 모두 잠들어 있었다. 라나와 위니는 손님방을, 빌과 마크는 텔레비전 방 소파 위를 차지하고 있어, 뎁과 그렉은 거실에서 자기로 했다. 잠에서 깬 다른 사람도 모두 뎁에게 커다란 미소를 지으며 "잘 잤어요?"하고 지나치게 친근한 인사를 건넸다.

뎁은 아무 일도 없었다고 항변했다. 그렉은 완벽한 신사였다.

레니 오드리스콜은 주방에서 아침 식사를 준비하는 로즈 셰퍼드를 찾아 아래층으로 달려갔다. 대문이 열려 있는 게 눈에 띄었는데, 밤새 그대로 열려 있었던 게 틀림없어 보였다.

"이봐요, 로즈. 당신은 사람을 아주 잘 믿는 모양입니다." 레니가 말했다.

"무슨 말이죠?"

"만약 내가 브루클린에서 이랬다면 목이 달아났을 테니 말입니다." 대문을 열어 둔 것만 두고 하는 말이 아니었다. 로즈와 더그가 일면식도 없는 자신과 아내 마리아를 집으로 초대한 것까지 포함해서 하는 말이었다.

로즈는 레니가 미국에 너무 오래 살았다며, 뉴펀들랜드에 좀 더 자주 와야 할 것 같다고 말했다. 레니는 동의하지 않을 수 없었다. 이 뜻밖의 여행은 그토록 오래전에 떠났던 이 나라를 향한 해묵은 감정을 되살려 놓았다.

"뉴피는 못 이긴다니까요." 레니는 이렇게 말하기를 좋아했다.

오드리스콜과 셰퍼드 부부는 줄곧 함께 시간을 보냈다. 특히 레니와 더그가 열정적으로 뉴펀들랜드의 옛 추억을 공유했다. 레니는 "뉴피와 뉴피가 만나면 할 얘기가 참 많아요"라고 마리아에게 설명했다.

레니는 뉴펀들랜드가 영국과 경제적 연결고리를 끊고 캐나다로 편입하기를 결정한 1949년 투표 이전에 고향을 떠났다. 더그는 그 투표를 아주 또렷이 기억하고 있었다. 당시 더그는 합병에 반대하며, 차라리 미국의 일부가 되는 편이 더 낫겠다고 생각했다. 전략적으로 중요한 곳이다 보니 제2차 세계대진 기간에 뉴펀들랜드에 사는 미국인은 10만 명이 넘었고, 거의 다 군인이었다. 뉴펀들랜드 여성 중에서 적어도 2만 5000명이 미국인 병사와 결혼했다. 언제나 그 섬은 캐나다보다 미국과 인연이 훨씬 깊었다.

9월 11일 사태는 이런 유대관계가 여전하다는 가장 최근의 증거일 뿐이었다. 더그 셰퍼드는 갠더시가 101공수사단 248명이 목숨을 잃은 애로우항공 추락 지점에 세워 둔 추모비를 보여 주려고 오드리스콜을 데려갔다. 거대한 바위 앞에 무장하지 않은 병사가 올리브 가지를 손에 든 작은 아이 두 명의 손을 잡고 서 있는 대형 동상이었다.

올리브 가지는 비행기를 타고 돌아오던 군인이 시나이에서 수행한 평화 유지 임무를 상징한다. 병사의 동상은 갠더호 너머, 101공수사단 본부가 있는 켄터키주 포트캠벨 쪽을 향해 서 있다. 뒤에는 캐나다와 미국의 국기, 그리고 뉴펀들랜드 주기가 꽂혀 있다. 추모비 건립 비용은 프리메이슨 협회 지부와 부인회에서 부담했다. 추모구역에는 비행기 충돌로 파괴된 들판에 심은 나무 256그루로 둘러싸인 십자가도 있다. 동상, 나무, 깃발, 그리고 호수의 고요함이 어우러져 희생자를 향한 추모의 마음을 불러일으킨다.

셰퍼드가 시장이던 때에 설계하고 헌정한 그 추모비에는 1년 내내 방문자의 발길이 끊이지 않았다. 9월 11일 직후 오드리스콜과 함께 추모비를 찾아간 것은 더그 셰퍼드에게는 더욱 의미 있는 일이었다. 게다가 그곳을 찾은 건 두 사람만이 아니었다. 갠더에 고립된 승객 중에서 동상과 명패에 새긴 사망자의 이름, 그리고 지금은 반기*로 낮게 걸려 있는 깃발을 보러 시 근교에 있는 추모비에 데려다 달라고 부탁하는 사람이 수백 명이었다.

패치 베이는 출근길에 시내 중심부로 향하는 길을 따라 승무원

---

*　조의를 표하거나 기념하는 뜻으로 깃발을 깃대의 절반 정도 높이로 게양하는 것. 조기라고도 한다.

복장을 한 젊은 여성 둘이 걷고 있는 모습을 보았다.

"차 타고 가실래요?" 베이가 두 사람 옆에 차를 세우고 물었다.

"옷 사러 쇼핑몰에 가는 중이에요." 한 여성이 대답했다.

"저 옷 많아요." 베이가 재빨리 제안했다. "우리 집에 가서 필요한 게 있으면 골라 가져도 돼요."

두 여성은 정말로 친절한 제안이지만 가게에 어떤 옷이 있는지 살펴보고 싶다고 말했다. 두 여성을 차에 태우고 몰에 가던 중, 베이는 또 다른 제안을 했다. "혹시 내일 심심하시면 제 차로 주변 구경하러 가셔도 돼요."

"저희에게 차를 빌려주신다고요?"

"안 될 게 뭐 있어요?" 베이가 물었다. 시내에서 시어스 매장을 운영하는 베이는 일하는 동안에는 차를 주차장에 그냥 세워 둔다.

"하지만 저희가 누군지도 모르시잖아요."

"좋은 사람 같아 보이는데요." 베이가 말했다. "저는 두 분을 믿어요. 게다가 차를 몰고 도망가면 어디로 가겠어요? 여긴 섬이잖아요."

두 여성은 언제든 출발할 수 있도록 대기해야 하기 때문에 관광은 못 한다며 거절했다. 베이는 만약 마음이 바뀌면 언제든 시어스 매장에 찾아와 차를 빌려 쓰라고 했다. 그러면서 차 열쇠는 기의 늘 시동장치에 꽂아 둔다고 덧붙였다.

뷸라 쿠퍼가 이틀 내내 설득한 끝에, 해나 오루크는 잠시 재향군인회관에서 나와 쿠퍼의 집에 샤워하러 갔다. 해나의 남편 데니스는 자신이 향군회관 전화기 앞을 지키고 있다가 아들 케빈에게 연락이

온 세계가 마을로 온 날

오면 즉시 쿠퍼 집으로 전화를 하겠다고 약속했다. 쿠퍼는 보통 씻으려는 승객을 한 번에 여러 명씩 집으로 데려가는데, 이번에는 해나만 데려갔다. 쿠퍼가 보기에 해나는 지쳐 있었다. 잠을 이루지 못하는 상태로 48시간 넘게 아들 소식을 기다리기만 하는 건 이 예순여섯 살 여성에게는 너무나 가혹한 일이었다.

이제 막 60대가 된 쿠퍼는 해나가 씻는 동안 차를 끓였다. 해나가 욕실에서 나오자 두 여성은 조용한 집 안에 앉아서 잠시 휴식을 취했다. 쿠퍼는 해나에게 갠더에서 의용소방관으로 일하는 자기 아들 이야기를 꺼내며, 위험한 직업을 가진 아들을 둔 어머니가 얼마나 걱정이 많은지 이해한다고 말하려 했다. 해나는 그 이야기를 하고 싶어 하지 않았다. 케빈에 관해 길게 이야기하기가 너무 힘들었다.

멀리 떨어진 채로 마냥 기다리는 게 견딜 수 없이 괴로웠다. 쿠퍼에게 말은 안 했지만, 해나는 혹시 롱아일랜드에 있는 가족이 자신에게 케빈에 관한 진실을 숨기고 있는 건 아닌지 걱정했다. 구조대가 이미 죽은 아들을 찾았는데, 먼 거리에 있는 자신에게 차마 말을 못 하고 있을지도 모를 일이었다.

향군회관으로 돌아가기 전에, 쿠퍼는 손님에게 잠깐 갠더 구경을 시켜 주었다. 도시의 역사를 들려주고, 호수와 몇몇 장소를 보여주었다. 쿠퍼는 해나가 실종된 케빈 생각을 떨치고 즐거워할 때마다 보람을 느꼈다.

물론 해나는 절대 케빈을 마음에서 지우지 못했지만, 끈질기게 노력하는 쿠퍼가 사랑스러웠다. 그렇게까지 애를 쓰는 게 감동적이었다. 그리고 회관 밖에서 시간을 보내는 동안 주위의 방해를 받지 않고 조용히 생각을 정리할 수 있었다. 해나는 그렇게나 자신을 이해해 주는 쿠퍼가 고마웠다. 향군회관으로 돌아간 해나는 데니스에게 무슨 소식이 있는지 물었다. 소식은 전혀 없었다. 계속 이대로 기다려야 할 모양이었다.

목요일 오후, 톰 머서는 잠깐 짬을 냈다. 그날 쇼핑을 하려는 이란 소녀 세 명을 몰에 데려다주었고, 나중에는 모잠비크 여성 몇 명을 도와주러 가야 하지만, 지금은 자신의 새 친구 해나와 데니스의 상태를 확인하고 싶었다.

머서 부부는 캐나다 연방경찰 보조경찰관인 아들과 공항 회계장부 담당자인 며느리와 함께 지내고 있었다. 아들 부부는 위기 대응을 위해 불려 왔고, 머서와 44년 동안 함께한 아내 릴리언도 봉사를 하러 포트앨버트에서 달려왔다. 릴리언이 손주를 돌보는 사이, 머서는 도시를 둘러보려는 승객을 위해 만든 택시의 자원봉사자로 등록했다.

머서는 도움을 줄 수 있다는 게 기뻤다. 세계무역센터가 무너지고 펜타곤이 불타는 모습을 보았을 때는 분노가 치밀었다. 전직 육군 하사관인 머서는 21년 동안 캐나다 육군에서 복무했고, 전역한 후로는 2년 동안 자동차 정비공으로 일했다. 평생 열심히 일하며 살아온 머서는 어떻게 고의로 그 많은 무고한 목숨을 빼앗고 희생자의 가족에게 그만한 고통을 줄 수 있는지 이해할 수 없었다. 해나 오루크의 얼굴에는 그 고통이 뚜렷이 드러났다.

화제를 다른 데로 돌려 보려고, 머서는 해나 곁에 앉아 마을에서

　　　　　　　　　　　　　온 세계가 마을로 온 날

만난 다른 승객에 관해 이야기했다. 그중에는 스페인에서 온 모녀가 있었다. 수요일 밤에 그 두 사람을 성당에 데리고 간 덕에 해나와 데니스를 만날 수 있었다. 이후로도 모녀를 몇 번 더 만났는데, 여자아이가 머서를 "뉴피 할아버지"라고 부르기 시작했다. 머서는 이 짧은 기간에 평생 인연이 계속 생겨나는 것 같다고 말했다.

해나는 머서가 조카 브렌던과 종교에 관해 나누는 대화도 들었다. 브렌던은 아일랜드인이지만 미국에서 지내는 시간이 점점 길어지고 있었다. 브렌던은 머서에게 뉴펀들랜드에서도 아일랜드에서처럼 천주교인과 개신교인이 서로 다투느냐고 물었다.

"아주 옛날에는 그랬죠. 이제는 안 그래요." 머서가 말했다.

"뭐가 달라진 거죠?" 브렌던이 물었다.

"젊은이들이 많이 바꿔 놓았지요." 머서가 말했다. "마음에 드는 젊은 여자를 보면 젊은 남자는 종교 같은 건 신경 쓰지 않았거든요. 그리고 용케 그 여자의 마음을 얻고 나면 두 사람 사이에 다른 문제는 끼어들지도 못하게 했고."

확실히, 해나와 데니스 부부도 거의 서로에게만 집중했다. 그들이 집안에 슬픈 일이 생겨 모두가 고통받는 와중에 멀리서 떨어져 기다리는 걸 그토록 힘들어한 이유도 거기 있었다. 오루크 가족은 서로 떨어져 지내는 데 익숙치 않았다.

세계무역센터 건물이 무너진 뒤, 케빈의 아내 메리앤과 자녀인 열일곱 살 제이미, 열두 살 커린을 돌보기 위해 온 가족이 롱아일랜드 시더허스트에 있는 케빈의 집에 모여 있었다. 처음 며칠은 집 안에 사람이 너무 많아 밤에는 거실 바닥에서 자야 할 정도였다. 가족들이 해나와 데니스의 빈자리를 가장 크게 느낀 시기였다.

특히, 해나는 언제나 가족의 정서적 버팀목이었다. 하루하루 일상이 제대로 돌아가게 만드는 세심함이 해나가 지닌 강점이었다. 먹을 음식이 충분한지 확인하거나, 손주를 돌보거나, 특별한 행사에 연락을 못 받은 가족이 없도록 살피거나, 그 어떤 경우에서든 해나는 가족이 위기를 겪을 때 무엇을 해야 하는지 본능적으로 알았다.

그래도 가족의 가장 큰 걱정거리는, 해나와 데니스가 그렇게 먼 곳에 고립된 상태로 아들이 실종된 현실을 어떻게 감당해 낼 것인가 하는 문제였다. 그나마 브렌던과 그 여자 친구가 곁에 있어 천만다행이었다. 천생 아일랜드인인 브렌던은 두 사람의 생기를 북돋우는 능력이 있었다. 대피소에서 두 구역만 가면 성당이 있다는 것도 반가운 소식이었다. 다들 해나에게 신앙이 얼마나 중요한지 잘 알고 있었다. 케빈이 쉬는 날이면 병원에 가서 환자의 영성체*를 도왔던 것도 절대 우연이 아니었다. 그 어머니에 그 아들이었다.

오루크 가족은 해나가 자기 시간을 어떻게 보내고 있을지 머릿속으로 그려 보았다. 좀 더 나은 상황이었다면, 갠더에서 주변 사람에게 서서히 자신의 의지를 관철시키고 있을 해나의 모습을 먼 거리에서도 상상할 수 있었다. 가족들은 해나가 만약 일주일 넘게 그곳에 머문다면 갠더시장으로 뽑힐지도 모른다며 웃었다. 퍼트리샤는 위기가 닥칠 때마다 청소나 요리에 모든 기력을 쏟아붓던 어머니의 모습을 떠올렸다.

---

*   성체를 받는다는 뜻으로, 천주교 미사에서 신도가 신부를 통해 예수의 몸과 피인 성체를 받는 예식을 가리킨다.

"어머니가 떠날 즈음에는 갠더에 먼지 한 톨 남아 있는 집이 없을 거야." 퍼트리샤가 말하자 가족 모두 웃음을 터트리고는 고개를 끄덕이며 수긍했다.

그렇다 해도, 가족은 해나와 데니스가 집에 돌아오기를 바랐다. 간절한 마음에, 힐러리 클린턴 상원의원실에서 해나와 데니스를 즉시 집으로 데려올 특별 항공편을 마련해 줄 수는 없을까 기대했다. 그러나 전 영부인이라도 할 수 있는 게 별로 없었다. 이제 남은 연결고리는 오직 전화기뿐이었다.

그즈음 향군회관에 있는 사람은 누구나 해나와 데니스가 어떤 고통을 겪고 있는지 알고 있었다. 퍼트리샤와 메리앤, 그 밖에 가족 중 누군가가 향군회관에 전화를 걸면 받는 사람은 저마다 "여기서도 모두 기도하고 있어요"라거나 "저희가 두 분 잘 돌봐 드리고 있으니 걱정하지 마세요"라고 따뜻한 말을 전한 다음, 두 사람을 찾으러 달려갔다.

해나와 데니스에게 전해 줄 새로운 소식이 거의 없어서 전화를 걸 때마다 괴로웠다. 그래도 퍼트리샤는 기운을 북돋우려 애쓰며, 잔해 속에서 살아 나온 사람 이야기를 들려주곤 했다. 이런 뉴스는 결국 거의 다 거짓으로 드러났지만, 당시에는 그나마 그런 소식이라도 알려 줄 수 있어 다행이었다. "수색하고 있나 봐요, 엄마. 구조도 하는 것 같으니, 케빈도 찾아낼 거예요."

마찬가지로 메리앤도 해나와 데니스에게 힘주어 말했다.

"케빈이 죽었다고 말하려면 증명을 해야 할 거예요. 시신을 찾아내기 전에는 절대 안 믿을 거예요."

12

경광등을 번쩍이고 경고음을 울리며 고속도로를 달려가는 소방차는 특별한 임무를 수행하고 있었다. 갠더에 고립된 비행기에 타고 있던 어린이들이 갖고 놀 장난감이 부족하다 하여, 시내에서 서쪽으로 90킬로미터 떨어진 그랜드폴스로 긴급 출동하는 중이었다. 차에 탄 캐나디안타이어 갠더 지점 총괄 관리자 수전 오도넬은 들뜬 마음을 감출 수가 없었다. 화요일 오후부터 지점 직원들은 고립된 승객에게 도움이 될 만한 일이라면 무엇이든 다 했다. 그 과정을 본사에서도 꾸준히 지원해 주었다.

갠더에 첫 번째 비행기가 착륙을 시도하자마자 오도넬은 상사에게서 구호 활동에 필요하면 매장에 있는 어떤 물건이든 기부할 수 있도록 진권을 위임한다는 진화를 받았다. "승객이 필요하다면 뭐든 주셔도 됩니다. 그렇게 해 주세요"라는 지시였다. 돈은 생각할 필요 없었다. 비용은 본사의 기부 단체인 가족재단에서 부담할 예정이었다. 만약 승객이 원하는 물건이 다른 가게에 있고, 그 업체가 기부 규정에 부합한다면, 오도넬은 승객을 위해 그곳에서 물건을 사 올 권한까지 보장받았다. 마치 영화 〈34번가의 기적〉의 한 장면 같았다.

처음 며칠 동안 캐나디안타이어는 보유 상품으로 거의 2만 달러어치를 기부했고, 주요 경쟁사인 월마트를 포함한 다른 업체에서도 1만 달러를 지출했다. 평소 오도넬은 월마트라는 이름을 입에 담지도 않으려고 "그 가게"라고 부른다. 오도넬에게 월마트는 "저 망할 Wthat W-word"였다. 그러나 비상 상황에서는 그런 경쟁의식은 제쳐 두었다.

캐나디안타이어는 침낭, 에어 매트리스, 담요, 생수를 기부했다. 그래도 가장 우선적으로 기부한 물품 중 하나가 장난감이었다. 승객 중에 어린이가 많다는 것을 안 어느 소방관은 비행기에서 내린 어린이들이 갖고 놀 조그만 장난감을 하나씩 나눠 주고 싶었다. 그래서 오도넬과 매장 관리자 수잔 질링엄에게 전화를 걸어 도와줄 수 있는지 문의했다. 상식적으로 공항에 가서 나눠 주기는 어려울 테니, 대피소별로 장난감을 배달할 계획을 세웠다. 캐나디안타이어는 성탄절에만 장난감을 팔기 때문에 9월 초 갠더 지점에는 재고가 턱없이 부족했다. 그러나 오도넬은 그랜드폴스에 장난감으로 가득 찬 창고가 있다는 사실을 알아냈다. 오도넬이 상황을 설명하자 소방국에서 소방차와 운전자를 보내 주어 즉시 출발했다.

오도넬은 장난감을 고르는 기준을 하나 세웠다. 폭력적이지 않아야 한다는 것이었다. 전투 놀이도 안 되고, 총싸움도 안 된다. 9월 11일 사건이 벌어진 지금 그런 장난감은 허용할 수 없다. 그 대신 인형, 동물 장난감, 보드게임, 트럭, 레이싱카를 잔뜩 실었다. 심지어 휴대용 게임기도 찾아냈다. 건전지를 넣어야 하는 장난감은 안에 건전지가 들어 있는지 일일이 다 확인했다. 확보한 장난감을 소방차 뒤쪽에 가득 실은 뒤, 다시 갠더를 향해 질주했다. 소방차는 대피소를 하나하나 찾아가서 반갑게 달려 나오는 어린이들에게 장난감을 나눠 주었다. 혹시 못 받은 아이가 있는지 확인하려고 매일 한 번씩 대피소를 순회했다. 학교, 교회, 숙소를 나눠 맡아 교대로 찾아다녔기 때문에, 갠더 의용소방대원은 자신을 맞이하는 어린이가 짓는 표정을 직접 볼 수 있었다. 오도넬은 나눠 준 장난감이 전부 몇 개인지도, 비용이 얼마나 들었는지도 몰랐다. 그저 뉴피의 산타클로스 노릇을 하는 게 즐거울 따름이었다.

　　텐트에서 평온한 밤을 보낸 사라 우드와 리사 제일은 콜럼버스 기사단 아침 식사 시간에 맞춰 잠에서 깨어났다. 식사 후에는 텐트로 돌아와 잠시 독서를 했다. 전날 시내를 돌아다니다가 한 무더기 주워 온 길거리 잡지였다. 그 다음에는 주민센터로 갔다. 센터 건물은 하키 경기용 아이스링크로도 사용하는 곳이라, 탈의실 안에 있는 샤워기를 쓸 수 있었다. 지역의 10대 소녀들이 교대로 나와서 탈의실을 청소하고 수건, 비누, 샴푸를 나눠 주는 자원봉사를 하고 있었다.

　　씻고 난 우드와 제일은 월마트에 가서 옷을 사고, 네일숍에 가서 손톱과 발톱을 손질하고, 자신이 탔던 비행기의 승무원이 머무는 숙소 콤포트인에 들렀다. 거기서 만난 승무원 몇 명과 정글짐스에 가서 점심을 함께 먹었다. 비행기가 언제 떠날지는 승무원도 전혀 모른다고 했다. 우드와 제일은 그다지 걱정하지 않고 갠더에서 지내는 시간을 즐기기로 했다. 특히 아홉 살에서 열다섯 살 사이의 아들 둘, 딸 하나를 둔 제일로서는 한숨 돌리기 딱 좋은 시간이었다. 며칠 정

도는 남편 마크에게 맡겨 두어도 괜찮을 듯했다. 하지만 마크는 착
륙한 바로 다음 날부터 수시로 콜럼버스기사단에 전화를 걸어 댔다.

"리사 제일과 통화하고 싶습니다." 마크가 말했다.

"누구라고요?"

"텐트에 있는 여자분이요. 텐트에 있는 두 사람 중 한 명이에
요."

"아, 알았어요. 잠시만 기다려요. 찾아 올게요." 마크가 어찌나
자주 전화를 걸어 아내에게 이것저것 물어 댔던지, 다들 목소리만
듣고도 누구 전화인지 알아챌 지경이었다.

목요일 밤에는 비가 올지 모른다고 해, 두 여성은 텐트 위에 씌
울 방수 천막을 사러 월마트에 갔다. 시내 어디든 쇼핑 카트를 끌고
가서 필요한 물건을 가득 실었다. 차에 태워 주겠다는 사람도 많았
지만, 자유롭게 걸어 다니는 게 좋았다. 방수 천막을 치는 모습을 본
승객 몇 명이 비바람 불 때 야외 텐트에서 자는 건 완전히 미친 짓이
라고 했다. 그러나 우드와 제일은 텐트가 좋았다. 내부에 걸어 둘 조
그만 샹들리에까지 구입했다. 진짜 샹들리에는 아니고 텐트 천장에
손전등을 걸어 둔 것뿐이었다. 그래도 남들이 뭐라든 자기가 그렇게
생각하는 한, 그것은 샹들리에였다. 그날 밤 조그만 초록색 텐트 위
에 비가 쏟아지기 시작하면 두 사람은 월마트에서 산 파자마를 입고
침낭에 기어들어 가, 길거리 잡지를 읽으며 불량 식품을 즐길 예정
이었다. 여자아이들끼리 흔히 하는 밤샘 파티처럼 말이다. 서로 머
리를 말아 줄 롤러와 남자애들에게 장난 전화를 걸 전화기가 없다는

것이 아쉬울 따름이었다.

지구상에 감금 생활을 하는 보노보 원숭이는 144마리뿐인데, 코사나와 웅가도 거기 속한다. 둘은 벨기에의 플랑켄달동물원에서 오하이오에 있는 동물원으로 이동하던 중 갑자기 갠더에 내리게 되었다. 코사나와 웅가는 예전에는 자이르로 불리던 중앙아프리카 콩고민주공화국에서 발견한 멸종위기종이다. 20년 전만 해도 보노보 개체는 10만 마리 정도였다. 보노보보호운동에 따르면, 오늘날 아프리카에 사는 보노보는 3000마리가 안 된다.

유전학적으로 보노보 원숭이만큼 인간과 가까운 동물은 없다. 침팬지와 사촌 격인 보노보는 어느 영장류보다도 인간과 외모가 비슷하다. 보노보는 유전적으로 고릴라보다 인간과 더 가깝다.

더그 트위디가 애쓴 덕에, 보노보는 비행기에서 내려 고양이, 개와 함께 격납고에 자리를 잡았다. 5일 동안 사육사 해리는 보노보 곁을 거의 떠나지 않았다. 해리는 웅가와 코사나가 탈출할까 봐 너무 두려워서 이동용 철창에서 나오지 못하게 했다. 철창 내부 청소조차 못 해 줬다.

청결 면에서는 별 문제가 없었다. 보노보가 배변 후 창살 밖으로 배설물을 내던지면 해리가 치워 주었다. 코사나는 자기 철창 주변까지도 꼼꼼히 청소했다. 아침마다 코사나가 철창 안에 있던 지푸라기를 전부 밖으로 들어내면 해리가 새 건초 더미를 넣어 주었다. 그러면 코사나는 지푸라기를 한 올 한 올 세심하게 골라 잠자리를 만들었다. 웅가는 그 정도는 아니라서, 철창 주변으로 지푸라기를 집어

던져 엉망진창으로 어질러 놓곤 했다.

철창 몇십 센티미터 옆에는 개와 고양이 이동 장이 있었다. 보노보들은 다른 동물, 특히 개에게 완전히 마음을 빼앗긴 듯했다. 얼마 후에는 개 짖는 소리를 흉내 내기까지 했다. 개를 따라 하려는 건지 놀리려고 하는 건지는 알 수 없었다.

거의 평생토록 지역 내에 사는 가축만 보았던 트위디는 코사나와 웅가를 지켜보는 게 정말로 즐거웠다. 틈만 나면 해리에게 보노보에 관한 질문을 퍼부었다. 동물을 위해 헌신하는 해리의 모습이 감동적이기는 했지만, 한편으로는 잠조차도 보노보 곁에서 자는 사육사가 안타까웠다. 몇 날 밤이 지난 후에야 해리를 설득하는 데 성공한 트위디는 사육사를 집에 데려가 함께 저녁을 먹었다. 해리는 두 시간 만에 동물을 돌보려고 공항으로 돌아갔다.

패치 베이는 아무래도 일에 집중이 안 되어, 차라리 고립된 승객을 도우며 하루를 보내기로 했다. 집에 데려온 사우디아라비아 출신 가족이 샤워를 끝내자마자 전화가 울렸다. 앞서 베이는 다른 주민 백여 명과 마찬가지로, 승객에게 집 욕실을 제공하겠다는 명단에 이름을 올려 두었다. 그 명단을 보고 누가 연락하기를 기다리지 않고, 아침 일찍 대피소에 가서 욕실을 꼭 써야할 가족을 찾아 데려왔다.

그런데 이제 명단에서 베이의 이름을 발견한 사람이 전화를 걸어 욕실을 써도 되냐고 묻고 있었다. 나이 든 부부의 전화를 받은 베이는 차마 거절할 수 없어 곧 데리러 가겠다고 대답했다. 존과 마리 부부를 차에 태우고 나서야, 베이는 직전에 손님이 쓰고 난 욕실을 아직 치우지 못해 집에 데려갈 수 없다는 걸 깨달았다. 더 큰 문제는, 깨끗한 수건이 하나도 남지 않았다는 것이었다.

갑자기 좋은 대안이 떠올랐다. 친구 집으로 데려가는 것이었다. 아니나 다를까, 전화를 받은 친구는 기꺼이 승낙했다. "어서 이리로 와." 베이의 친구가 외쳤다. 친구 집으로 가던 중, 존과 마리 부부는 자신이 버지니아주 알렉산드리아에 산다고 했다. 베이의 딸 켈리도 알렉산드리아에 살고 있었다. "세상에 이런 우연이 다 있네요." 베이가 말했다. 이어서 존과 마리는 딸 페기가 생전 처음 듣는 곳에 고립된 부모를 매우 걱정하고 있다고 했다. 베이는 페기의 걱정을 덜어줄 완벽한 해법이 있다고 말했다. 자기 딸 켈리가 페기에게 전화를 걸어 안심시켜 주면 어떠냐고 말이다. 그날 밤 켈리 베이는 그보다 한 걸음 더 나갔다. 페기를 직접 만나 함께 저녁을 먹으며, 이 세상에서 고립되어 지내기에 갠더보다 더 좋은 곳은 없다고 장담했다.

13

베르너 발데사리니는 지금까지 단 한 번도 가 본 적 없고, 평생 가 볼 거라는 상상조차 한 적 없는 장소에 발을 들였다. 바로 월마트 남성 속옷 구역이었다.

갠더 주민들은 대부분 월마트에서 필요한 물건을 전부 구했다. 그러나 첫 비행기가 착륙한 화요일부터 매장에 손님이 넘쳐 나다 보니 목요일 즈음에는 빈 선반이 늘기 시작했는데, 특히 속옷 구역이 많이 비었다. 승객들은 이번 비상사태에 지역 주민이 대피소에 기부한 티셔츠나 바지, 원피스 등을 입는 건 크게 개의치 않았다. 하지만 헌 속옷을 입는 건 완전히 다른 문제였다. 승객 대부분은 이런저런 도움을 받아들이면서도 남의 팬티를 물려 입는 것만큼은 선을 그었다.

물론 발데사리니도 그 선을 넘을 마음이 전혀 없었다. 초기에는 고객으로, 그 후에는 디자이너로, 현재는 기업 회장으로 27년째 휴고보스와 함께해 온 발데사리니는 세계적으로 성공한 사람의 옷차림이라는 이미지를 형성하는데 이바지했다. 80년대에서 90년대에 걸쳐, 고전적인 선과 어두운 색조로 이루어진 휴고보스의 고급 정장은 의류업체들의 수준을 가늠하는 하나의 기준이 되었다. 정장만이 아니었다. 휴고보스는 셔츠, 바지, 가죽 재킷, 신발, 부츠, 샌들, 선글라스, 향수, 그리고 속옷까지 제작했다. 면 팬티, 사각팬티, 삼각팬티 등. 모두 좋은 품질과 크게 새겨 넣은 이름으로 유명했다.

발데사리니 역시 대단한 멋쟁이였다. 짐작하듯, 발데사리니는 머리부터 발끝까지 휴고보스 제품을 입고 걸어 다니는 광고판이나 마찬가지였다. 프랑크푸르트에서 뉴욕으로 가는 비행기에서 입고 있던 캐시미어 정장은 자신의 이름이 담긴 고유의 상표로 제작한 특별 상품이었다. 불편한 조건에서 장기간 착용하는 와중에도 정장은 꽤 잘 버텨 주었지만, 속옷만은 예의상 갈아입어야 했다.

월마트에 들어선 발데사리니는 파란색 조끼를 입고 미소 지으며 인사하는 직원과 줄줄이 늘어선 대형 수레들 사이를 통과해, 맥주 냉장고와 정원 관리 용품 구역, 프로레슬링 선수와 나스카NASCAR, National Association for Stock Car Auto Racing＊레이서를 떠올리게 하는 티셔츠 선반 여러 개를 지나 걸어갔다. 남성 속옷은 구역이 따로 없고, 금속 선반을 여러 개 설치해 둔 통로 근처에 있었다. 거기서 크기와 모양이 맞는 속옷을 찾아 계산대 앞에 줄을 서서 결제했다.

학교에 돌아간 발데사리니는 샤워하고 속옷을 갈아입었다. 순간 너무 불편했다. 허리 고무단, 소재, 디자인 모두 엉망이었다.

안데르센 동화「공주와 완두콩」＊＊의 현실판이었다. 우월 의식

＊　　　전미개조자동차경주협회.

＊＊　　덴마크 작가 안데르센의 단편 동화로, 어느 왕자가 성을 찾아온 초췌한 여성이 진짜 고귀한 공주인지 알아보기 위해 이불 수십 장 아래 완두콩을 넣어 두었더니, 그 여성이 침대가 딱딱해서 밤새 잠을 뒤척였다고 하여 공주임을 인정하고 결혼했다는 이야기다.

이 아니라, 그로써 발데사리니는 자기가 만든 제품이 그만큼 우수하다는 사실을 깨달을 수 있었다. 안심 스테이크를 많이 먹어 본 사람은 누가 접시를 햄버그스테이크로 바꿔 놓아도 정확히 알아차리게 마련이다.

다행히도, 도움의 손길이 다가오고 있었다.

역시 사흘 내내 같은 옷을 입고 지낸 데버라 패러, 라나 에더링턴, 위니 하우스는 쇼핑이 몹시 하고 싶었다. 갬보에는 옷을 살 곳이 정말로 거의 없었기 때문에, 조지 닐이 차로 갠더까지 데려다주기로 했다. 빌 캐시, 마크 코언, 그렉 커티스도 동행했다. 그리고 다른 모든 사람과 마찬가지로, 일행은 결국 월마트를 찾아갔다.

위니는 여성 속옷 구역에 남은 물건을 살펴보던 중 열 살 정도로 보이는 어린 여자아이가 자신을 쳐다보는 걸 느꼈다. 뉴펀들랜드에 도착한 후로 위니는 주위에 흑인이 자기 혼자뿐일 때가 많다는 사실을 크게 의식하고 있었다. 한번은 조지에게 갬보에 사는 흑인이 한 명이라도 있냐고 물었다. "없어요." 조지가 머리를 흔들며 말했다. "전혀 없어요."

꼭 흑인이 아니었더라도, 위니는 어딜 가나 눈에 띌 만한 사람이었다. 신발을 신으면 키가 거의 180센티미터에 달했다. 돌체앤가바나의 고급 청바지를 입고, 머리카락은 땋아서 등 뒤로 허리까지 늘어뜨렸다. 위니는 다시 어린아이를 바라보았다. 아이는 어머니에게 무언가 말했다.

"괜찮아, 어서 가 봐." 어머니가 여자아이에게 말했다.

여자아이가 걸어왔다. 어머니의 억양을 들으니 현지 사람이라는 걸 알 수 있었다.

"저, 혹시 사인해 주실 수 있어요?"

위니는 깜짝 놀라 대답했다. "저는 완전히 평범한 사람인데요."

어머니가 미소를 지으며 상관없다고 말했다. "아이 눈에는 특별한 사람인걸요."

위니가 조금 창피해하며 동의하니, 어머니가 손가방에서 종이 한 장을 꺼냈다. 아이는 위니의 머리카락을 만져도 되는지 물었다.

"물론." 위니가 말했다. 위니가 입맞춤과 포옹을 뜻하는 X와 O*를 여러 개 덧붙이며 사인하는 동안, 아이는 살며시 위니의 머리카락을 어루만졌다.

"고맙습니다." 어머니와 함께 떠나며 아이가 말했다.

너무 감동해서 울고 싶었다. 뉴펀들랜드에 머무는 내내, 위니는 이런 다정한 인사를 받았다. 전 세계 곳곳을 다녀 보아도 이렇게 자신의 피부색이 아무 문제가 되지 않는 곳은 흔치 않았다.

월마트 밖에서는 뎁이 실망한 듯 머리를 흔들고 있는 그렉을 향해 걸어갔다.

"남자 속옷은 제일 작은 치수랑 끈 팬티밖에 없더라고." 그렉이 말했다.

"정말? 어디 한번 봐." 뎁이 웃으며 말했다.

뎁이 가방에 손을 대려 하자 그렉이 그냥 농담이라고 말했다. 매

* XOXO 같은 식으로 영어권에서 친밀한 사이에 즐겨 쓰는 일종의 그림문자로, X는 입 맞추는 모습, O는 포옹하는 모습을 상징한다.

장을 떠나 갬보로 돌아가는 동안, 뎁은 그렉이 참 좋다고 생각했다. 그렉도 마찬가지라는 걸 알 수 있었다. 지난밤 난데없이 맞닥뜨린 후로 두 사람은 조금씩 서로를 알아 가는 중이었다. 어디서 태어났어? 자란 곳은? 가족은 얼마나 돼? 어느 학교를 다녔어?

너무 많은 시간을 함께 보내다 보니, 일반적인 연애 과정을 초고속으로 경험하는 느낌이 들었다. 둘째 날 밤에는 어느새 아주 오래 알고 지낸 느낌이 들면서 더욱더 친밀해졌다. 그래도 언제나 조지, 에드나, 위니, 빌, 라나, 마크가 주위에 있는 꽤 큰 무리 안에서 지낸 덕에 관계가 주는 압박은 그리 크지 않았다.

그 어떤 국제적 비극이 벌어졌다고 해도, 상사를 기쁘게 하려고 마음먹은 개인 비서의 걸음을 늦출 수는 없다.

프랑크푸르트의 휴고보스 본사에서는 사내의 모든 자원을 동원해 고립된 회장을 구할 방안을 찾고 있었다. 화요일에 발데사리니가 탄 비행기가 토론토에 비상착륙하리라 예상한 임원진은 회장을 마중하기 위해 캐나다 휴고보스 자회사 사장인 레 미니언을 공항에 내보냈다. 미니언은 두 시간을 기다린 후에야 비행기가 갠더에 착륙했다는 사실을 알았다.

수요일에 휴고보스 회장 베르너 발데사리니는 회사 사무실에 연락해 자신이 무사하다는 소식을 전하고, 이후 계획이 나올 때까지 머물 곳을 알려 주었다. 발데사리니는 무엇보다 뉴욕에 있는 직원이 무사한지 염려했다. 다행히 모두 무사했다. 남은 패션 위크 행사는 취소되었고, 휴고보스는 거의 200만 달러의 손실을 감수하고 봄 신상품 공개를 미뤄야 했다. 미국에서 그런 일이 벌어진 마당에 신상품과 돈은 발데사리니에게는 그저 사소한 문제에 불과했다.

발데사리니가 전화를 걸었을 때 직원은 이미 회장을 구출할 계획을 세우고 있었다. 휴고보스는 맥라렌 포뮬러원 경주팀의 주요 후원사이며, 팀 소유주는 사우디아라비아의 부유한 사업가인 만수르 오제이다. 친한 친구인 발데사리니가 갠더에 고립되었다는 소식을 들은 오제는 자가용 비행기를 갠더로 보내겠다고 했다. 직원이 이 소식을 전할 때, 발데사리니는 자신이 속옷 때문에 곤란을 겪고 있다고 귀띔했다. 즉시 해결에 나선 독일의 직원은 이번에도 미니언에게 연락해 이 상황을 해결해 줄 수 있는지 물었다.

미니언은 어떻게 해야 할지 정확히 알고 있었다. 갠더에서 가장 가까운 휴고보스 판매점은 300킬로미터 정도 떨어진 세인트존스에 있는 남성복 매장 바이런스였다. 미니언은 매장주 바이런 머피에게 연락해, 누군가의 "구호품"을 챙겨 갈 직원 한 명을 갠더로 보내 줄 수 있느냐고 물었다.

"거기 누가 있습니까?" 머피가 물었다.

"베르너입니다." 미니언이 대답했다.

"베르니 빌데사리니요?"

"그렇습니다."

머피는 귀를 의심했다. 자신이 몸담은 의류 유통업계에서 발데사리니는 거의 연예인이나 마찬가지였다. 세인트존스뿐 아니라 뉴펀들랜드를 통틀어 최고급 남성복 매장을 운영한다고 자부하는 머피는 세인트존스의 유서 깊은 구역에 자리한 붉은 벽돌 건물 두 개

온 세계가 마을로 온 날

층에 걸쳐 80평 넘는 공간을 소유하고 있었다. 폴로, 만조니, 립슨, 캠브리지, 그렉노먼 등 여러 유명 브랜드를 취급했지만, 그중에서도 가장 인기 있는 브랜드는 휴고보스였다.

10년 전 매장 문을 연 후로 머피는 늘 발데사리니 같은 사람을 만나는 게 꿈이었지만, 대형 패션쇼에 가서 그런 유명인과 어울리는 무리 속에 들어가 본 적은 한 번도 없었다. 이 순간을 놓치면 평생 후회하리라 생각했다.

"제가 갈게요, 제가 직접 하겠습니다." 머피가 자청했다.

미니언이 물품 목록을 알려 주었다. 머피는 셔츠, 바지, 양말, 속옷 등을 챙겼는데, 당연히 전부 휴고보스 제품이었다. 회장이 어느 쪽을 선호하는지 몰라서 삼각팬티와 사각팬티 둘 다 챙겼다. 미니언은 갈아입을 옷뿐 아니라 음식도 한 바구니 준비해 달라고 부탁하면서, 와인, 빵, 치즈 종류는 머피가 직접 고르도록 했다. 머피는 괜찮은 멜롯 와인 중에서 호주산 두 병, 칠레산 한 병, 이탈리아산 한 병을 골라 넣었다. 맛 좋은 고다치즈와 브리치즈, 프랑스빵 한 덩이도 장만했다.

세인트존스에서 갠더까지는 차로 세 시간 가까이 걸리기 때문에, 머피는 오후 여섯 시가 다 되어서야 도착했다. 서른아홉 살 머피는 발데사리니가 머무는 갠더공립고등학교를 어렵지 않게 찾아냈다. 도착하자마자 교무실에 가서 교내 방송으로 발데사리니를 찾았다. 몇 분 지나지 않아, 머피는 학교 체육관에서 걸어 나오는 회장을 발견했다. 카탈로그에서 익히 보아 얼굴을 알고 있었다.

"발데사리니 씨, 저는 바이런 머피라고 합니다." 머피가 공손하게 말했다.

"만나서 반갑습니다. 여기까지 와 줘서 고맙습니다." 발데사리니가 인사했다.

머피는 밖에 세워 둔 차로 발데사리니를 데려가 챙겨 온 물건을 보여 주었다. 회장은 조금 당황했다. 신경 써 줘서 고맙지만, 음식과 와인은 받을 수 없다고 머피에게 말했다. 다른 사람이 먹는 음식을 같이 먹고 싶었다.

발데사리니는 그 음식을 마을의 구호 담당자에게 보낼까 생각하다 그만두었다. 주민이 승객을 위해 마련해 주는 음식이 마땅치 않다는 뜻으로 비칠까 염려스러웠다. 머피에게 갠더 주민이 얼마나 열심히 승객을 돕고 있는지, 특히 쉬지 않고 음식을 하느라 여성들이 얼마나 애를 쓰는지 이야기하다 보니 발데사리니는 목이 메었다. 이 멋진 주민의 마음을 상하게 할지 모르는 일은 하고 싶지 않다고 설명했다.

"이 음식은 다시 가져가 주세요." 발데사리니가 머피에게 말했다.

그렇다고 지나치게 자학하는 모습으로 비치고 싶지 않아 속옷은 넘겨받았다. 심긱팬티와 사긱팬티 둘 다. 빌데사리니는 다른 물품을 차에 남겨 둔 채 머피와 학교 안으로 돌아가 내부를 보여 주고 비행기에서 새로 사귄 친구도 소개해 주었다. 그런 다음 구내식당에서 탄산음료를 마시며 남성복 유통업계에 관해 잠시 대화를 나누었다. 봄 신상품 이야기를 하고 난 발데사리니는 머피에게 매장에 관해 물었다. 규모는 얼마나 되는지, 어떤 물품이 제일 잘 팔리는지, 잘

안 팔리는 건 또 어떤 건지가 그 내용이었다. 머피가 느끼기에는 발데사리니가 진심으로 자기 의견을 듣고 싶어 하는 듯했다.

뒤에 있는 텔레비전에서는 두 남자가 CNN 방송에 나와 테러 공격에 관해 이야기하고 있었다. 두 시간 후 머피는 이제 세인트존스로 돌아가야겠다고 말했다. 발데사리니는 밖으로 따라 나가 옷을 가져다주어 고맙다고, 유럽에 오면 휴고보스 본사도 보여 주고 회사의 패션쇼도 보게 해 주겠다고 말했다.

집으로 돌아가는 길에 머피는 모든 것이 너무나 비현실적으로 느껴졌다. 내가 꿈을 꾸고 있는 걸까, 아니면 뉴펀들랜드 갠더의 고등학교에 있는 휴고보스 회장에게 비상용 속옷을 가져다주고, 구내식당에서 패션과 세계정세에 관해 두 시간 동안 대화를 나눈 게 사실일까? 꿈은 아니었다. 다음 날 아침에 머피는 고객에게 치즈와 와인을 내어 주며 들려줄 멋진 이야깃거리를 갖고 매장 문을 열었다.

제시카 네이시는 그렇게 많은 음식은 난생처음 보았다. 수요일 오후 버스를 타고 갬보 의용소방국에 도착한 뒤로, 승객에게 줄 음식을 담은 용기나 접시를 들고 지나가는 주민을 한 시도 보지 못한 적이 없었다. 캐서롤, 스튜, 샐러드, 직접 만든 파이와 케이크, 갓 구운 쿠키. 일일이 다 맛볼 수 없을 정도였다.

네이시는 콘티넨털 5편 승객이었다. 영국 체더에 사는 이 미국인은 가족과 친구를 만나러 휴스턴에 가던 중이었다. 비행기에서 네이시는 폴 모로니와 피터 페리스라는 두 남자를 만났다. 불운한 그 비행기에 타기 전에는 분명 마주친 적이 없을 텐데, 자꾸 어디선가 만났던 것 같은 느낌이 들었다. 두 사람에게는 굉장히 친숙한 어떤 면모가 있는데 그게 무엇인지는 알 수 없었다. 자기 직업을 스스로 말해 주기 전까지는 말이다. 둘은 비틀스 모창자로서 비틀스밴드라는 그룹에서 활동하고 있었다.

모로니는 존 레넌과 판박이였다.

페리스는 조지 해리슨 역할이었다.

둘 다 비틀스 활동 초기, 러브 미 두love-me-do* 시절 머리 모양인 바가지 머리를 하고 있었다. 심지어 옷도 그 시기에 맞춰 입었다. 페리스는 까만 터틀넥 스웨터에 어두운 초록색 정장을 입었고, 모로니는 칼라에 까만 단추가 달린 셔츠에 회색 정장을 입고 있었다. 나머지 멤버는 영국에 있다고 했다. 모로니와 페리스는 최근 러벅에서 몇 차례 공연을 하면서 사귄 친구를 만나러 텍사스에 가던 중이었다. 버디 홀리Buddy Holly**를 배출한 이 도시는 가짜 팹포Fab Four***에게 열광했다. 2월에 개최한 공연은 모두 매진이었고, 여름에 다시 연 공연도 마찬가지였다. 독립기념일이 있던 7월 첫 주말에는 120인조 교향악단과 함께 10만 명 앞에서 야외 공연을 했다.

네이시는 모로니와 페리스가 들려주는 이야기에 푹 빠졌다. 설명에 따르면, 비틀스밴드는 단지 비틀스를 흉내 내는 밴드가 아니라 기리는 밴드였다. "우리는 비틀스의 정수를 보여 주려고 해요." 페리스가 말했다. 네이시는 공연을 보고 싶어 안달했다.

---

*　　　1962년 비틀스가 발표한 첫 번째 싱글 제목이다.
**　　1950년대 로큰롤 음악으로 인기를 끈 미국의 가수이자 작곡가, 프로듀서.
***　'놀라운 4인조'라는 뜻으로 비틀스를 부르는 별칭.

　　　　　　　　　　　　　　　　　　온 세계가 마을로 온 날

두 사람 다 그건 어려울 거라고 잘라 말했다. 적어도 이곳 뉴펀들랜드에서는 말이다. 서른네 살인 페리스는 벨파스트 출신으로, 흔히 "사태"라고 부르는 북아일랜드 분쟁* 시기에 자랐다. 어린 시절 페리스는 소요 사태로 인한 정신적 충격을 호소하는 사람을 자주 보았다. 그 사태가 끼친 특유의 영향이 있었다. 갬보에서 미국 관련 뉴스 보도를 지켜보는 승객의 얼굴에도 그때와 똑같은 표정이 보였다. 두려움에 질린 사람을 평생 넘치도록 보았던 패리스는 실내에 웅크리고 있는 대신에 소방서 옆으로 강을 따라 난 짧은 산책로를 걸으며 시간을 보냈다. 적어도 그곳은 고요하고 평화로웠다.

---

*   1960년대 말부터 아일랜드공화국과 영국 사이에 놓인 북아일랜드의 지위를 두고 벌어진 정치적 분쟁으로, 민족, 종교 갈등뿐 아니라 폭력까지 빈발한 끝에 1998년 벨파스트 협정으로 일단락됐다.

14

"오, 세상에! 저기 좀 봐요!"

애나 리 고스는 재빨리 소리 지르는 사람을 돌아보았다. 루이스 포트 중학교 9학년 교사인 스물다섯 살 애나는 거리에서 뭔가 끔찍한 일이 생겼을까 두려웠다. 남자 목소리가 들리는 쪽으로 달려가는 동안에도 계속 "저기 좀 봐요! 저기 좀 봐요!" 하는 비명이 들렸다.

중학교는 루이스포트를 관통하며 시내를 반으로 가르는 대로변에 있었다. 고스는 소란을 피우는 남자를 유심히 바라보다가, 웃고 있는 얼굴을 보고 걸음을 늦추었다. 남자는 행인 몇 명이 길을 건널 수 있도록 도로 한가운데 멈춰 선 커다란 트럭을 가리키고 있었다.

억양을 들어보니 뉴욕이나 뉴저지 출신 같았다. "차가 그냥 멈춰 있어요"라고 말하는 표정은 마치 성모를 마주한 피티마의 아이*만큼이나 놀란 듯 보였다.

남자는 이 기적을 본 사람이 또 있는지 확인하려고 주위를 둘러보았다. "보도도 없고 정지 표시도 없고 신호등도 없는데, 차가 그냥

---

* 1917년 포르투갈 파티마에서 세 차례에 걸쳐 성모가 나타났다고 증언한 양치기 아이 세 명을 가리킨다.

멈춰 섰다니까요." 남자가 말했다.

고스는 동료 교사와 함께 남자를 잠시 바라보았다. 이 미국인 정말 이상한 사람이네 하고 생각하고는 돌아서서 학교 안으로 향했다.

귀족을 만나 본 적이 한 번도 없는 열일곱 살 태라 보이드는 스스로 왕자라고 말하는 승객에게 어떻게 반응해야 할지 몰랐다. 중동 어딘가에서 왔다고 들었지만, 나라 이름은 기억나지 않았다. 남자는 길게 흘러내리는 겉옷을 입었고, 아내는 영어를 못 했다. 부부는 네 살 아들과 유에스항공을 타고 파리를 떠나 아들의 수술을 잡아 놓은 미국으로 가는 길이었다. 아이를 돌보는 간호사도 동행하고 있었다.

그 가족은 갠더에서 20분 거리에 있는 구세군 야영장에 배정받았다. 숲 한가운데에 있는 오두막에서 잔다는 것은 전하에게 어울리지 않는 일이었다. 남자가 호텔로 보내 달라고 요구했지만, 보이드는 불가능하다고 설명했다. 아들이 걱정되어 그러는가 싶었다. 아이가 무슨 일로 수술을 받을 예정인지는 모르지만, 심각한 문제인가 보다고 생각했다.

구세군교회 신자인 보이드는 갠더에 비행기가 착륙한다는 소식을 듣자마자 자원봉사를 자청했다. 왕자와 그 가족을 오두막으로 안내한 뒤, 아이를 위해 장난감을 잔뜩 찾아서 가져다주었다. 왕자는 여전히 화가 나 있었지만 보이드는 신경 쓰지 않기로 했다. 이 상황이 무척 힘들겠거니 했다.

구세군 야영장으로 간 승객 대부분은 외진 곳에 있는 그 시설을 좋아했다. 시설 전체를 통틀어 조그만 텔레비전이 딱 한 대 있었다.

그 덕에 승객은 주로 호수에서 수영하거나 카누를 타고, 숲을 산책하고, 축구와 야구를 하며 시간을 보냈다.

　루이스포트중학교 교장 팸 코이시가 교장실에 앉아 있을 때, 한 승객이 문을 두드렸다. 코이시는 그 승객의 이름이 데니스이고, 일행과 콘티넨털항공 45편을 타고 밀라노에서 뉴어크로 가는 중이라는 걸 기억해 냈다. 루이스포트에 도착한 첫날, 데니스의 일행인 고든이라는 남자가 학교 컴퓨터를 쓸 수 있냐고 물으며, "제가 작은 사업을 하고 있어서요"라고 덧붙였다. 코이시는 승객 누구나 편하게 컴퓨터를 써도 된다고 말했다.

　코이시는 데니스를 교장실로 들였다.

　"팸, 저희에게 해 주는 모든 일에 무척 감사하다는 말씀을 드리고 싶었어요"라고 데니스가 말했다. 그러고는 명함을 건넸다. 코이시는 그 명함을 유심히 읽어 보았다. 이름은 데니스 그레이펠더로, 록펠러재단 운영 및 소통 담당 부대표라고 쓰여 있었다. 그레이펠더가 설명하기로, 작은 사업을 한다던 그 남자는 재단 대표인 고든 콘웨이였다.

　록펠러재단은 지구상에서 가장 큰 규모에 속하는 자선단체로, 운용 중인 기부금은 30억 달러이며, 해마다 2억 달러에 달하는 지원금을 기금이 필요한 전 세계 여러 단체에 제공한다. 비행기가 갠더로 목적지를 바꾸었을 때, 콘웨이와 그레이펠더는 다른 임원 네 명과 함께 이탈리아에서 이사회를 마치고 집으로 돌아가던 중이었다.

　지역사회의 아낌없는 지원에 감명받은 콘웨이, 그레이펠더와 일행은 학교에 무언가 기여하고 싶었다. 학교 교직원과 매년 출석하는 학생 317명이 쓸 컴퓨터를 제공하기로 했다. 컴퓨터실에 있는 기기 35대가 너무 옛 기종이라, 새 기기를 구매할 일시 기금을 조성하면 괜찮겠다고 판단했다.

"컴퓨터실을 바꿔 드리고 싶어요." 그레이펠더가 코이시에게 말했다.

교장은 깜짝 놀랐다. 교내에 록펠러재단 사람이 돌아다니고 있으리라고는 상상도 못 했다. 그리고 승객에게 선물을 받는 것은 적절치 않다는 생각이 들었다.

"돈 때문에 한 일이 아닌데요"라고 답하며, 재단에서는 아무것도 할 필요가 없다고 말했다.

"저희가 하고 싶어서 그래요." 그레이펠더가 고집했다. "원하든 원하지 않든 저희는 할 거예요."

그레이펠더는 코이시의 거절을 받아들일 생각이 없었다. 루이스포트에서 지내는 것은 정말이지 놀라운 경험이었다. 그레이펠더를 포함한 콘티넨털항공 45편에 타고 있던 승객 115명은 비행기에서 30시간을 보낸 후, 수요일 오후에 버스를 타고 루이스포트로 이동해 필라델피아성막오순절교회 앞에서 내렸다. 처음에 그레이펠더는 딱딱하고 긴 교회 의자에서 잘 생각을 하니 조금 꺼림칙했다. 다행히 의자에는 방석이 깔려 있었고, 한쪽 끝에는 담요 더미와 칫솔, 치약 여러 개가 놓여 있었다.

길 건너편에는 중학교가 있었다. 거기 가서 씻고, 먹고, 전화나 컴퓨터도 쓸 수 있다고 했다. 콘웨이는 동행한 다른 임원보다 더 급히 처리할 일이 있었다. 재단은 전 세계에 사무실을 두고 사업을 운영하기에 인터넷으로 일을 처리하는 경우가 상당히 많다. 그레이펠더와 다른 이사진도 곧 뒤따라가서 우선 안전하게 머물고 있다는 사실을 모두에게 알린 뒤, 평소처럼 보고서를 읽고 지원금 제안서를 검토하고 예산을 처리하는 업무에 돌입했다.

평범한 일상에 몰입하고 있으니 9월 11일의 공포에 휩쓸리지 않고 마음을 다른 쪽으로 돌릴 수 있었다. 콘웨이와 다른 임원은 학교 컴퓨터를, 그레이펠더는 자기 노트북을 썼다. 그런데 학교 전화 시스템 접속이 잘 안 되자 주디 프리크라는 교사가 자기 집 콘센트를 가져와 빌려주었다.

마을에서는 승객이 필요한 것은 무엇이든 제공할 준비가 되어 있었다. 밤마다 마을 여성 몇 명이 새벽 두 시까지 산더미처럼 쌓인 수건을 세탁해 준 덕에, 고립된 승객은 매일 아침 깨끗한 수건을 쓸 수 있었다.

그 수건을 주민이 기부했다는 사실을 안 그레이펠더는 한 여성에게 승객이 떠나고 나면 수건을 어떻게 돌려받을 생각이냐고 물었다. 그 여성은 이상한 질문을 다 한다는 듯한 표정으로 바라보았다.

"그런 건 아무래도 상관없어요." 여성이 말했다.

사심 없는 마을 주민의 태도에 그레이펠더는 전율했다.

루이스포트에서 보낸 첫날 밤, 잠을 설치던 그레이펠더는 새벽 세 시경 러셀 바틀릿 목사와 마을 남성 몇 명이 교회 입구에 앉아 있는 걸 보았다. 왜 아직 안 자고 있느냐고 물었다.

"여러분을 지켜야 할 것 같아서요." 목사가 설명했다. "자는 동안 아무 문제가 없도록 말이에요."

콘웨이와 일행 모두 비슷한 경험을 했다. 학교 근처에는 록펠러 사람들이 농담 삼아 "유사직원회의"라고 이름 붙인 모임을 하러 가는 술집이 있었는데, 거기서 학교와 교회에 보답할 방법을 꼭 찾아내기로 결의했다. 그 소식을 전하려고 교장실 문을 두드린 그레이펠더는 만약 학교에 더 시급한 사안이 있다면 기금 사용처를 결정할 권한도 교장과 교직원에게 맡겨 두겠다고 설명했다. 코이시는 교감과 상의해 보고 몇 주 후에 알려 주겠다고 말했다.

그레이펠더가 나가고 나서, 코이시는 나중에 재단 사람의 마음이 바뀔 수도 있으니 다른 교직원에게는 이 소식을 전하지 않기로 했다. 다들 너무 큰 기대를 할까 두려웠다.

그레이펠더가 바틀릿 목사를 찾아가자, 그 역시 놀라서 말을 잇지 못했다. 그레이펠더는 재단에서 교회에 무언가 좋은 일을 해 주고 싶다며, 지원할 만한 사업이나 계획이 있냐고 물었다. 코이시와 마찬가지로 목사도 생각할 시간을 갖기 원했다.

비행기 승객인 어느 젊은 부부는 어린아이를 데리고 갠더 주택가를 따라 걸어가던 중 "기다려요! 기다려요!"라고 외치는 한 여성의 목소리를 들었다. 그 여성은 현관문으로 머리를 내민 채 젊은 부부에게 잠깐 멈추라고, 곧 돌아오겠다고 몸짓으로 전했다. 부부는 무슨 일인지 몰랐지만, 참을성 있게 기다렸다.

몇 분 후 그 여성이 집 안에서 유아차 한 대를 들고 달려 나와 말했다. "자, 이거 쓰세요." 아주 쓸 만한 유아차인데 쓸 아이가 없다고,

두 사람이 쓰면 좋겠다고 설명했다.

젊은 부부는 괜찮다고 거절하려 했다. 언제 다시 떠날지 모르는데, 유아차를 돌려주러 오지 못할 수도 있었다. 그 여성은 아무래도 상관없다고 말했다. 아이가 다 자라서 유아차를 쓸 일이 없었다. "가지세요." 여성이 고집했다. "도와주고 싶어요."

루프트한자 400편 승무원은 다른 항공기 승무원 열 명과 함께 신드바드호텔에 묵었다. 마땅히 할 일이 없으니, 기장 라인하르트 크노트는 승무원을 두 조로 나눴다. 한 조는 이륙 허가를 받는 즉시 비행할 수 있도록 대비하는 역할을 맡았다. 기내가 깨끗한지, 음식과 물이 있는지, 지상직 승무원에게 도와줄 일은 없는지 확인하기로 했다. 다른 조는 승객이 적절한 처우를 받으며 잘 지내는지 살피기로 했다. 크노트 자신은 두 번째 임무에 참여했다.

크노트는 승객에게 무거운 책임감을 느꼈다. 프랑크푸르트에서 뉴욕까지 가는 데 여섯 시간이 걸리든 엿새가 걸리든 다 자기 승객이고, 안전하게 돌볼 책임도 자신에게 있었다.

매일 아침 호텔을 나서 승객들이 머무는 학교까지 걸어갔다. 날씨도 좋고 생각힐 시간을 가질 수도 있으니 걸어 다니기 나쁘지 않았다. 갠더 주민이 그렇게까지 친절하지 않았다면 조금은 불편했을지도 모를 일이다. 단 한 번도 빠짐없이, 크노트가 두세 블록을 지나기 전에 누군가 옆에 차를 세우고 어디든 데려다줄 테니 타라고 했다. 학교에서 호텔로 돌아갈 때도 마찬가지였다.

학교에 도착하고 제일 먼저 승객에게 듣는 질문은 늘 똑같았다.

"언제 출발해요?" 크노트도 알고 싶었다. 그 질문에 대답할 말이 전혀 없었다. 할 수 있는 말이라고는 허가를 받는 대로 공항으로 떠날 수 있도록 준비해 두라는 것뿐이었다.

크노트는 거의 온종일 학교에 머물렀다. 비행기 승객뿐 아니라 학교에서 일하는 주민을 만나는 게 즐거웠다. 특히 교장 짐 피트먼을 좋아했다. 두 사람은 갠더에서의 삶과 독일에서의 삶에 관해 긴 이야기를 나누었다. 학교는 사람으로 북적였는데, 크노트는 그게 편했다. 다들 기운이 넘쳤다. 집에 가고 싶고 소중한 가족이 그립기도 하지만, 모두 주어진 상황에 최선을 다하려고 했다.

조종사와 승무원 들이 묵고 있는 호텔로 돌아오면 분위기가 달랐다. 항공기를 탈취해 마치 미사일 쏘듯 무기로 사용한다는 발상은 항공기가 생업의 공간인 사람으로서는 도저히 용납할 수 없었다. 일부 조종사와 승무원은 그냥 방 안에 틀어박혀 아무도 만나려 하지 않았다. 그 밖에 다른 사람은 바쁘게 지낼 방법을 찾아다녔다. 신드바드에 머물던 델타항공 부조종사 한 명은 회의실을 빌려 술병으로 채우고는 거기다 '승무원 휴게실'이라고 써 붙였다. 업계 외부 사람이 전혀 없는 상태에서 여러 항공사 소속 승무원이 만나고 대화할 수 있는 공간이다 보니 밤마다 '휴게실'은 만원이었다. 굳이 외부 사람을 배척하고 싶어서 그러는 게 아니었다. 업계 사람이 아니고서는 아무도 그 처지를 이해할 수 없었다.

휴게실 안에서 크노트는 동료들을 살펴보았다. 모두 분노하고 두려워하고 우울해했다. 단지 감정적으로 지친 사람도 있지만, 육체적으로 소진된 사람도 있었다. 납치된 비행기에 개인적으로 아는 승무원이 있었는지 여부는 중요하지 않았다. 자신도 얼마든지 그 자리에 있을 수 있었다는 사실이 문제였다. 대처 방식은 저마다 달랐다. 어떤 승무원은 휴양지에 방탕한 휴일을 보내러 온 것처럼 굴었다. 참사를 두고 부적절한 농담을 하는 사람도 있었다. 그러나 대부분은 크노트처럼 승객을 살피는 일에 몰두했다.

크노트는 같은 비행기에 탄 젊은 승무원 한 명을 유난히 걱정했다. 미국 비행이 처음이던 그 승무원은 이번 일로 겁을 먹은 듯했다. 크노트가 다가가려 해도 대화를 거부했다. 시간이 오래 지날 때까지 그 젊은이는 아무 말도 하지 않으려 했다.

특히 항공기가 곧 이륙할 예정이라는 소식을 들은 후에 승무원의 공포는 극에 달했다. 캐나다 당국의 의심을 받는 승객이 있지만, 비행기 탑승을 제한할 만큼 충분한 증거는 찾지 못한 상태라는 소문이 팽배했다. 일부 승무원이 중동 출신 특정 승객의 탑승을 허가하는 한 비행하지 않겠다고 항의하고 있었다. 연방경찰 관계자는 수시로 해당 승객은 위험인물이 아니라고 승무원을 설득해야 했다.

공포는 아랍계 승객만을 향하지 않았다. 갬보에서는 승객이 떠나기 전에 서명하고 소감도 남길 수 있도록 탁자 위에 90센티미터 너비의 기다란 갈색 종이를 올려 두었다. 거기다 누가 "야호, 오사마 빈 라덴. 아주 잘 어울리는 짓을 했네요"라고 써 둔 것을 본 승객 몇 명이 두려움에 떨었다. 정확히 무슨 뜻인지 확언하기는 어렵지만, 아무래도 테러 공격을 칭송하는 말처럼 보였다. 시 공무원이 경찰에 신고하자 연방경찰 몇 명이 조사하러 왔다. 경찰이 승객을 모두 한 방에 불러 모은 다음 그 글을 누가 썼는지 아는 사람이 있냐고 묻자,

런던에서 뉴어크로 가는 콘티넨털항공 29편 승객 한 명이 자기가 쓴 글이라고 인정했다. 아일랜드 출신인 그 젊은이는 자신이 남긴 글을 오해한 것이라고 말했다. 빈 라덴을 칭찬하려고 쓴 게 아니라, 그 사람이 테러를 주동했을 거라는 뜻이라고 설명했다.

무심코 쓴 말을 주위에서 오해했건 정말로 멍청한 글을 썼건, 진의와 상관없이 경찰은 그 젊은이가 테러범이 아니라고 결론지었다. 다만, 주먹을 휘두를 정도로 격분한 일부 승객으로부터 보호하기 위해 갬보 공무원은 그 남자를 다른 승객들과 분리했다. 심지어 그 글 때문에 비행기 출발이 더 늦어지고 있다고 생각하는 사람도 있었다.

갠더에 있는 콘티넨털항공 29편 승무원의 귀에까지 소식이 들어가자, 조종사가 그 승객을 비행기에 탑승시키지 않겠다고 선언했다. 연방경찰은 그 남자가 위험인물이 아니라고 장담했다. 비행기 이륙을 준비하고 있을 때, 조종사는 그 남자가 비행 중 수갑을 차고 있어야만 탑승을 허락하겠다고 말했다. 경찰은 범죄를 저지른 게 아니기 때문에 법적으로 수갑을 채울 권한이 없다고 말했다. 이 지경이 되니 그 아일랜드 남자는 너무나 당황스러웠다. 조종사와 경찰에게 비행기에 탈 수만 있다면 얼마든지 수갑을 차겠다고 자청했다. 다른 사람과 마찬가지로, 남자는 그저 집으로 가고 싶었다.

남자가 비행기에 탑승하자 모두 노려보았다. 마지막 순간에 조종사가 한발 물러서, 아무도 괴롭히지 않고 조용히만 있으면 수갑을 채우지 않겠다고 말했다. 남자는 고마워했고, 무사히 탑승 수속을 마칠 수 있었다.

연방경찰 주요범죄과 수사관인 테리 트레이너는 목요일 오후 5시가 조금 못 되어 갠더호텔에 도착했다. 그날 밤 루프트한자항공 440편이 이륙 허가를 받았는데 승객 네 명이 사라졌다고 하여, 조종사와 승무원을 만나러 호텔을 찾아갔다. 승객을 찾으려고 공무원들이 각 대피소와 병원으로 달려갔고, 조종사는 만약 찾지 못하면 그날 밤 이륙 기회를 놓칠지 모른다고 걱정했다.

트레이너는 조종사가 당장이라도 떠날 준비를 하고 있다는 걸 알 수 있었다. 미국에서 벌어진 참사, 언제 다시 출발할 수 있을지 모르는 불확실한 상황, 갠더에 고립되어 받는 스트레스가 뒤섞여, 최대한 빨리 떠나고 싶다는 열망이 가득한 상태였다. 트레이너가 조종사, 부조종사, 항공 기관사와 대화를 하고 있던 와중에, 누군가 객실 문을 두드렸다. 해당 비행기 승객이긴 했지만 아쉽게도 사라진 승객은 아니었다.

그 남자는 키가 크고 몸이 탄탄한 미국인으로, 45세에서 50세 사이의 퇴역 군인으로 보였다. 취한 모습을 드러내지는 않았지만, 트레이너는 남자가 술을 마시던 중이었음을 눈치챘다.

남자는 자신이 호텔 바에서 다른 승객과 이야기를 나눠 보니 비행기가 이륙한 뒤 11일에 충돌한 그 항공기처럼 누군가 비행기를 탈취하려 들지 모른다는 걱정을 하더라고 조종사에게 말했다. 그리고는 자기가 그런 일이 일어나지 않도록 막을 대책을 마련했다고 당당히 선언했다. 비행 중 경호원처럼 조종실 문 앞을 지키고 서 있을 덩치 큰 승객 세 명을 이미 모집해 두었다며, 이제 도끼만 있으면 된다고 했다.

온 세계가 마을로 온 날

도끼?

남자는 만약 테러범이 공격을 시도하면 도끼를 써서 막아야 한다고 설명했다. 당연히 총을 달라고 할 생각이었지만, 너무 위험해 배제했다. 기내에서 실수로 총을 쏘았다가는 유리창을 박살 내 비행기가 추락할지도 모르고, 그렇게 되면 애초에 경호를 서는 의미가 없어질 테니 말이다. 하지만 경호원이 도끼를 들고 있으면 감히 누가 달려들 생각을 할 수 있겠는가?

트레이너는 고개를 내밀어 조종사의 반응을 살폈다. 조종사는 한숨만 쉴 따름이었다. 화가 난 건 아니지만, 승객에게 도끼를 쥐어 주자는 의견에 재치 있게 대응할 말을 찾기가 어려워, 그저 피곤하고 속이 부글거리는 모양이었다. 트레이너를 쳐다보는 조종사는 눈빛으로 이런 말을 전하고 있는 듯했다. *제발 사라진 승객이나 찾아 달라고요! 여기서 좀 나갈 수 있게!*

15

오후 서너 시 쯤, 루프트한자 438편 조종사가 반가운 소식을 가지고 라이온스클럽에 도착했다. 승객의 우려와 달리 비행기는 독일로 돌아가지 않고 댈러스로 계속 갈 거라고 했다. 조종사의 발언에 환호와 감사의 인사가 터져 나왔다.

공항으로 가는 버스가 도착하기 전까지 짧은 시간에 짐을 다 챙겨야 했다. 록샌과 클라크는 몹시 흥분했다. 버스가 도착하자 라이온스클럽 자원봉사자가 문 앞까지 길게 줄을 섰다. 마치 결혼식에서 손님을 맞이하는 듯한 모습이었다. 줄을 따라가며 한 사람 한 사람 포옹하고 감사 인사를 전하던 록샌과 베스는 놀랄 만큼 감정이 벅차올랐다. 만난 지 겨우 36시간밖에 안 된 사람들이 어느새 가족 같은 존재가 되어 있었다. 브루스는 록샌에게 자기 이름과 전화번호, 이메일 주소가 적힌 종이 한 장을 건네주며 텍사스에 무사히 도착하면 연락하라고 했다.

브루스에게는 버스가 떠나기 전에 처리할 일이 한 가지 더 남아있었다. 인도인지 파키스탄인지는 정확히 모르지만, 그 지역에서 온 열아홉 살 승객 한 명이 마을에 머무는 동안 여행 경비를 다 써 버리고 만 것이다. 미국에 있는 친척 집에 살러 가는 길이던 그 승객은 영어를 잘 못 했다. 브루스는 그 승객을 한쪽으로 데려가 조심스럽게 미화 20달러 지폐를 한 장 건넸다. 젊은 여성은 당황한 듯했다.

"나는 내 딸이 주머니에 한 푼도 없이 비행기를 타러 가게 하지는 않을 거야. 너에게도 마찬가지란다." 브루스가 말했다.

그 여성은 눈물을 터트리며 두 팔로 브루스를 껴안았다.

공항에 도착한 승객은 수차례 검색을 통과해야 했다. 금속 탐지기를 지나고 몸수색도 받았다. 거기서부터는 40명 씩 나뉘어, 조별로 비행장에 나가 수하물이 한데 쌓여 있는 비행기 옆면으로 갔다. 짐은 모두 열어서 검사를 마친 상태였지만, 비행기에 다시 싣기 전에 각자 자기 가방을 찾아서 표시해야 했다.

록샌, 클라크, 알렉산드리아는 마지막 조에 속했다. 수하물 담당자에게 자기 가방을 가리키는 록샌에게 열여덟 살 리사 콕스가 달려왔다.

"이 비행기 독일로 돌아간대요." 콕스가 흥분한 목소리로 말했다.

"그게 무슨 말이에요?" 록샌이 물었다.

"독일로 돌아간다고요." 리사가 거듭 말했다. "저 수하물 담당자가 제게 그렇게 말했어요."

록샌은 리사가 가리키는 쪽에 있던 지상직 승무원에게 달려갔다.

"이 비행기가 어디로 간다고요?" 록샌이 물었다.

"독일이요." 승무원이 말했다.

"확실해요?"

"네."

록샌은 화가 치밀었다. 클라크는 아직도 뭔가 착오가 있었을 거라고 생각했다. 수하물 담당자가 잘못 알고 있는 거라고 말이다. 비행기 탑승 계단 근처에 서 있던 조종사를 발견한 클라크가 물었다.

"우리가 지금 어디로 가는 건가요?"

"독일입니다." 조종사가 단언했다.

"왜 거짓말을 한 거죠?" 클라크가 화내며 다그쳤다.

"저도 두 시간 전까지는 몰랐습니다." 조종사가 말했다.

그 순간 록샌도 클라크와 알렉산드리아 옆으로 다가섰다.

"두 시간이면 우리에게 알려 주기에는 충분한 시간이네요. 왜 터미널로 찾아오지 않은 거예요?" 록샌이 혀를 차며 말했다. 비행기 안에 있는 승객은 독일로 간다는 사실을 전혀 알지 못하고 있는 게 확실했다. 비밀이 탄로 나자 당황한 조종사는 클라크와 록샌에게 계단을 올라와 좌석에 앉으라고 말했다.

"독일에 가면 그다음에는 어떻게 하죠?" 클라크가 물었다.

"비행기 안에서 의논할 겁니다." 조종사가 말했다.

"아뇨, 우리는 안 갑니다." 클라크가 말했다. "그 비행기에 타지 않을 거예요."

록샌이 독일로 돌아가기를 거부하자며 승객을 끌어모으던 지난 24시간 동안 클라크는 마음이 무척 복잡했다. 일단 독일로 돌아가는 것이 집으로 가는 가장 빠른 방법이라면 고려해 볼 의향이 있었다. 아내와 아이를 두고 혼자 가지는 않을 것이므로 결국에는 아내의 강력한 의견을 받아들였을 테지만, 따로 의논해 볼 만한 일이긴 했다.

조종사에게 속았다는 걸 깨달은 지금은 절대 그 비행기를 탈 마음이 없었다. 클라크와 조종사가 다투는 소리를 두 아이와 이동 중이던 또 다른 승객인 테라와 제이슨 부부가 들었다. 이들 부부 역시 비행기에 타지 않겠다고 선언했다. 결국, 포기한 조종사는 자리를 박차고 돌아갔다. 두 가족은 공항으로 되돌아가 무장 경비대가 지키는 대기 구역으로 인도받았다.

기내 상황도 혼란스러웠다. 거의 초반에 탑승한 베스와 빌리 웨이크필드는 밖에서 록샌과 클라크에게 벌어진 일을 전혀 알지 못했다. 좌석에 앉은 베스는 승무원에게 농담처럼 이렇게 물었다. "그냥 확인하려고 그러는 건데요, 우리 댈러스로 가는 것 맞나요?"

"탑승 완료 후 안내할 예정입니다." 승무원이 굳은 표정으로 말했다.

"지금 프랑크푸르트로 간다는 말이에요?" 베스가 물었다.

"모두 다 탑승하시고 나면 안내할 예정입니다." 승무원은 같은 말을 되풀이했다.

베스는 몸이 떨려 오는 걸 느꼈다. 남편 빌리는 승무원에게 소리를 지르고, 다른 승객에게 비행기가 독일로 가려 한다고 알렸다. 기내 다른 편에서는 리사 콕스가 어머니와 언니에게 같은 말을 전하고 있었다.

"비행기에서 내려요, 우리." 콕스가 어머니에게 애원했다.

이제는 비행기가 프랑크푸르트로 간다는 소식이 승객 모두에게 퍼졌다. 일부는 통로에 서서 조종사와 승무원을 향해 소리 지르고 욕설을 퍼부었다. 베스는 주체할 수 없이 흐느껴 울었다. 다이애나는 비명을 질렀다. 조종사는 모두 자리에 앉으라거나 질서를 바로잡기 위해 경찰을 부르겠다고 소리쳤다. 그때 승객 중에서 다른 목소리가 튀어나왔다.

"저만큼이나 댈러스에 가고 싶은 분은 없을 겁니다." 그 남자가 단언했다. "내일 제 어머니 장례식이 열립니다. 하지만 어쩔 도리가 없지 않습니까. 다들 자리에 앉고 출발합시다."

기내는 즉시 조용해졌다. 남자가 독일에 빨리 돌아갈수록 미국으로 가는 다른 항공편도 빨리 찾을 수 있을 거라고 설명했다. 조종사는 승객에게 누구도 억지로 독일에 데려가지 않을 거라고 했다. 그러니 만약 비행기에서 내릴 사람이 있으면 지금 내려도 좋다고 했다.

베스가 일어섰다. 여전히 몸을 떨며 울고 있던 베스는 비행기에서 내리기 원했다. 빌리가 다이애나를 데리고 뒤를 따랐다. 복도를 걸어가는데 승객 한 명이 빌리의 팔을 붙잡았다. 라이온스클럽에서 오랜 시간 함께 대화하던 남자였다. 그 남자는 빌리를 좋아했고, 생각이 바른 사람이라는 걸 알고 있었다.

"비행기에 남으시는 편이 좋을 것 같습니다." 남자가 빌리에게 말했다.

베스는 이미 문 앞에 가 있었고, 빌리도 그 뒤를 따라갔다.

한편 리사 콕스는 여전히 어머니와 언니에게 비행기에서 내리자고 애원하고 있었다. 어머니와 언니는 비행기에 남아 있는 편이 최선이라고 리사를 설득했다.

웨이크필드 부부는 클라크와 록샌, 테라와 제이슨 부부와 마찬가지로 대기 구역으로 인도받았다. 그런데 조종사가 그리로 찾아오리라고는 아무도 예상치 못하고 있었다.

온 세계가 마을로 온 날

"비행기에 탈지 말지 2분 안에 결정해 주세요." 답답하고 화난 게 분명한 목소리로 조종사가 말했다. "그 후에는 여러분이 오든 말든 떠날 겁니다."

록샌과 클라크는 이미 마음을 정했고, 테라와 제이슨도 마찬가지였다. 넷은 꿈쩍도 하지 않았다. 하지만 베스와 빌리는 결정을 내리지 못하고 있었다. 빌리는 내리지 말고 앉아 있으라던 친구의 말이 계속 귀에 맴돌았다.

"돌아가는 게 좋겠어요." 빌리가 낮은 목소리로 아내에게 말했다.

베스는 어떻게 해야 좋을지 몰랐다. 유럽으로 돌아간다면 다시 미국행 항공편을 구하는데 며칠, 심하면 몇 주까지 걸릴지 몰라 두려웠다. 아들과 그렇게 오래 떨어져 지낸다는 건 상상조차 할 수 없었다. 미국이 언제까지 외국 항공기가 영공에 못 들어가게 막을지 누가 알 것인가? 하지만 캐나다에 남는다면 언제든지 차를 타고 돌아갈 수 있을 것이다.

"저 갑니다." 조종사가 씩씩대며 말했다. "당장 결정하세요."

다시 한 번, 빌리가 돌아가는 게 좋겠다고 말했다.

"알았어요." 베스가 말했다. 두 사람은 급히 모두와 작별의 포옹을 하고 조종사를 따라 비행기로 돌아갔다.

남은 사람들은 천천히 멀어져가는 비행기를 바라보았다. 록샌은 스멀스멀 고개를 드는 의심 때문에 위가 조여드는 느낌이 들었다. 세상에, 내가 무슨 짓을 한 거지? 비행기가 서서히 속도를 내며 활주로를 달리다 이륙하고, 공중으로 날아올라 불빛이 점점 더 희미

해지도록 멀어져 가는 모습을 지켜보았다.

비행기가 시야에서 사라지자마자 록샌은 놀랄 정도로 안도감이 들었다. 모든 의심이 사라졌다. 자신이 옳은 결정을 내렸다는 걸 확신했다.

곁에서 지키던 경비대원은 고개를 저으며 얼굴을 찡그렸다. 갠더에 머무는 동안 미소 짓지 않는 현지인을 마주한 건 그때가 처음이었다. 록샌은 그 사람을 "최고로 못된 캐나다인"이라고 불렀다.

공항과 정부 관계자는 루프트한자 438편에서 잔류한 로퍼 가족(록샌과 클라크, 두 살배기 딸 알렉산드리아)와 사리스타 가족(테라와 제이슨, 열 살 콜비와 네 살 케네디)를 어찌해야 좋을지 알지 못했다. 독일로 돌아가기를 거절한 두 가족은 한 시간 넘게 경비대원에게 붙들려 있었다. 마침내 당국자 중 누군가가 아무것도 해 주지 않아도 된다는 사실을 깨달았다. 이제 집으로 가는 방법을 찾는 건 각자의 몫이었다. 그래서 풀려났다.

이제는 공항 터미널로 들어서도 적십자사 탁자가 맞이하지 않았다. 샌드위치와 생수가 든 구호품 꾸러미도 없었다. 밖에서 기다리는 스쿨버스도 없었다.

터미널을 통과하는 것만 해도 만만치 않을 듯했다. 비행기에 타지 않기로 하면서 수하물도 내려 두었기 때문에 지금부터는 직접 짐 가방을 끌고 가야 했다. 여행 가방 두 개가 전부인 록샌과 클라크에게는 그다지 큰 문제가 아니었다. 그러나 테라와 제이슨은 사정이 완전 달랐다. 미 육군 하사인 제이슨은 독일에서 3년간 복무를 마치

온 세계가 마을로 온 날

고 가족과 집으로 돌아가는 중이었다. 9월 27일까지 앨라배마주 도선에 있는 포트러커 미군준위학교WOCC에 가서 복귀 신고를 해야 하는데, 그전까지 가족이 머물 곳을 마련해야 했다. 수하물 열한 개를 찾고, 그동안 동물학대방지협회에서 돌봐 준 고양이도 데려가야 했다.

짐을 다 챙겨 나온 두 가족의 모습은 마치 영화 〈분노의 포도〉 속 조드 일가 같았다. 지치고 화난 상태로 산더미 같은 짐을 끌고 뉴펀들랜드 갠더공항 터미널 한가운데에 선 어린 아이 셋, 고양이 한 마리, 그리고 임신 5개월 여성을 포함한 어른 네 명이 직선거리로 약 3900킬로미터* 떨어진 텍사스까지 갈 방법을 찾고 있었다. 까짓 거별거 아냐, 라고 록샌은 생각했다.

"이봐요, 브루스." 한 손에는 공항 유료 전화를 들고 나머지 한 손에는 브루스가 준 종잇조각을 든 채로 록샌이 말했다. "무슨 일이 생겼는지 알아요? 우리 아직 여기 있어요."

록샌은 지난 몇 시간 동안 벌어진 일을 재빨리 설명했다.

"몇 명이나 내렸어요?" 브루스가 물었다.

"전부 일곱 명이요." 록샌이 말했다. "그리고 엄청 많은 짐까지요."

"밴 두 대 끌고 10분 안에 갈게요." 브루스가 말했다.

한 시간이 채 안 되어 모두 브루스와 수전의 집 식탁에 둘러앉아 이후 계획을 의논했다. 여러 항공사에 전화해 보니 미국 영공은 여

---

*   한국의 서울-부산 간 직선거리(약 325킬로미터)의 12배다.

전히 폐쇄된 상태였고, 그 때문에 록샌과 클라크는 루프트한자에 더욱더 화가 났다. 이렇게 다 막혀 있는데 어떻게 우리를 댈러스로 데려다주겠다고 약속한 걸까? 승객과 분쟁에 말려들기 싫었던 조종사가 일부러 거짓말을 한 게 틀림없었다.

미국행 항공기가 언제 운항을 재개할지 아무도 모르는 상황이니, 차로 움직이는 것이 최선이라고 두 가족은 판단했다. 지도를 살펴보기 전까지는 아주 간단한 계획으로 보였다. 뉴펀들랜드는 섬이다. 갠더에서 차로 530킬로미터를 달려 포트오바스크에 도착하면 거기서 배를 타고 여섯 시간 걸려 노바스코샤주의 항구도시인 시드니까지 가야 했다. 그다음에는 메인주와 접하는 미국 국경까지 다시 640킬로미터를 달려야 한다.

그날 밤 계획을 검토한 끝에, 세 가지 문제를 발견했다.

첫째, 시내에 렌터카가 한 대도 남아 있지 않았다. 둘째, 만약 렌터카를 구한다 해도 캐나다에서 미국으로 가는 편도 여행은 허가해 주지 않을 거라고 했다. 국경 지역까지 차를 몰고 가서 캐나다 쪽 국경에서 렌터카를 반납하고, 어찌어찌 미국으로 넘어가 다시 텍사스까지 갈 렌터카를 구해야 했다.

앞의 두 문제를 해결한다 치더라도, 여전히 세 번째 문제가 남아 있었다. 포트오바스크에 출항 시간을 알아보려 전화를 걸었더니 담당자가 여객선 출발 시각을 알려 준 다음, 어쩌면 며칠 동안 운항을 중단해야 할 수도 있다고 경고했다.

아니, 대체 왜?

"그게," 여객선 담당자가 말했다. "허리케인이 오고 있거든요."

온 세계가 마을로 온 날

넷째 날

9월 14일 금요일

금요일 아침, 잠에서 깬 록샌 로퍼는 상태가 좋지 않았다. 목이 따갑고, 온몸이 아프고, 머리는 꽉 막힌 듯했다. 공인 간호사인 로퍼는 독감에 걸렸다는 걸 직감했다. 운때가 이보다 나쁠 수가 없었다. 루프트한자항공을 타고 독일로 돌아가기를 거부한 뒤로, 여태 집으로 갈 최선의 방법을 찾고 있었다.

록샌과 남편은 첫 번째 관문인 렌터카 빌리기를 이미 해결했다. 브루스 매클라우드의 도움으로 그날 아침 일찍 갠더에 딱 한 대 남아 있던 차를 찾아냈다. 8인승에 텔레비전과 VCR을 완비한 밴이었다. 록샌과 남편 클라크, 딸 알렉산드리아, 테라와 제이슨, 그리고 두 아이가 타기에 딱 맞는 크기였다.

다음 관문은 까다로웠다. 렌터카로는 국경을 건널 수 없으니 도움이 필요했다. 클라크, 브루스, 제이슨이 밴을 가지러 간 사이에 록샌은 텍사스에 있는 어머니에게 전화를 걸어 의견을 물었다. 아니나 다를까, 어머니는 해법을 알고 있었다. 그것도 단 두 단어였다. 푸치 부부.

록샌과 클라크가 캐나다에 고립되어 지내는 동안, 록샌의 어머니는 마이크와 레슬리 푸치에게서 두 사람이 안전한지 묻는 전화를 받았다. 푸치 부부는 첫 아이를 같은 기관에서 입양한 인연으로 만난 사이였다.

록샌과 클라크가 국경을 건널 방법을 찾는다고 하니, 마이크 푸치는 캐나다 국경 지역인 메인주 스튜벤에 사는 자기 어머니 팻 플레처가 도와줄 수 있다고 말했다. 계획인즉슨, 팻 플레처와 남편 프랭크가 캐나다 국경에서 가장 가까운 뉴브런즈윅주 세인트존으로 가서 두 가족을 맞이하면, 거기서 렌터카를 반납하고 미국으로 건너간 뒤 다시 텍사스까지 갈 다른 차를 빌리는 것이었다.

이제 남은 걱정거리는 허리케인뿐이었다.

8월 30일 아프리카 서해안에서 열대 파동으로 출발한 허리케인 에린은 대서양을 따라 느리게 이동하며 몇 차례 갈라지고 변형하다 9월 1일에 열대 폭풍으로 발달했다. 8일에는 풍속이 계속 강해져 시속 190킬로미터에 이르렀고 그해 허리케인 시기에 발생한 첫 번째 대형 허리케인이 되었다. 마이애미 국립 허리케인 센터는 버뮤다 지역에 폭풍 경보를 발표하면서 에린이 미국에 상륙할지도 모른다는 우려를 내놓았다. 이후 사흘 동안 에린은 북동부 지역을 겨누듯이 쭉 직진했다.

하지만 9월 11일 아침에는 그 끔찍한 날 공중에 떠 있던 다른 모든 것이 그랬듯, 허리케인도 미국이 아니라 뉴펀들랜드 쪽으로 방향을 틀었다.

9월 14일 금요일에는 다소 약화됐어도 여전히 허리케인급이라 폭풍이 지나갈 때까지 여객선 운항을 중단해야 할 상황이었다. 여객선이 출발하는 항구도시까지는 차로 적어도 여덟 시간은 걸릴 테니 록샌 일행은 일단 나서보기로 했다. 만약 폭풍이 또 한 번 방향을 튼다면 토요일 오전 8시 배를 탈 수 있을지 모르고, 운이 좋으면 일요일 중에는 국경을 건너 미국에 들어갈 수도 있었다.

밴에 모두 올라타고 보니 두 가족은 정말로 스타인벡 소설에서 튀어나온 듯했다. 차 위에는 여행 가방과 짐이 꽁꽁 묶여 있고 안에서는 고양이가 자유롭게 돌아다녔다. 브루스와 수전이 무사히 가길 바란다며 마지막 작별 인사를 하러 나왔을 때는 비가 내리고 있었다. 록샌은 무슨 말을 해야 할지 몰랐다. 고맙다는 말로는 제대로 표현하기 힘들었다. 만난 지 72시간밖에 안 되었는데 그 사이에 정말로 많은 일이 일어났다. 제이슨과 함께 뒷좌석에 앉은 알렉산드리아가 안전띠가 낯설어 소리를 질러 대는 통에, 록샌은 급히 이들 부부와 포옹하고 차로 뛰어 들어갔다. 긴 여정이 기다리고 있었다.

올레샤 분틸로는 이제야 마음이 놓였다. 새로운 삶을 찾아 몰도바에서 미국으로 가던 열일곱 살 여성 올레샤는 마침내 몰도바 북부 벌치에 있는 가족과 연락이 닿았다. 어렵게 연결된 전화를 통해 부모가 매우 걱정하고 있었다는 걸 알았다. 뉴욕에서 비행기가 건물에 충돌했다는 뉴스 보도를 본 부모는 분명 올레샤도 그 항공기 중 하나에 타고 있었을 거라 생각했다.

첫 아이를 임신한 지 7개월째인 올레샤는 어머니 목소리를 들으니 안심이 되었다. 낯선 나라에서 새 삶을 시작하는 것만 해도 쉽지 않은데 임신 중이라 더 힘들었다. 설상가상으로 낯선 나라에 고립되고 말았으니 너무 불안했다. 고마움을 모르는 사람처럼 보일까 봐 불평은 하지 않으려 했다. 갠더 침례교회에 머물던 몰도바 출신 가족은 금요일 즈음에는 낯선 상황에 꽤 적응했다. 아이들은 지역 치과의사가 사다 준 〈딱다구리 우디Woody Woodpecker〉와 〈로드러너Road Runner〉 같은 만화영화를 보며 미국 문화의 재미를 알아가고 있었다.

좀 더 큰 아이들은 교회 앞 잔디밭에서 축구를 했다. 클라크 피어시가 아홉 살과 여섯 살인 두 딸을 데려와 함께 놀게 했다. 다른 교인도 아이를 데려왔다. 언어장벽에도 아랑곳없이, 모두 알고 지낸 지 몇 년은 된 듯 어울려 놀았다. 어른들은 또 다른 방식으로 교류했다. 여성은 주방에서 서로 자기 나라의 특별식을 요리해 주며 시간을 보냈고, 남성은 체스와 백개먼backgammon* 을 두었다.

밤에는 다 같이 모여 노래를 불렀다. 지역 음악가인 교인 숀 와이즈먼은 관객이 아는 노래가 있는지 보려고 이런저런 찬양곡과 찬송가를 불러 보았다. 몰도바인은 「예수 사랑하심은Jesus Loves Me」, 「하나님의 나팔 소리When the Roll Is Called Up Yonder」, 「고요한 밤 거룩한 밤Silent Night, Holy Night」 같은 노래를 잘 알았다. 당연히도 몰도바인은 러시아어로 노래하고 침례교인은 영어로 하니 흥미로운 편곡이 이루어졌다. 모두 와이즈먼의 기타 연주에 맞춰 한 소절은 영어, 한 소절은 러시아어로 번갈아 노래했다.

찬양곡이 바닥나자 와이즈먼은 침례교인에게 「잭은 훌륭한 선원Jack Was Every Inch a Sailor」, 「마샤 아줌마네 양Aunt Martha's Sheep」 같은 뉴펀

* 　체스처럼 1 대 1로 하는 보드게임의 일종.

들랜드 전통곡을 부르게 했다. 올레샤 일행은 가사는 잘 몰라도 목소리에 담긴 흥겨움을 느끼며 귀를 기울였다.

어수선한 갠더호텔 연회장에서 밤을 보낸 콘티넨털항공23편 승객들은 기분이 언짢았다. 애플턴에서 이틀 동안 푸근하고 다정한 대접을 받으며 지내다 목요일 밤 10시 직전에 갑자기 소집되어 비행기 이륙 허가가 났으니 최대한 빨리 공항으로 갈 준비를 하라는 이야기를 들었다. 모두 잠깐 사이에 서둘러 작별 인사를 한 뒤 버스를 타고 공항까지 17킬로미터를 달려갔다.

그런데 터미널에 도착해 보니 착오가 있었다며 비행기가 이륙할 수 없다고 했다. 다음 소식이 있을 때까지 인근 호텔에 가서 객실이 아닌 연회장 바닥에서 밤을 보낼 거라고 했다. 편하고 아는 사람도 많은 애플턴으로 돌아가면 안 되냐고 묻는 승객이 있었지만, 안타깝게도 그건 불가능하다는 답을 들었다.

스무 시간 후 조종사와 승무원이 진행 상황을 알리러 호텔에 왔다. 어느새 금요일 오전이 다 지나가고 있어, 승객들은 슬슬 짜증이 일었다. 조종사 톰 캐럴은 하릴없이 애플턴에서 이송당하게 한 데 대해 사과했다. 최종 목적지인 뉴어크국제공항이 여전히 폐쇄 상태인 것으로 알고 있는데, 공무원들이 왜 굳이 목요일에 모두를 이동시켰는지 모르겠다고 말했다.

캐럴이 설명하기로, 미국의 항공 관련 상황은 계속 바뀌고 있다고 했다. 어떤 공항은 닫혀 있는데 어떤 곳은 열려있기도 했다. 한 시간 간격으로 새로운 위협과 경고가 발생하는 중이라, 당장은 뉴어크

공항이 언제 열릴지 장담할 수 없었다. 조종사는 승객에게 물었다.

"휴스턴으로 가는 건 어떻습니까?" 휴스턴은 콘티넨털항공 본사가 있는 곳으로, 다른 공항에 비해서는 빨리 열릴 것 같다고 했다.

승객들은 화가 났다. 유럽 출신 승객은 난리 통인 미국 한가운데로 들어가고 싶지 않아 더블린으로 돌아가기를 원했다. 미국인은 미국에 가고 싶지만, 휴스턴으로 가는 건 싫었다. 대부분 뉴욕시 거주자여서 뉴어크가 열리기를 기다렸다가 가족이 있는 집으로 곧바로 가고 싶어 했다. 승객 사이에 논쟁이 일자 누군가 일어서서 투표를 제안했다.

"더블린으로 돌아가고 싶은 분은 '예'라고 하세요!"

모인 사람 중 3분의 1 정도가 대답했다.

"뉴어크로 가기를 원하는 분은요?"

3분의 2가 뉴어크로 가자고 소리쳤다. 그러나 기장은 표결을 원치 않았다.

"이 문제는 다수결로 해결할 일이 아닙니다." 군중을 가라앉히며 기장이 단언했다. "여러분과 승무원, 비행기가 모두 안전한 방향으로 결정하겠습니다. 그리고 만약 휴스턴으로 갈 수 있다면 저는 그럴 예정입니다."

토론은 그렇게 끝났다. 오후 서너 시 무렵, 승객들은 다시 한 번 버스를 타고 공항으로 향했다. 조지 비탈레는 심지어 텍사스로 간다고 하더라도 출발하는 것 자체가 반가웠다. 연회장에서 논쟁하느라 생긴 긴장이 사그라들고 나니 기내 분위기는 밝고 편안했다. 안타깝게도 탑승해야 할 승객 한 명이 사라지는 바람에 규정상 그 승객의

온 세계가 마을로 온 날

가방을 골라내느라 다른 사람의 짐까지 전부 내려야 했지만 말이다. 몇 시간 후, 드디어 이륙 준비가 끝났다. 게다가 더 반가운 소식이 있었다. 뉴어크가 다시 열려 비행기가 그리 갈 수 있다고 했다.

베르너 발데사리니는 마음이 바뀌었다. 휴고보스 회장을 태우러 부유한 사우디 사업가의 회사 전용기가 그날 밤에 도착할 예정이었다. 그러나 발데사리니는 아침 일찍 전화를 걸어 취소했다. 적어도 지금은 갠더에 머무는 편이 낫겠다고 판단했다.

쉰여섯 나이에 학교 체육관 바닥에서 수백 명과 함께 군용 침대에 누워 자는 게 즐거울 수는 없었다. 게다가 그건 침대라고 하기도 어려웠다. 사실상 들것 아래쪽에 짤막한 다리 네 개를 달아 바닥에서 15센티미터 정도만 띄워 놓은 것에 불과했다. 그러나 승객과 이틀을 함께 지내고 보니 어떤 특별한 집단에 속한 것처럼 믿을 수 없을 만큼 끈끈한 유대감이 생겼다. 모두 함께 자고, 먹고, 카드놀이도 하고, 텔레비전도 다 같이 봤다.

엄청난 연대 의식을 보여 준 주민들에게 느끼는 애착도 그만큼 컸다. 주민들은 자기 마을에 찾아온 손님을 교외 지역으로 데려가 관광을 시켜 주고, 집에도 데려갔다. 승객은 난민이라기보다는 오랜만에 만난 친척 같은 대접을 받았다. 그 생각을 하면 할수록 발데사리니는 마음이 찡했다.

패션 산업의 살벌한 분위기 속에서 살아온 발데사리니는 이 감정이 그저 사소하게 치부하고 넘길 수준이 아니라는 걸 깨달았다. 오히려 적극적으로 누려야 할 감정이었다. 온 세상이 망가지는 와중에 지금, 바로 여기, 지구상의 구석진 조그만 마을에서만큼은 제대로 돌아가는 세상이 있다는 것을 발견하니 안심이 되었다.

갠더에는 증오도 분노도 공포도 없었다. 오직 공동체 의식만이 살아 있었다. 여기서는 모두가 동등하고, 누구나 똑같이 대접받았다. 인간애가 단지 존재하기만 하는 게 아니라 왕성하게 피어나고 있었다. 발데사리니는 그 모습을 직접 본 자신이 전혀 상상치 못한 방식으로 영향받고 있다는 것을 깨달았다.

전용기를 취소하겠다는 전화를 받은 프랑크푸르트의 비서는 회장이 미쳤다고 생각했다. 발데사리니는 다른 승객을 버려 둔 채 자기만 떠나는 것은 지난 72시간 동안 벌어진 모든 일을 배신하는 행동이 될 거라고 말했다. 승객이 어디로 가든 자신도 함께 가야 했다. 집으로 돌아가기까지 얼마나 긴 시간이 걸리든 함께 감당해야 했다. 발데사리니는 이 마음을 끝까지 지켰다.

루프트한자 438편이 프랑크푸르트로 돌아가는 동안, 베스와 빌리 웨이크필드는 자신이 옳은 결정을 한 건지 의심스러웠다. 비행기는 목요일 밤새 날아가 금요일 오전에 독일에 도착했다. 공항에서 기다린 지 몇 시간이 지난 후, 루프드한자 직원이 다가와 반기운 소식을 가져왔다고 했다. 일단 테네시주 내슈빌로 곧바로 갈 수는 없다고 설명하고는 이렇게 말했다.

"하지만 캐나다행 항공편을 구해 드릴 수는 있을 것 같습니다." 그리고 캐나다에서는 미국행 항공편을 찾기가 그리 어렵지 않을 거라고 했다.

온 세계가 마을로 온 날

베스는 귀를 의심했다. 무슨 이런 잔인한 농담이 다 있지?

〈실수와 짓궂은 장난Bloopers and Practical Jokes〉* 독일판 방송에 내보내려고 어디 카메라라도 숨겨 두었나? 자신은 이제 막 캐나다를 떠나온 참이었다. 웨이크필드 부부에게 무슨 일이 있었는지 전해 들은 발권 직원은 사과하고 돌아갔다. 베스는 그 어느 때보다 항공사의 판단이 의심스러웠다. 새 이빨이 두 개 나고 있는 데다 귀 염증 치료를 받는 어린 딸 다이애나는 끊임없이 칭얼거렸다.

이후에는 더 나쁜 소식이 들려왔다. 금요일에는 비행기를 탈 수 없으니 여기서 밤을 보내야 한다고 했다. 시내 호텔에 빈방도 없어서 프랑크푸르트에서 90분가량 떨어진 시골 농가를 찾아갔다. 웨이크필드 부부는 대체 자신이 어디에 와 있는 건지 전혀 알 수 없었다.

토요일 밤에야 마침내 독일을 떠날 수 있었는데, 이번에는 일이 잘 풀렸다. 프랑크푸르트에서 시카고로 날아가 거기서 내슈빌행 아메리칸항공을 탔다. 그런 다음 일요일 아침 여덟 시에 내슈빌공항에 도착해 마중 나온 친지와 만났다. 몇 시간 뒤 베스와 빌리는 아들 롭과 재회했다.

글렌우드의 레이크우드아카데미 교직원 휴게실에 앉아 있던 랍비 레이비 수닥은 자신이 이 구석진 곳까지 온 데는 뭔가 이유가 있

---

* 영화나 방송 촬영 중 발생한 실수 장면Bloopers과, 촬영 중임을 숨기고 이상하거나 특이한 상황을 조성해 주위의 반응을 기록한 영상Practical Jokes으로 인기를 끈 미국의 텔레비전 프로그램 시리즈이다.

을 거라고 생각했다. 애초에 수닥은 오랫동안 루바비치 운동*을 이끌다 1994년 사망한 랍비 메나헴 멘델 슈니어슨의 묘지를 방문하러 런던에서 뉴욕으로 당일 여행에 나선 길이었다. 묘지에 가서 가족과 지인의 이름을 떠올리며 기도하고, 그날 밤 비행기로 잉글랜드로 돌아갈 계획이었다.

런던에서 랍비 수닥은 거리를 떠돌며 마약과 경범죄로 곤경을 겪고 방황하는 청년을 돕는 일을 한다. 이곳 뉴펀들랜드에 와 보니 배울 점이 많았고, 엄청난 비극이 벌어지긴 했어도 세상에는 선한 사람이 존재한다는 교훈을 얻었다. 그리고 이제는 랍비 자신도 그 일원이 되었다.

베일라 헥트도 같은 마음이었다. 뉴욕에 있는 랍비 셰이 헥트의 아내인 베일라는 우연히 랍비 수닥과 같은 비행기를 탔다. 남편과 랍비 수닥이 가까운 친구여서 두 사람은 수 년 전부터 알고 지냈다. 항공기가 갠더로 방향을 꺾을 때, 베일라는 열세 살 딸 에스더와 함께 집으로 가던 길이었다.

갠더 주민 대부분은 유대인, 특히 정통파 유대인을 접해 본 적이 거의 없었다. 그런데도 선뜻 받아들였을 뿐 아니라 진정으로 호기심을 느꼈다. 주기적으로 신앙에 관해 질문해도 괜찮냐고 물으며 찾아오는 사람이 있었고, 헥트와 랍비 수닥 둘 다 그런 주민과 토론하기를 즐겼다.

연방경찰인 에녀 스미스의 남편 칼과 대화하던 중, 랍비가 뉴펀

---

*   18세기 말경 러시아 루바비치 지역에서 태동한 유대교 부흥 운동.

들랜드에는 마약 문제가 별로 없냐고 물었다. 칼은 있다고 대답하며, 고등학생 중 10~15퍼센트 정도가 마리화나를 피워 봤다는 통계가 있다고 덧붙였다. 칼의 목소리와 태도로 볼 때, 그 정도 수치가 나온 것을 부끄러워하는 게 분명했다. 랍비는 런던에서는 마리화나를 피워 본 고등학생이 80퍼센트에 가깝다는 사실을 떠올렸다. 헥트와 랍비 수닥은 두 지역이 그렇게 다른 이유 중에서 한 가지는 분명히 알 수 있었다. 학교를 둘러보면 부모와 함께 봉사하러 온 젊은이가 꽤 많았다. 랍비 수닥이 보기에 이거야말로 공동체의 진정한 모습이었다. 신앙과 공통의 가치로 연결된 공동체. 랍비는 자신이 뉴펀들랜드에 오게 된 이유 중 하나는 이 사실을 되새기기 위해서였다고 믿었다.

금요일 저녁에 출발하라는 연락이 왔을 때, 한 가지 새로운 문제가 드러났다. 승객 71명 중 세 명, 즉 랍비 수닥, 베일라 헥트와 딸 에스더는 안식일*이라 여행을 할 수 없었다. 종교적 신념상, 하느님이 우주와 세상, 인간을 창조한 후 휴식을 취한 날에 해당하는 금요일 일몰부터 토요일 일몰까지는 여행뿐 아니라 종교적 의식으로부터 관심을 돌리게 만드는 어떤 활동에도 참여할 수 없기 때문이다. 정통파 유대인은 안식일에 자동차를 운전하거나 음식을 만들지 않고, 텔레비전도 보지 않고, 전화기를 포함해 어떤 기계도 사용하지 않는다. 심지어 전등을 켜는 일조차 금한다.

나머지 승객이 공항으로 가는 버스에 탈 때 랍비 수닥과 헥트 모

*   기독교의 안식일이 일요일인 것과 달리 유대교의 안식일은 토요일이다.

녀는 학교에 남았다. 학교에서 걸어갈 만한 거리에 사는 두 가족이 재워 주기로 했다. 한 집에는 수닥이, 다른 집에는 헥트 모녀가 갔다. 랍비 수닥은 자신이 뉴펀들랜드에 남게 된 것은 믿음을 시험하는 것만 아니라 또 다른 이유, 또 다른 교훈이 있으리라 생각했다. 단지 그것이 무엇인지를 모르고 있을 뿐.

아메리칸트랜스항공 8733편 승객 361명 중에서 적어도 90명은 어린이였다. 아메리칸트랜스는 미국 단체 관광을 진행하는 영국 관광업체가 선호하는 저가 항공사이다. 당시 이 항공기에 탑승한 승객은 영국 맨체스터를 떠나 플로리다주 올랜도로 향하고 있었다. 목적지는 디즈니월드였다.

'매직킹덤'*에 가지 못해 슬퍼하는 아이가 그렇게 많다고 생각하니 갠더 주민들은 마음이 쓰였다. 게다가 그중 네 명은 생일을 맞아 놀이동산에 가는 길이었다는 사실을 알고부터는 그냥 두고 볼 수가 없었다. 대피소를 제공한 세인트폴중학교의 교직원과 시 공무원은 갠더에 있는 동안 한 살을 더 먹는 모든 아이를 위해 성대한 생일파티를 마련했다.

지역 슈퍼마켓에서는 400명이 먹을 만큼 기대한 생일 케이크를 기부했고, 교사와 학생은 손수 소규모 디즈니월드를 만들기로 했다. 구내식당에 색종이 띠와 풍선을 달아 장식하고, 고등학교 여학생 세 명이 동화 속 공주님 의상을 입었다. 미키마우스와 구피 역할은 지

---

* 디즈니월드에 있는 테마파크의 이름이다.

온 세계가 마을로 온 날

역 학교를 돌며 어린이에게 안전교육을 하는 커맨더갠더Commander Gander*와 캐나다 연방경찰 세이프티베어Safety Bear**라는 두 마스코트가 대신했다. 이름에서 드러나듯, 한쪽은 커다란 새이고 다른 한쪽은 연방경찰 제복을 입은 곰이다. 모두 그 둘이 마음에 든 듯했다.

커맨더갠더 인형 옷을 입은 오즈 퍼지 순경의 딸, 열일곱 살 리사는 포옹을 하려는 아이들에게 둘러싸였다. 모두 함께 노래하고, 놀이도 하고, 선물도 나눠 주었다. 생일을 맞은 아이는 저마다 선물을 받았다. 승객 나이절 래드퍼드는 마을 주민 모두가 이렇게까지 힘을 보탠다는 걸 믿을 수 없었다. 래드퍼드는 약혼자 캐런과 함께 결혼식을 올리려고 플로리다에 가는 길이었다. 가족 열 명도 동행했는데, 결혼식에 참석한 뒤 디즈니월드, 유니버설스튜디오, 에프코트와 같은 놀이동산을 즐기며 일주일 동안 머물 계획이었다. 이 여행을 위해 가족이 2년 동안 돈을 모았다.

래드퍼드는 아들인 두 살 루이스와 다섯 살 캐머런을 데려왔다. 함께 여행에 나선 형과 여동생도 아이를 데려왔다. 전부 파티에서 신나게 놀았다. 공항에서 항공기가 이륙할 준비가 되었다는 연락이 오는 바람에 파티를 일찍 끝내야 하자 어떤 아이는 화를 내기도 했다. 그래도 결국 디즈니월드에 갈 수 있었다.

상등병 그랜트 스미스는 여권과 짐을 검사하느라 화요일 아침

*　　갠더시 마스코트. 갠더가 영어로 숫거위를 가리키는 말이어서, 커다란 흰 거위가 줄무늬 목도리를 두른 모습을 하고 있다.
**　　캐나다 연방경찰 마스코트로, 붉은 연방경찰 제복 차림을 한 큰 곰 캐릭터다.

부터 거의 내내 공항에 머물렀다. 이 26년 차 연방경찰은 지역마약 단속반 소속이었다. 수년 동안 갠더를 통해 북미 지역에 진입하려는 밀수업자가 많았다. 최근 몇 달 사이에 연방경찰은 검문 중 한 번은 코카인 1톤을, 또 한 번은 대마초 26톤 가까이를 압수했다.

뉴욕 테러 소식에 더해, 비행기가 이미 착륙 전 최종 접근에 들어가 갠더 상공을 돌기 시작했다는 말을 들었을 때 스미스는 공항 바로 건너편 사무실에 있었다. 공항 경비를 도우라는 명령을 받고 처음 24시간 동안 테러범이 더 있는지 살피느라 승객을 검사하면서 스미스와 동료 경찰들은 매우 긴장했다.

사흘 뒤 갠더를 떠나려는 승객이 점점 늘자, 스미스는 여전히 테러범에 대한 경계를 놓지 않으면서도 이 뜻밖의 손님들을 위해 뭔가 특별한 일을 하고 싶었다. 스미스는 갠더와 주변 지역 주민이 이번 비극에 대처한 방식이 몹시 자랑스러웠다. 그리고 대단히 예의 바르고 사려 깊은 모습을 보여 준 승객도 그만큼이나 자랑스러웠다. 모두가 차분하고 침착하게 지낸 덕에 일주일 내내 누구를 체포할 일이 단 한 건도 없었다.

스미스는 고립된 승객들이 갠더에서 긍정적인 기억을 갖고 떠나게 해 주기로 마음먹었다. 출발하는 항공기마다 전례 없는 검색을 시행해, 승객은 두 번에서 심하면 세 번까지도 검색대를 거쳐야 했다. 줄이 어찌나 긴지 기다림이 끝나지 않을 것처럼 보이기도 했다. 다시 비행기에 탈 생각에 눈에 띌 정도로 긴장하는 승객도 있었다. 스미스는 검색 과정이 지나치게 관료적이거나 냉정하게 비치지 않도록 주의하면서 승객의 두려움을 덜어 줄 방법을 찾아 보자고 동료 경찰을 북돋웠다. 그리고 먼저 행동에 나섰다.

"여권과 미소를 보여 주세요." 스미스는 검색대 앞으로 다가오는 승객에게 이렇게 말했다. 승객이 당황한 모습을 보이면 재차 설명했다. "여권과 미소가 없으면 캐나다를 떠나실 수 없습니다."

스미스의 아내는 자신이 교사로 일하는 갠더아카데미에서 자원봉사를 했는데, 밤이면 스미스에게 낮에 만난 비행기 사람 이야기를 들려주었다. 그렇게 얻은 지식을 활용해, 검색을 진행하는 동안 스미스는 열 번도 넘게 여권만 보고 이름과 사소한 정보를 기억해 내어 출국하는 승객을 놀라게 했다.

한 부부를 보고는 이렇게 말했다. "누난 씨 댁에서 생선을 전부 먹어 치웠다던 그 손님이시군요." 또 다른 사람에게는 이랬다. "베티 스미스가 돌봐 드렸던 분이시죠."

승객은 대부분 연방경찰을 실제로 만나는 게 처음이었는데, 그 모습이 기대하던 것과 너무 달랐다. 우선은, 복장이 보통 경찰관과 비슷했다. 수십 년 동안 영화, 드라마, 만화에서 본 연방경찰의 인상이 배인 사람에게는 아쉬울 수밖에 없었다. 〈로즈 마리Rose Marie〉에서 지넷 맥도널드에게 노래를 불러 주던 넬슨 에디. 인디언 학살에서 살아남았던 〈연방경찰 수재나Susannah of the Mounties〉의 사랑스러운 말라깽이 셜리 템플. 1950년대 텔레비전 드라마 〈유콘의 상사 프레스턴Sergeant Preston of the Yukon〉과, 90년대에 같은 소재를 B급으로 만들어 낸 〈캐나다 젠틀캅Due South〉. 그리고 만화영화 속 천재 더들리 두라이트까지.

"연방경찰은 범인을 놓치는 법이 없지the Mounties always get their man"＊라는 약속은 제쳐 두더라도, 이런 작품이 심어 준 기억 속 연방경찰은 언제나 빨간 제복과 챙 넓은 모자를 갖추고 있었다. 하지만 스미스나 주변 동료들이나 그런 옷차림을 한 사람은 없었다. "모자는 어쨌어요?"라고 애처롭게 묻는 사람을 만나기도 하면서, 스미스는 자신의 옷차림에 실망하는 승객의 반응을 느낄 수 있었다.

상황을 반전시키기로 마음먹은 스미스는 상사의 허락을 받아 금요일과 토요일에 연방경찰 예장을 갖추고 공항에 나갔다. 붉은 서지Red Serge라고도 부르는, 눈길을 사로잡는 그 정장은 주로 의례나 행사가 있을 때 갖춰 입는 제복이다. 고급 갈색 가죽 부츠에 같은 재질의 허리띠, 왼쪽 어깨에서 가슴을 지나 오른쪽 엉덩이까지 비스듬하게 드리우는 가죽 띠, 7센티미터 길이의 박차, 옆 솔기에 굵은 노란색 띠를 덧댄 군청색 승마 바지, 넓고 빳빳한 챙이 달린 모자, 금색 단추와 군청색 칼라, 군청색 어깨 장식이 달린 진홍색 코트까지가 한 벌이다.

그 이틀 동안, 스미스가 공항을 활보할 때면 모든 시선이 쏠렸다. 마돈나를 따라다니는 파파라치처럼 사진을 찍으려는 승객이 달려들었다. 그리다 스미스가 다음 사진은 나란히 서서 제대로 찍자고 하면 다들 열광했다. 뻣뻣하게 옆에 서서 찍는 사람이 있는가 하면 와락 끌어안는 사람도 있었다. 어떤 경우든, 스미스는 커다란 모자 아래 초록빛 도는 갈색 눈동자를 반짝이며, 자랑스럽게 올라간 입꼬

＊   연방경찰을 소재로 하는 할리우드 영화에서 즐겨 사용해 유명해진 문장이다.

리 위로 휘어지는 굵직한 금발 수염과 172센티미터인 키를 더 커 보이게 만드는 당당한 자세까지 늘 한결같은 모습을 유지했다.

그렇게 한 사람 한 사람 계속 사진을 찍었다. 찰칵. 찰칵. 찰칵. 그 광경과 그 안에 담긴 따뜻하고 선한 마음은 인생을 바꾸어 놓은 비상착륙의 마지막 추억으로서 승객 수백 명의 필름에 고이 남았다.

평생에 걸쳐 해나 오루크는 물을 죽도록 무서워했다. 바닷가에 가거나, 파도 속에 서 있거나, 바닷물이 발목까지 차오를 정도로 내버려 두는 일은 없을 정도였다. 가족은 그래서 해나가 아일랜드 이민자로서 미국으로 배를 타고 건너오는 도중에 무슨 일이 있었을 거라고 추측했다. 거의 50년 전에 미국에 건너온 해나는 그 후 다시는 배를 타지 않았다. 그런 해나가 현재 섬에 갇혀 있으니 가족에게는 이 모든 것이 걱정거리였다.

해나의 아들과 가장 가까운 친구인 메리앤의 오빠는 체류 기간이 더 길어지면 캐나다까지 차를 몰고 가서 두 사람을 직접 데려오려고 준비하고 있었다. 해나와 데니스가 포트오바스크에서 여객선을 타고 노바스코샤주로 건너올 수 있다면 거기서 맞이해 집으로 데려올 생각이었다. 편도만 해도 1600킬로미터 거리였다. 메리앤은 해나의 의향을 묻기로 했다.

"할무니, 노바스코샤까지 가는 여객선이 있대요. 저희가 거기서 두 분을 만나 집으로 모셔올 수 있어요. 여객선을 탈 마음이 있어요?"

"그럼." 해나가 주저 없이 말했다. "만약 헤엄쳐서 집에 가야 한다면 나는 바로 뛰어들 거야."

메리앤은 깜짝 놀랐다. 해나의 반응을 전해 들은 다른 가족도 마찬가지였다. "와, 정말로 거기서 나오고 싶으신 모양이야." 퍼트리샤가 말했다.

그날 오후 아일랜드항공 105편이 이륙한다는 소식이 날아온 덕에, 결국 여객선을 탈 일은 없었다. 떠나기 전에 갠더 의용소방국 대표가 해나와 데니스를 찾아왔다. 국장은 오루크 부부의 아들이 뉴욕에서 실종된 소방대원 중 한 명이라는 사실을 이제야 알았다며 안타까움을 표하고, 소방국에서 도울 일이 있거나 필요한 사람이 있다면 알려 달라고, 그냥 연락만 주면 된다고 말했다.

향군회관에서 사귄 새 친구 뷸라 쿠퍼는 두 사람과 헤어지는 게 괴로웠다. 쿠퍼는 케빈을 위해 계속 기도하겠다고 말했고, 윌리 크럼멜, 앨프 존슨과 아내 캐런도 같은 말을 했다. 톰 머서까지도 오루크 부부의 비행기가 떠날 준비가 되었다는 소식을 듣자 작별 인사를 하러 회관으로 달려왔다. 머서는 두 사람과 포옹한 뒤, 무사하기를 빌었다.

해나도 데니스도, 이 끔찍한 시간을 보내는 동안 모두 얼마나 큰 힘이 되었는지 제대로 표현할 방법을 찾지 못했다. 처음 갠더에 도착했을 때는 사랑하고 지지하는 가족으로부터 그토록 멀리 떨어져 있다는 걸 견딜 수 없었다. 이제는 갠더에 가족이 생긴 기분이었다.

더블린으로 비행하는 사이에는 별다른 일이 없었다. 아일랜드항공 관계자는 오루크 가족이 꾸준히 거는 전화와 힐러리 클린턴 의원실에서 보내 온 중요한 질문 몇 가지를 전하는 것 외에는 해나와

온 세계가 마을로 온 날

데니스에게 섣불리 끼어들려 하지 않았다. 새벽 2시 30분, 더블린에 비행기가 착륙하자 항공사 직원 네 명이 나와 두 사람을 맞이하고, 뉴욕으로 가는 다음 항공편 비행이 가능해지는 대로 탑승하게 해 주겠다고 말했다.

아일랜드에 있던 해나의 형제자매도 공항에 나와 있었다. 다 같이 행복한 분위기 속에서 지내던 때가 불과 며칠 전이었다. 해나는 그렇게 빨리 다시 만나리라고는 생각도 못 했고, 그리된 이유를 생각하니 괴로워서 견딜 수 없었다. 형제자매가 눈앞에 있어도 불안은 가시지 않았다. 뉴욕행 비행기는 열 시간 후에 뜰 예정이었다. 해나는 여전히 롱아일랜드에 있는 가족이 진실을 숨기고 있는 게 아닐까 염려했다. 다들 이미 케빈이 죽었다는 걸 알고 있는 게 아닐까? 사체는 찾았을까? 내게 직접 말하려고 기다리고 있는 걸까? 열 시간 후 다시 한 번 대서양을 건너 집에 도착해 보면 그 답을 알게 될 것이다.

17

"스크리치인Screeching-In"은 뉴펀들랜드에서 가장 악명 높은 전통 의식이다. 튼튼한 위장, 능숙한 혀 놀림, 건강을 해칠 정도로 많은 술을 마실 수 있는 능력을 시험하는 도전을 차례로 통과한 방문자는 명예 뉴피가 될 수 있다. 술도 그냥 아무 거나 마시는 게 아니라 뉴펀들랜드 지역의 특별한 술을 마셔야 한다. 스크리치라고 부르는 질 낮은 럼주다.

스크리치의 역사는 뉴펀들랜드의 오랜 논쟁거리였다. 1970년대 캐나다 정부는 공식 문서에서 이렇게 설명했다.

주류위원회*가 탄생해 다양한 술을 넉넉히 제공하기 전까지, 뉴펀들랜드인은 오랫동안 주로 자메이카산 럼주를 절인 생선과 함께 먹었습니다. 그 럼주는 서인도제도에서 절인 생선과 맞바꿔 들여오는 것이었습니다. 20세기 초 전통 주류 산업을 관장하던 정부는 럼주를 상표 없

---

*   캐나다는 주류 유통을 정부에서 엄격하게 통제하는데, 주정부에서 설치한 위원회가 주로 그 역할을 한다. 주류위원회는 음주를 통제하는 것만 아니라 공기업 형태로 주류 매장을 운영하며 판매하는 역할도 맡는다.

온 세계가 마을로 온 날

는 병에 담아 팔기 시작했습니다. 제2차 세계대전 기간에 미군 병사들이 섬에 들어가지 않았다면 그 술은 영원히 이름 없는 채로 남아 있었을 것입니다. 전하는 이야기에 따르면, 당시 뉴펀들랜드식 환대를 처음 받아 본 미군 지휘관이 자신을 초대한 주빈과 똑같이 단숨에 술잔을 들이켰습니다. 그리고 다시 숨을 들이켜는 순간 지휘관이 토해 낸 끔찍한 비명 소리에 동정심과 호기심을 느낀 사람이 무슨 일인지 확인하러 몇 킬로미터 밖에서부터 그 집으로 몰려들었습니다. 제일 먼저 도착한 말 많은 미군 병장이 문을 두드리며 물었습니다. "그 켁켁거리는screech 끔찍한 소리는 대체 뭡니까?" 과묵한 뉴펀들랜드인은 문에 대고 이렇게 대답했습니다. "스크리치screech?* 이건 럼주요, 이 사람아." 그렇게 전설이 탄생했습니다. 사건을 전해 들은 군인은 저마다 이 수수께끼의 "스크리치"에 도전했고, 이름대로 엄청난 효과를 경험한 뒤로 그 술을 무척 좋아하게 되었습니다.

세인트존스메모리얼대학에서 오랫동안 뉴펀들랜드의 전통을 연구해 온 교수이자 작가 팻 번에 따르면, 스크리치인 의식은 원래 신참이 뉴펀들랜드 전통 어부 복장을 한 대표 스크리처Screecher 앞에 서서 행하는 정교한 의식이다. 스크리처의 복장은 외부인 눈으로 보면 고튼**의 냉동 생선튀김 포장 상자 속 인물이 걸친 노란색 겉옷

---

*   스크리치는 빨리 발음하면 스카치위스키의 스카치와 비슷해지는데, 문맥상 미군 병장이 술 이름이 스카치냐고 묻는 것으로 착각한 뉴펀들랜드인이 이건 스카치가 아니라 럼주라고 대답했지만, 밖에서는 그 럼주의 이름이 스크리치라는 말로 오해했다는 이야기로 보인다.

**   미국의 해산물 생산업체.

과 흡사하다. 신참은 먼저, 외부에서는 볼로냐라고 부르는 음식인 "뉴피 스테이크"같은 뉴펀들랜드 별미를 몇 가지 맛본다. 심지어 갓 잡은 대구에 입 맞추라는 요구도 받는데, 이는 뉴펀들랜드 경제에서 생선이 차지하는 중요성을 존중한다는 표시다. 그런 다음 스크리처 는 미리 정해진 대답을 끌어내기 위해 목소리를 높여 차례차례 질문 을 던진다.

스크리처: 우리는 뉴피인가?

신참: 그러하오, 내 친구여. 부디 그대의 돛대가 오래 버티기를.

스크리처: 그대는 엎드려 냄새나는 오래된 대구에 입을 맞추었 는가?

신참: 그러하오, 내 친구여.

스크리처: 그대는 뉴피 스테이크 한 조각을 입에 밀어 넣고 말린 빙어 한 줌을 삼켰는가?

신참: 그러하오, 내 친구여.

번 교수에 따르면 이 질의응답 과정은 행사를 주관하는 사람이 원하는 만큼 길게 끌 수 있다고 한다.

스크리처: 그대는 이 모든 것을 전혀 이해하지 못하는 채로 그저 따라 하였는가?

신참: 그러하오, 내 친구여.

온 세계가 마을로 온 날

마지막 질문에 답하고 나서, 신참이 큰 잔에 스크리치를 받아 단숨에 비우면 주위에서 박수갈채를 보낸다. 심지어 의식 참여 사실을 증명하고 명예 뉴펀들랜드인으로 인정하는 실물 증서까지 수여한다.

9월 11일 이후 며칠 동안, 고립된 승객 중 수천 명까지는 아니더라도 수백 명이 섬 전역에서 나름의 스크리치인 의식을 체험했다. 대부분 정식으로 하는 의식처럼 정교하거나 시간이 걸리는 의식은 아니었다. 그러나 서쪽의 스티븐빌에서부터 동쪽의 세인트존스 사이에 있는 모든 마을의 스크리처가 썩은 생선을 손에 쥐었고, 승객은 줄지어 입을 맞췄다. 이는 자기 땅의 역사를 조금이나마 손님에게 알려 주려는 토박이의 친절한 마음에서 비롯한 일이었다. 그러한 열정에서는 갬보의 트레일웨이스펍을 따라올 곳이 없었다. 누군가 집계한 바에 따르면 이틀 동안 승객 900명 중 150명 이상이 스크리치인을 받았다고 한다.

그 기간에 갬보에서 가장 인기 있는 장소는 두말할 것 없이 트레일웨이스였다. 매일 밤 승객이 몰려들어 술이 바닥나도록 마셔 댔다. 날이 밝으면 주인은 직원을 20분 거리에 있는 글로버타운에 보내 냉장고에 채워 넣을 물품을 실어 오게 했다. 손님은 사흘 밤에 걸쳐 맥주를 200상자 넘게 마시고, 맥주통도 셀 수 없을 만큼 바닥내고, 사슴 떼를 방부 처리할 수 있을 만큼 많은 독주를 마셔 댔다.

금요일 밤에는 사람이 너무 많아 뒷문으로 밀려 나올 지경이었다. 조지와 에드나의 집에서 목요일 밤을 조용히 보낸 뎁 패러, 위니 하우스, 라나 에더링턴, 빌 캐시, 마크 코언, 그리고 제일 늦게 합류한 그렉 커티스는 그날 밤은 술집에서 마음껏 놀며 보내기로 했다. 모두가 토요일에는 떠날 가능성이 크다고 생각했기 때문에, 아마 마지막 밤이 될 듯했다.

위니가 나이지리아 공주, 즉 아프리카 족장의 딸이라는 이야기를 들은 일부 주민은 공주님에게 최고의 영예를 안겨 줘야겠다고 생각했다. 스크리치인을 하는 것이다. 그 무렵에 이미 와인을 상당히 많이 마신 위니는 뭐든 다 할 기세였다.

갬보의 스크리처로 지명받은 의용소방관 짐 레인은 지난 이틀 밤 동안 무척 바빴다. 승객들이 스크리치인을 간절히 원했고, 레인은 기꺼이 응했다. 전통적인 노란색 우비를 입고 몹시 헝클어지고 지저분한 가짜 흰 수염을 뽐내며, 비록 정식 의식에 비해 짧지만 즐거움은 오래 남을 간단한 의식을 진행했다. 일주일 내내 의식에 사용한 썩은 대구가 금요일에도 어김없이 등장했다. 시간은 이 생선에게도 가차 없이 흘렀기에, 레인은 내장이 쏟아져 나오지 않도록 끈적이는 대구를 조심스레 쥐어야 했다.

위니가 의식에 관심이 있다니 레인은 무척 영광스럽게 여겼다. 최선을 다해 의식을 베풀었지만, 그즈음 위니는 집중력이 그리 길지 않았다. 레인은 위니에게 "그러하오, 친구여, 부디 그대의 돛대가 오래 버티기를"이라는 한 문장만 읊어 주며 외우게 했다. 위니는 깍깍거리며 웃어 댔다.

레인은 공식 질문을 하는 동안 웃지 말라고 주의를 주었다.

"준비되었습니까, 친구?" 레인이 물었다.

"네." 위니가 똑바로 서려고 애쓰며 대답했다.

온 세계가 마을로 온 날

"좋아요." 레인이 역할에 몰입하며 말했다. "우리는 뉴피인가?"

"그러하오… 친구여…." 위니가 대답하다 웃음을 터트렸다.

답을 제대로 못할 때마다 주위에서 위니에게 스크리치 한 잔을 마시게 했다. 정식 의식에는 그런 벌칙이 없지만, 그날은 재미를 위해 도입했다.

"우리는 뉴피인가?"

"그러하오…." 대답하던 위니는 더 크게 폭소했다.

두세 차례 시도한 끝에 위니는 마침내 의식을 통과했다. 레인은 사실 위니가 너무 심하게 취하지 않기 바랐다.

"이제 대구에 입을 맞추시오." 레인이 2킬로가 넘는 생선을 위니의 얼굴에 들이밀었다.

"못 하겠어요." 위니가 몸서리쳤다.

"아니, 그래도 대구에 입을 맞춰야 해요." 레인이 설명했다.

주위에서 다 같이 외치기 시작했다. "대구에 입 맞춰! 대구에 입 맞춰!"

"못 해요, 못 해요." 위니가 내지르는 소리를 듣고 늑대라도 나타날 정도였다.

레인은 생선을 위니 얼굴에 더 가까이 갖다 댔다.

"못 해요, 못 해요." 위니가 눈을 질끈 감으며 말했다.

레인은 어찌할 바를 몰랐다. 대구에 입 맞추지 않으면 스크리처 증서를 줄 수 없었다. 위니가 여기까지 와서 실패하게 내버려 두긴 싫으니, 살짝 도움을 줘야겠다고 생각했다.

레인은 아주 부드럽게 손목을 튕겨 생선 대가리가 위니의 입에 톡 닿게 했다.

"으에에에에에엑!" 위니가 비명을 질렀다.

결국 의식을 완성했고, 위니는 증서를 받았고, 모두 환호했다.

밤이 깊어지자 승객들의 관심은 노래방 기계로 쏠렸다. 다들 어찌나 노래를 하고 싶어 하던지, 무대가 빌 틈이 없었다. 노래는 좋게 봐 줘도 끔찍한 수준이었지만, 이런 기계의 목적이라는 게 결국 노래를 희생해 즐거움을 누리는 것이 아니겠는가. 그러나 거기에도 희망은 있었다. 비틀보이스가 있었다.

제시카 네이시는 비행기에서 두 사람과 처음 만났을 때부터 이들이 부르는 노래를 듣고 싶었다. 사흘 동안 함께 지내며 궁금증은 더욱 커졌다. 밴드에서 조지 해리슨 역을 맡는 피터 페리스는 앞에 나가 노래할 마음이 있었다. 하지만 존 레넌 역인 폴 모로니가 반대했는데, 레넌이 언제나 비틀스에서 제일 침울한 존재였던 걸 생각하면 그럴 만한 일이었다.

네이시는 노래해 달라고 계속 모로니를 졸랐고, 주위 사람도 합세하도록 부추겼다. 오노 요코가 그랬던 것처럼, 네이시의 열정은 마침내 결실을 보았다. 모로니는 까다롭게 굴려던 게 아니었다. 제대로 쉬지 못해 목소리가 엉망일까 봐 걱정했을 뿐이다. 모로니와 페리스는 무슨 노래가 어울릴지 정하느라 잠시 소곤댔다. 드디어, 모로니가 스스로 노래방 기계 앞으로 걸어갔다. 무대 주위가 조용해졌다.

"존 레넌이 만든 노래입니다." 모로니는 다른 설명 없이 그렇게

만 말했다. 그리고 음악이 흘러나오자 마이크를 향해 다가갔다.

괜한 걱정이었다. 모로니의 목소리는 훌륭했다. 더 중요한 점은, 가수의 음색과 외모가 레넌과 완벽히 일치했다는 것이다. 관객이 술을 조금 마신 상태라는 점도 나쁘지 않았다. 멀리 구석에 떨어져 있던 페리스는 점점 더 많은 사람이 움직임을 멈추고 모로니에게 집중하는 모습을 지켜보았다.

모로니가 「이매진imagine」(상상해 봐)의 두 번째 소절을 시작하자, 사방이 고요해진 가운데 모든 시선이 모로니를 향했다. 가사를 흥얼거리는 사람도 있었지만 대부분은 조용히 몸을 흔들며 지켜보았다. 지난 72시간 동안 벌어진 일을 떠올리며, 페리스는 가사에 담긴 특별한 의미를 깨달았다. 평화로운 삶을 향한 희망이 그 노래에 담겨 있었다. 주위 반응을 보니 분명 자기만 그렇게 느끼는 게 아닌 듯했다. 심지어 눈물을 글썽이는 사람도 있었다. 수년 동안 밴드 활동을 해 오면서, 페리스는 그렇게까지 감동적으로 반응하는 관객은 처음 보았다.

노래가 끝나자 마지막 음이 한동안 고요한 실내에 울려 퍼졌다. 그런 다음 모두 손뼉치고 환호하며 한 번 더를 외쳤다. 모로니가 무대에서 내려가려 하자 주위에서 떠밀었다. 이론의 여지가 없었다.

페리가 무대에 합류해, 두 사람은 재빨리 몇 곡을 더 입력했다. 술집 안에 콘티넨털항공 5편 승객이 가득하니, 「어 하드 데이스 나이트A Hard Day's Night」(힘든 하루를 보낸 밤)이 비행기에서 함께 보낸 서른 시간을 기념하는 데 적합할 듯했다. 그 다음에는 갬보에서 머물거라 예상한 기간인 「에이트 데이스 어 위크Eight Days a Week」(주 8일)

로 넘어갔다. 마지막에는 가사가 희망적인 「위 캔 워크 잇 아웃We Can Work It Out」(우린 해낼 수 있어)을 불렀다.

노래가 나올 때마다 관객은 춤추고 노래하며 실제 비틀스 공연에 온 것처럼 호응했다. 실내는 열기와 땀으로 가득했다. 무대 위에서, 페리스는 1961년 비틀스가 공연했던 리버풀의 술집 카번이 분명 이랬으리라 상상했다.

네이시는 누구보다 행복했다. 노래에 맞춰 폴짝폴짝 뛰고, 〈에드 설리번 쇼The Ed Sullivan Show〉*에서 팝포를 처음 본 십 대처럼 소리를 질렀다. 노래를 들어 보기도 전에 밤새 두 사람의 재능을 칭찬하고 다니다 보니 네이시는 완전히 빠져 버렸다. 모로니가 무대에 오르기 직전, 혹시라도 실력이 형편없으면 어쩌나 하는 생각을 잠깐 했다.

걱정할 필요는 전혀 없었다. 대단한 공연이었다.

그날 밤, 두 사람은 폴 모로니와 피터 페리스도, 각자 맡은 역할인 조지 해리슨과 존 레넌도 아니었다. 그냥 비틀보이스였다. 모든 사람이 비틀보이스라고 불렀다. 당연히, 뉴피는 말이 아주 빠르다 보니 마치 '더비틀보이스theBeatleBoys'라고 한 단어처럼 발음했다. 승객이 떠난 시 한참 시나서도 주민들은 두 사람을 너비틀보이스로 기억했다. "아아, 이봐요, 댁도 그날 밤 여기서 더비틀보이스를 봐야 했어요"라는 식으로 말이다.

사실, 뉴피는 그마저도 더 짧게 줄여 부를 수 있었다. 인간이 할

---

* 1964년 비틀스가 미국에서 처음 출연한 텔레비전 쇼이다. 팝포에게 환호하는 10대 관객의 모습이 잘 알려져 있다.

온 세계가 마을로 온 날

수 있는 가장 빠른 속도로 발음하면 "다비다바이스daBeedaBys"로 들렸다. 금요일 밤 내내 여기저기서 "다비다바이스에게 다시 한 번 박수!"라는 외침이 터져 나왔다.

"그리고 공주님도!"

"아무렴, 그렇지, 사랑스러운 공주님에게도 한 번 더."

비틀스, 나이아가라 공주, 그리고 푹 삭은 대구 한 마리. 아무렴, 진정 오래도록 기억에 남을 밤이었다.

다섯째 날

9월 15일 토요일

밤새 달린 끝에, 토요일 새벽 4시경 록샌과 클라크 로퍼, 테라와 제이슨 사리스타는 아이와 함께 포트오바스크에 도착했다. 오전 8시에 출발하는 여객선을 타기 위해 항구 근처 모텔방 두 개를 얻어 들어갔다.

밤사이 허리케인 에린은 마지막으로 방향을 틀어 바다를 향해 나아갔다. 아침이 되자 폭풍은 뉴펀들랜드 동쪽 끝부분만 스쳐 지나갈 듯해, 원래대로 여객선이 출항할 수 있었다. 그러나 아직 폭풍의 영향이 남아 있어 파도가 거칠었다. 여객선은 뉴펀들랜드에서 노바스코샤까지 거칠게 일렁이는 바다 위를 휘청거리며 떠다녔다. 임신 5개월째인 테라는 항해하는 여섯 시간 내내 토했다. 그리고 어린이는 식당에서 밥을 먹는 동안 접시가 탁자에서 떨어지지 않도록 꼭 붙들고 있어야 했다.

전날 록샌에게 찾아온 독감 기운이 갈수록 심해졌지만, 노바스코샤주 시드니에 도착한 후에도 미국 국경까지는 아직 한참 더 가야 했다. 록샌의 바람에 따라, 일행은 노바스코샤 북쪽 해안을 굽이쳐

돌며 노섬벌랜드해협 너머 프린스에드워드아일랜드를 내다볼 수 있는 경치 좋은 6번 고속도로를 타고 달렸다.

루시 모드 몽고메리의 『빨강머리 앤』을 읽은 후로, 록샌은 줄곧 프린스에드워드아일랜드에 가 보고 싶었다. 『빨강머리 앤』은 그 섬에 입양 간 용감한 고아의 모험을 담아 세계적으로 인기를 끈 소설로, 현지의 아름다운 풍경과 주민의 모습을 애정 어린 시선으로 섬세하게 그려 냈다. 그 책과 후속 작품에 큰 감명을 받았던 록샌은 이제 자신도 딸을 입양한 만큼, 해협 건너편에서라도 프린스에드워드아일랜드를 둘러볼 기회를 놓치고 싶지 않았다.

토요일 밤에 뉴브런즈윅주 세인트존에 도착해 공항 근처 허름한 모텔에 방을 잡고 렌터카를 반납했다. 이제 80킬로미터만 더 가면 국경이었다.

"일어나요! 집에 가야죠!" 배리 브래그는 집 안을 돌며 문을 두드려 손님을 깨웠다. 피터 페리스, 제시카 네이시, 폴 모로니는 트레일웨이스펍이 마침내 문을 닫은 후 브래그의 집으로 돌아갔다. 술집에서 보낸 시간의 여운이 남았던 세 사람은 브래그가 기타 두 대를 꺼내 오자 날이 밝을 때까지 노래를 불렀다.

잠든 지 몇 시간이 지나지 않아, 브래그의 집으로 콘티넨털항공 5편 이륙 허가가 나왔다는 전화가 왔다. 버스가 공항으로 출발하기 직전이라 즉시 교회로 가야 했다.

뎁 패러, 라나 에드링턴, 위니 하우스, 빌 캐시, 마크 코언은 이미 교회에서 대기 중이었다. 다들 숙취로 비실거렸다. 술집에서 왁자지

온 세계가 마을로 온 날

결하게 보낸 밤을 마지막으로 이 뜻밖의 휴가를 끝낼 때가 온 게 분명했다. 그날 저녁 조지와 에드나의 집에서 거하게 스파게티 만찬을 하려 했지만, 교회로 모이라는 전화가 오자 음식은 뒤로 밀렸다.

버스가 네이시와 비틀보이스를 기다리는 동안, 뎁은 델타항공 117편 승객 그렉과 작별 인사를 나누었다. 갬보에서 만나 하룻밤 연애에 빠진 두 사람은 거의 모든 시간을 함께 보냈다. 그러나 미국으로 돌아가서도 관계를 지속할지 장담할 수 없었다. 뎁은 텍사스에, 그렉은 노스캐롤라이나에 살고 있었다. 둘이 함께 지낸 시간은 마치 모든 느낌과 감정, 경험이 열광의 시기로 압축되는 MTV 프로그램 〈리얼월드/로드룰즈The Real World/Road Rules〉의 한 편 같았다. 이 모든 것을 소화하려면 약간의 거리가 필요했다.

그래도 함께 지내는 동안은 자국에서 일어난 사건에서 벗어날 수 있어 다행이었다. 전화번호와 주소를 주고받고 작별의 입맞춤을 한 뒤 뎁과 일행은 떠나갔다. 몇 시간 후면 콘티넬털항공 5편은 휴스턴에 도착하고, 뎁은 월요일에 회사에 복귀할 것이다.

독일에서 댈러스로 가는 순종 코커스패니얼 강아지 랠프에게 무슨 문제가 생긴 게 틀림없었다. 토요일 아침, 여전히 이륙을 기다리고 있던 동물을 살피러 간 보니 해리스와 린다 험비가 랠프의 상태를 눈치챘다. 그 조그만 녀석은 배가 고픈 건 아니었는데, 제대로 서지 못하고 무기력해 보였다. 두 사람은 무슨 큰 문제가 생길까 걱정하며 덕 트위디에게 전화를 걸었다.

수의사가 검진해 보니 랠프는 뒷다리가 예민한 상태로 통증을 느끼는 듯했다. 트위디는 격납고에서는 불가능한 종합적인 검진을 해 보고 싶었다. 랠프를 병원으로 데려가야 했다. 그러나 그 개를 격납고 밖으로 나오게 해서는 안 되고, 공항에서 멀리 떨어진 병원까지 데려가는 것은 더욱더 불가능하다는 사실을 알고 있었다.

트위디는 밤도둑처럼 몰래 랠프를 차에 태워 공항 밖으로 빼돌렸다. 병원에 가서 머리부터 발끝까지 검진하고 엑스레이로 하반신을 검사해 보았는데, 별다른 문제는 드러나지 않았다. 어쩌다 넘어지거나 부딪쳐서 피부가 쓸리고 멍이 든 정도였다. 결국 트위디, 해리스, 험비는 그 이유를 깨달았다. 낮 동안 랠프의 인기가 끊이질 않은 탓이었다. 거기다 공항 야간 근무조 노동자도 랠프와 노는 걸 좋아해서 밤새 이동 장 밖을 마음껏 뛰어다니게 해 주었다.

랠프는 다친 게 아니라 그저 지쳤을 뿐이었다. 그냥 좀 쉬기만 하면 되는 일이었다. 해리스와 험비는 공항 곳곳에 밤새 랠프를 깨우지 말라고 써 붙였다. 성장기인 랠프에게는 잠이 필요했다.

저녁 7시, 델타항공 141편 승객인 올레샤 분틸로를 포함한 몰도바인 가족을 공항으로 데려갈 버스가 침례교회 앞에 도착했다. 올레샤는 첫날부터 매일 함께 지낸 클라크 피어시와 작별 인사를 나누며 울었다. 이 몰도바인에게 피어시는 이제 가족이나 매한가지였다. 피어시를 두고 떠나려니 동유럽에 가족을 남겨 두고 떠날 때만큼이나 고통스러웠다. 버스가 교회를 떠날 때, 올레샤는 침례교인들이 모두 나와서 잘 가라고 손 흔드는 모습을 지켜보았다. 그동안 해 준 모든 일에 하느님이 복을 내려 주시기를 마음속으로 빌었다.

델타항공 141편은 원래 암스테르담에서 뉴욕으로 가서 9월 11
일에 케네디국제공항에 착륙할 예정이었다. 그러나 델타 측에서 지
금은 뉴욕으로 가는 대신 본사가 있는 애틀랜타로 가야 한다고 결정
했다. 공항에 도착한 몰도바인 서른여덟 명은 자신이 받은 입국허가
증으로는 오직 뉴욕을 통해서만 미국에 들어갈 수 있다는 사실을 알
았다. 캐나다 출입국관리국 담당자는 당분간 캐나다에 머물러야 한
다며, 만약 그대로 갔다가는 서류 조사를 받을 동안 애틀랜타의 미
국 이민귀화국 보호소에 구금당할 수도 있다고 말했다. 몰도바인은
갠더에 남기로 결정했다.

그날 밤늦게, 올레샤는 피어시에게 전화를 걸어 자신이 아직 갠
더에 있다고 전했다. 출입국관리국에서는 뉴욕행 항공편을 구할 때
까지 신드바드호텔에 머물게 했다. 피어시는 일정이 미뤄진 건 안타
깝지만 몰도바인과 다시 만날 수 있어 기쁘기도 했다. 날이 밝자마
자 호텔로 달려가 모두 무사한지 확인한 뒤, 내내 함께 지내며 주변
구경도 시켜 주었다. 마치 끈끈한 가족의 일원처럼, 새 항공편을 마
련할 때까지 매일 찾아가 돌보았다.

해나와 데니스는 토요일 오후에 더블린을 떠났다. 약속했던 첫
비행기가 아니라 두 번째 비행기를 타게 되었다. 비행기가 뉴욕에
도착하자, 자녀인 퍼트리샤 오키프와 데니스 오루크가 마중 나와 있
었다. 해나는 둘에게 달려갔다. 비행기에 있던 몇 시간 사이 케빈에
관한 새 소식이 있었을지 모른다고 생각했다. 그리고 만약 염려하던
대로 가족이 숨겨 둔 소식이 있었다면 지금은 말해 주리라 기대했

다. "여전히 아무 소식이 없어요, 엄마." 퍼트리샤가 말했다.

해나는 적어도 아직은 희망이 있다는 생각이 들었다. 다 같이 롱아일랜드 휼렛에 있는 케빈의 집으로 향했다. 차가 진입로에 들어서자, 케빈의 아내 메리앤을 비롯해 집 안에 있던 식구가 모두 달려 나왔다. 함께 울고 포옹하며 서로 꼭 붙들었다. 악몽 같던 일주일을 보낸 끝에 해나와 데니스가 돌아오니 꾹 참고 있던 감정을 드러낼 기회가 생겼다. 이제 무슨 일이 생기든 함께 감당하고, 가족으로서 함께 이겨 낼 것이다.

랍비 수닥은 토요일에 레이크우드아카데미로 돌아갔다. 그 무렵에는 글렌우드에 있던 마지막 비행기 승객까지 모두 공항으로 떠났다. 랍비 수닥과 베일라 헥트, 딸 에스더는 학교에 머무는 게 편했다. 레이크우드 공무원은 오직 이 세 사람을 위해 토요일까지 대피소를 그대로 열어 두기로 했다.

교내가 며칠 만에 처음으로 고요해졌다. 수요일에 유대교식 음식을 먹을 수 있도록 도와주었던 교사 에녀 스미스와 랍비 수닥이 교무실에 함께 앉아 있는데 팩스 수신음이 울렸다. 스미스가 팩스를 확인해 보니, 암스테르담에서 뉴욕으로 향하던 노스웨스트항공 61편 승객 베르너르 콜프가 보낸 것이었다. 콜프는 네덜란드 집에 도착하자마자 자신을 돌봐 준 학교의 모든 사람에게 감사 인사를 전하기로 마음먹었다. 팩스에는 이런 글이 적혀 있었다.

"함께 지내는 동안 여러분께 느낀 감정을 표현할 길이 없습니다. 제가 이전에 이런 대접을 받아 본 적은 딱 한 번뿐입니다. 어린

온 세계가 마을로 온 날

시절이었죠. 1945년 네덜란드가 해방되었을 때* 말입니다. 당신네 멋진 캐나다인은 하나도 변한 게 없군요."

편지를 읽는 동안 스미스는 손이 떨리는 걸 느꼈다. 콜프의 편지는 기나긴 나흘을 보내고 몹시 지쳐 있던 스미스를 감동에 빠트렸다. 스미스가 울기 시작하자 랍비 수닥이 온화한 목소리로 스미스와 학교 사람이 보여 준 친절을 모두가 오래 기억하고 칭송할 거라 말했다. 뉴펀들랜드인은 단지 연착된 항공기 승객을 받아 주기만 한 게 아니라 머나먼 곳에서 공포에 떨고 있는 수백 명에게 안식처를 주었다고, 온 세상이 위태롭게 느껴질 때 안전하게 보호받고 있음을 느끼게 해 주었다고 말했다.

스미스는 두 팔로 랍비 수닥을 꼭 껴안아 힘을 받고 싶었지만, 그러면 안 된다는 사실을 떠올리고는 그저 감사하다고 말했다.

오후에는 갠더에서 랍비를 찾아온 남자가 있었다. 적어도 일흔은 넘은 듯한 그 남자는 백내장으로 시력을 일부 상실한 데다 움직임이 뻣뻣하고, 건강이 좋지 않았다. 남자의 이름은 에디 브레이크였다.

40년 동안 갠더에 살았고, 지역에서는 유명한 사업가인 브레이크가 유대인이라는 사실을 아는 사람은 극히 드물었다. 아주 오랫동안 숨겨 온 비밀이었다. 45년을 함께 산 아내마저도, 에디가 마침내 무너져 비밀을 털어놓은 10년 전에야 남편의 진정한 종교적 신념을 알게 되었다. 부부는 일곱 자녀 모두 아내의 신앙에 따라 천주교인

---

*   제2차 세계대전 중 독일이 점령하고 있던 네덜란드를 1945년 연합군 소속이던 캐나다군이 탈환한 일을 가리킨다.

으로 키웠다.

지금은 에드 브레이크라고 불리는 그 남자는 1929년 아니면 1930년에 폴란드에서 태어났다. 정확히 태어난 날짜도 정확히 모르고, 부모가 지어 준 이름뿐 아니라 부모의 성도 알지 못했다. 남자가 아는 것은 제2차 세계대전 발발 직전에 부모가 돈을 써서 자신을 영국으로 빠져나가게 했다는 것뿐이었다. 폴란드를 떠나기 전에 습격을 당하고 두들겨 맞던 일, 유대인이라는 이유로 가족이 언제나 학대의 위협 속에 살았던 것은 기억하고 있었다.

폴란드를 떠나던 때는 겨우 일고여덟 살 무렵이었다. 영국에서 자신을 입양한 가족은 1936년 뉴펀들랜드로 이주했다. 섬의 서쪽 가장자리에 있는 코너브룩이라는 해변 마을에서 자라는 동안, 브레이크는 친부모가 유대인이라는 사실을 절대 누구에게도 말해선 안 된다고 들었다. 유대인이 되면 안 되냐고 물을 때마다 양부모는 화를 냈고, 심지어 때리기까지 했다. 그렇게 유대인으로서의 비밀스러운 삶이 시작되었다.

그러다 갑자기 나타난 랍비 수닥이 브레이크가 오래 묻어 둔 감정을 휘저어 놓았다. 레이크우드아카데미에 도착한 후 랍비는 지역에 유대인이 있냐고 묻고 만약 있다면 만나고 싶다고 말했다. 브레이크의 과거를 아는 사람은 매우 드물었지만, 누군가 랍비를 찾아가 브레이크에 관해 귀띔했다. 랍비는 브레이크를 몹시 만나고 싶어 했다.

전화로 랍비의 바람을 전해 들은 브레이크는 두려웠다. 자신의 과거에 관해 털어놓았을 때 가족이 좋지 않은 반응을 보였던 것과, 그렇게 오랫동안 많은 것을 숨겨 왔다는 데 대해 여전히 분개한다는

온 세계가 마을로 온 날

사실을 알고 있었다. 하지만 브레이크는 가야 한다고 느꼈다. "때가 온 거야"라고 속으로 되뇌었다. 소년이던 1936년에 뉴펀들랜드로 온 후로는 유대교 회당에 들어가거나 랍비와 대화한 적이 단 한 번도 없었다.

레이크우드로 가는 길에 브레이크는 무슨 말을 어디까지 꺼내놓을지 고민했다. 랍비와 베일라 헥트, 교사 몇 명과 교직원 휴게실 탁자에 둘러앉으니 모든 게 다 쏟아져 나왔다. 확실치는 않지만, 부모와 형제는 나치가 폴란드를 침공했을 때 수용소로 끌려가 죽었을 거로 믿고 있었다. 브레이크는 머리를 숙여 랍비에게 뒤통수를 손가락으로 쓸어 보라고 했다. 폴란드에서 경찰에게 두들겨 맞아 생겼다는 움푹 팬 흉터가 랍비의 손끝에 닿았다. 등 뒤와 발에도 상처가 남아 있다며 신발을 벗어 랍비에게 보여 주었다.

브레이크는 뉴펀들랜드로 이주한 일과, 유대교에 관해서는 입도 벙긋 못하게 하는 가정에서 자라 어른이 되어서도 평생 마음에 담고 살아 온 공포를 털어놓았다. 자신이 유대인이라는 사실에 양부모마저 그토록 폭력적인 반응을 보이는데, 남들이 알면 어떤 반응을 보이겠는가? 브레이크는 자기 과거를 절대로 누구에게도 말하지 않기로 했다. 그러다 더는 견디기 힘들어 10년 전에 아내와 자녀에게 털어놓았다고 했다.

비밀로 삼기는 했어도, 자신이 유대인이라는 사실을 잊은 적이 없다고 했다. 랍비에게 보여 준 지팡이 손잡이에는 다윗의 별이 조그맣게 새겨져 있었다. 때로는 꿈에서 어릴 적 폴란드에서 듣던 유대교 음악을 듣다 새벽 세 시에 잠에서 깨어나기도 했다. 며칠 전에는 어머니도 꿈에 나왔다고 덧붙였다.

　살아 온 이야기를 들려주는 동안 브레이크는 거의 초연할 정도로 침착했다. 그래도 랍비가 자기 앞에 나타난 데 대해서는 기뻐했다. 죽은 뒤에 자기 이야기가 묻혀 버리지 않도록, 자기가 해야만 하는 이야기를 들어 줄 랍비 같은 사람을 만나고 싶었다. 그 말에 감동한 랍비 수닥과 베일라 헥트는 브레이크가 더 많은 사람에게 이야기를 들려줘야 한다고 말했다. 지금 이 학교에 찾아온 것처럼, 여러 학교를 돌며 유대인 대학살Holocaust과 반유대주의에 관해 증언하라고 권했다. 뉴펀들랜드에 유대인이 몹시 드문 만큼, 누군가 나서서 유대인 대학살 같은 사건은 없었다고 부인하는 사람에게 반박할 살아 있는 증거를 보여 주는 게 대단히 중요하다고 주장했다.

　브레이크는 잠자코 들었다. 그래도 가족은 자신이 입을 열기를 원치 않고, 과거는 과거로 묻어 두기를 바랐다. 브레이크는 "저는 비밀스러운 사람입니다"라며, 어쨌거나 자신은 이목을 집중시키는 사람이 아니라고 말했다. 그러나 누군가에게는 말해야 했다. 이제 랍비에게 털어놓았으니 짐을 내려놓은 기분이었다. 거의 두 시간이 지난 후, 브레이크는 아내가 기다리는 집으로 돌아가야 한다고 했다. 랍비와 헥트에게 들어 주이 고맙다고 인사한 다음, 조그만 다윗의 별이 새겨진 지팡이를 집어 들고 천천히 문을 빠져나갔다.

　브레이크가 떠나자, 랍비 수닥은 자신이 뉴펀들랜드로 오게 된 이유가 더 이상 궁금하지 않았다.

온 세계가 마을로 온 날

여섯째 날

9월 16일 일요일

누군가 두드리는 소리를 들은 록샌이 문을 여니 밴에서 내린 팻과 프랭크 플레처가 서 있었다. 그날 아침 로퍼와 사리스타 가족을 국경 너머로 데려가려고 메인주 스튜벤에서 차를 몰고 온 참이었다. 록샌은 휴가 중인데도 자신을 돕기 위해 달려온 플레처 부부에게 미안한 마음이 들었다.

일행은 국경을 따라 흐르는 세인트크루아강을 건너 칼레라는 작은 마을로 들어갈 예정이었다. 한 시간 쯤 걸려 도착해 보니, 국경을 넘으려고 기다리는 자동차가 180미터 넘게 늘어서 있었다. 록샌과 클라크에게 국경은 두 가지 의미에서 중요했다. 우선은, 고국에 돌아왔다는 의미였다. 미국이 테러를 당하자 다시 고국으로 돌아가고 싶은 마음이 간절했다. 지난 며칠 동안 캐나다에서 희생자를 애도하는 뜻으로 성조기를 반기로 게양해 놓은 모습이 계속 눈에 걸렸다. 두 사람은 고국을 지지하는 마음을 표현하는 가장 좋은 방법은 당당하게 국내에 머무는 것이라고 믿었다.

두 번째는 알렉산드리아 때문이었다. 입양한 어린 딸은 미국에

발을 딛는 순간 미국인으로서 법적 지위를 보장받으며, 즉시 합법적인 영주권자이자 시민으로 인정받을 수 있었다.

검문소로 향하는 자동차 줄이 너무 더디게 움직이고 있어, 클라크는 알렉산드리아를 데리고 걸어서 다리를 건너 입국하기로 했다. 그 상징적인 순간을 남겨 두고 싶어서 록샌에게 캠코더를 들라고 소리쳤다. 세인트크루아강을 절반쯤 건너자 바닥에 그어진 선이 보였다. 클라크는 거기에 알렉산드리아를 내려놓고 한 발은 캐나다 쪽에, 한 발은 미국 쪽에 딛게 했다. 그리고 록샌을 향해 손을 흔들어보라고 했다.

"알렉스는 정말 힘겹게 미국 시민이 되는구나." 록샌이 말했다. "걷고, 배 타고, 비행기 타고, 자동차도 타고, 나라가 테러 공격까지 받을 정도로 말이야."

강을 건너 미국 쪽으로 넘어간 뒤, 이민국 공무원에게 커다란 봉투를 건네주었다. 모스크바 미국 대사관에서 받은 그 밀봉된 봉투 속에 알렉산드리아의 모든 서류가 들어 있었다. 알렉산드리아의 입국 절차가 끝나는 순간, 나머지 일행도 막 국경을 건넜다. 플레처 부부는 거기서부터 일요일에 문을 여는 렌터카 업체가 있는 메인주 뱅고어까지 140킬로미터를 더 운전했다. 뱅고어에서 로피 부부는 자동차를, 사리스타 부부는 미니밴을 빌렸다. 두 가족이 준비를 끝내자, 플래처 부부는 작별 인사를 건네고 일행을 미국으로 데려오느라 중단했던 휴가를 즐기러 돌아갔다.

방향이 같았기 때문에, 두 부부는 주간고속도로 95호선을 따라 나란히 달렸다. 보스턴을 지날 때 록샌은 비디오카메라를 꺼내 로건

온 세계가 마을로 온 날

국제공항* 표지판을 촬영했다. 클라크는 세계무역센터를 들이받은 비행기 두 대가 로건에서 이륙한 과정을 음성 기록으로 남겼다. 집으로 가는 길이 의도치 않게 테러 현장 탐방으로 변했다.

번갈아 운전대를 잡으며 밤새 운전한 끝에 뉴욕시에 다다라 보니, 여전히 밤낮없이 대대적인 구호 작업을 진행 중인 구역에 다가가지 못하도록 우회로를 설치해 둔 상태였다. 월요일 아침 늦은 시각에 워싱턴 D.C.에 도착했고, 그날 밤 테네시에서 묵었다. 이제 하루만 더 달리면 집에 도착할 수 있었다.

갠더에는 아직 이륙을 기다리는 비행기가 몇 대 남아 있었다. 에녀 스미스와 남편 칼은 뉴욕으로 가는 항공편 중에 랍비 수닥과 헥트 모녀를 태울 비행기가 있는지 알아보려고 아침에 공항으로 달려갔다. 연방경찰인 칼은 아직 남아 있는 비행기 기장을 만나러 직접 비행장에 내려갈 수 있었다. 에녀와 일행이 터미널에서 기다리는 동안, 칼은 조종사에게 사정을 설명했다.

조종사 한 명이 태워 주겠다고 나섰지만, 마지막 순간에 회사에서 추가 승객을 비행기에 태우지 말라고 명령했다. 모든 항공사가 보안에 극도로 예민해져 오직 기존 승객만 탑승시키게 했다. 일행은 몇 시간을 공항에서 허비한 뒤 스미스의 집으로 돌아가 이후 대책을 의논했다.

* 　9월 11일 세계무역센터에 충돌한 비행기 두 대가 이륙한 곳이다. 펜타곤과 피츠버그에 추락한 비행기는 각각 워싱턴덜레스국제공항과 뉴어크국제공항에서 이륙했다.

이틀에 걸쳐 유대인의 새해를 기념하는 명절인 로쉬 하샤나가 다가오고 있어 집으로 가는 일정을 잡기가 까다로웠다. 세 사람은 안식일과 마찬가지로 그 기간에는 여행할 수 없었다. 로쉬 하샤나는 월요일 해가 저문 후부터 시작될 예정이라, 앞으로 24시간 이내에 떠나지 않으면 화요일까지 뉴펀들랜드에 머물러야 했다.

에녀와 칼 스미스는 화요일까지 랍비 수닥과 헥트 모녀를 받아 줄 의지가 충만했다. 만약 그리된다면 현지 라이온스클럽에 주민을 초대해 로쉬 하샤나를 축하하는 특별 행사를 열 계획까지 세웠다. 그러나 이런 신성한 명절에는 랍비와 헥트 모녀가 가족과 신자 곁에 함께 있는 것이 중요하다는 사실도 알고 있었다.

뉴펀들랜드의 정규 항공편이 서서히 운항을 재개하고 있었지만, 에어캐나다 항공편 중에는 알맞은 시각에 갠더를 떠나는 게 하나도 없었다. 하지만 여기저기 전화를 돌리던 칼은 월요일 이른 아침에 스티븐빌에서 출발해 뉴욕행 연결편 시간에 맞춰 핼리팩스에 도착하는 민간 항공편이 있다는 걸 알아냈다. 모든 일이 계획대로 돌아간다면, 랍비 수닥과 헥트 모녀는 해가 지기 훨씬 전인 오후 서너 시쯤에는 뉴욕에 도착할 수 있었다.

이제 차로 다섯 시간 거리에 있는 스티븐빌까지만 가면 되는 상황이었다. 칼과 에녀는 주저 없이 직접 태워 주겠다고 했다. 랍비 수닥은 안도했다. 수닥은 두 가지 이유로 차를 빌릴 수 없었다. 첫째, 갠더에 남은 렌터카가 한 대도 없었다. 그리고 둘째로, 엄격한 종교적 규율상 후견인 없이는 아내가 아닌 다른 여성과 차에 동승할 수 없었다.

출발 전, 마지막으로 남은 유대교 음식을 함께 먹었다. 그러고 나서 칼은 연방경찰이 쓰는 커다랗고 챙이 납작한 모자를 작별 선물로 랍비에게 건넸다. 랍비는 감동했다. 런던 집에도 분명 없는 모자였다. 잠시 후 랍비가 조용히 에녀를 한쪽으로 불러냈다.

"이 모자를 제대로 쓰는 방법을 알려 주겠습니까?" 랍비가 물었다. "이 끈은 턱 밑으로 맵니까, 아니면 뒤로 넘기는 겁니까?"

랍비의 질문에 둘 다 웃음을 터트렸다. 에녀는 그 끈은 모자가 벗겨지지 않도록 머리 뒤로 교차시키는 거라고 알려 주었다.

랍비는 "만약 모자를 잘 못 써서 칼을 당황하게 했다면 저는 정말 부끄러웠을 겁니다"라며 에녀에게 고마워했다.

저녁 9시가 조금 못 되어 칼과 에녀 스미스, 랍비 수닥, 베일라와 에스더 헥트는 스미스 부부의 미니밴을 타고 캐나다횡단고속도로 위를 달리기 시작했다. 이동하는 동안 칼과 랍비 수닥은 긴 대화를 나눌 수 있었다. 에녀는 거의 모든 주제에 관해 이야기와 교훈을 엮어 내는 랍비의 능력에 감탄했다. 속으로 이 사람은 블라니석blarney stone*에 입을 맞춘 게 틀림없다고 생각했다.

새벽 2시에 스티븐빌에 도착한 일행은 공항 바로 건너편에 있는 홀리데이인으로 들어갔다. 로비에서 랍비 수닥은 에녀에게 친척들 이름과 칼의 어머니 이름을 적어 주면 자신과 가족이 스승 랍비 슈니어슨의 묘지를 방문할 때 함께 기도하겠다고 말했다. 랍비는 갠더를 떠나기 전에 레이크우드 교장 제이미 제닝스에게도 가족 명단

---

* 　　아일랜드 남부 블라니 성에 있는 돌로, 거기에 입을 맞추면 달변가가 된다는 말이 있다.

을 받아 왔다. 에녀가 안내 데스크에서 종이를 얻어 이름을 적어 준 뒤, 모두 작별 인사를 나누었다.

아침이 오면 랍비와 헥트는 택시를 타고 공항에 가서 핼리팩스 행 비행기를 탈 것이다. 그런 다음 로쉬 하샤나를 기념하기 충분한 시각에 뉴욕에 도착할 것이다. 그동안 칼과 에녀는 호텔에서 늦게까지 잠을 잔 다음 갠더로 돌아갈 것이다. 결혼하고 몇 년이 지났지만, 부부는 아이 없이 근사한 호텔방을 만끽할 의향이 충만했다.

역시나, 밤사이 충분히 휴식을 취한 랠프는 집으로 돌아갈 때인 일요일이 되자 평소 모습으로 돌아왔다. 랠프는 고립된 동물 중 거의 마지막으로 출발했다. 보노보 원숭이는 금요일에 독일로 갔고, 간질을 앓던 고양이는 그보다 먼저 돌아갔다. 나머지 동물도 서서히 집으로 향하고 있었다.

엿새 만에 모든 일이 끝났다. 보니 해리스, 린다 험비, 비 터커, 덕 트위디에게 자기 시간과 정성을 들여 봉사하도록 요청한 사람은 아무도 없었다. 그냥 자동적으로 움직였을 뿐이었다. 사료나 의료 조치, 약물에 드는 비용은 전혀 신경 쓰지 않았다. 동물을 인간 승객과 다를 바 없는 손님으로 대했다.

일요일 오후에 마지막 비행기가 이륙하자, 해리스는 일주일 만에 집으로 돌아가 뉴스를 보았다. 미국의 파괴 현장을 보여 주는 영상에 잠시 시선을 빼앗겼지만 그걸 보고 있을 시간도 없고, 별로 보고 싶지도 않았다. 해리스와 동물학대방지협회 활동가는 시내 보호소와 공항의 동물을 모두 돌보느라 일주일 내내 두 배로 바빴다. 이제, 랠프와 마찬가지로 푹 자야 할 때였다.

화요일에 첫 번째 비행기가 갠더에 착륙한 시점부터 일요일에 마지막 비행기가 이륙할 때까지는 일백 하고도 스물여섯 시간이 흘렀다. 대피소를 정리하고, 학교를 다시 열고, 가게 재고를 채우는 등 마을을 물리적으로 회복하는 데는 며칠이 더 걸리겠지만, 갠더 시민이 그간 벌어진 일의 무게를 소화하는 데는 훨씬 더 긴 시간이 필요했다.

워낙 외딴곳에 살다 보니, 갠더 시민은 그동안 바깥 세계에서 일어나는 사건을 쉽게 흘려보낼 수 있었다. 어쨌거나 갠더는 살기 안전한 곳이었다. 문을 잠그지 않고 이웃과 가까이 지내는 데 자부심을 느끼는 공동체였다. 그런데 이제는 1600킬로미터 넘게 떨어진 곳에서 발생한 비극이 자기 삶과 어떻게 직결되는지 알게 되었다. 온 세계가 마을에 왔을 뿐 아니라, 세계의 문제도 함께 다가왔다.

그 엿새 동안, 갠더 시민은 뉴욕과 워싱턴에서 발생한 일에 관해서는 생각할 겨를도 없이 엄청난 노력을 들여 승객을 돌보는 데 전념했다. 그러다 보니 사건에 대한 반응도 지연되었다. 새 친구를 떠나보내는 슬픔에 더해, 뒤늦게 찾아온 스트레스가 여러 방면으로 표출되었다. 학교에서는 밤잠을 설치거나 유난히 불안해하는 학생이 종종 눈에 띄었다.

갠더공립고등학교 상담지도사인 다이애나 새크리는 염려하지 말라고, 다 지나갈 거라고 말했다. 결국 다 지나갔고, 만족스러운 감정만이 남았다.

마지막 비행기가 갠더를 떠나자마자 세인트존스에 있는 주정부에서 갠더시청에 연락해서는, 고립된 승객을 돕느라 오랜 시간 애쓴 주민에게 감사의 뜻을 전하기 위해 모든 자원봉사자를 초대해 성대한 파티를 열자고 제안했다. 시에서는 갠더 시민이 충분히 격려받을 만하다고 판단해 수락했다. 주정부가 비용까지 댄다니 그보다 좋을 수는 없다고 생각했다. 하지만, 소식이 퍼져 나가자 거의 모든 주민이 옳지 않은 일이라고 했다.

미국에 참사가 발생한 마당에 흥겹게 즐긴다는 건 적절치 않았다. 게다가 어려운 일을 당한 사람을 도와준 것이 잔치를 벌일 이유가 될 수는 없었다. 안 그러면 어떻게 했겠는가? 곤란을 겪는 사람을 돕지 않고 어떻게 한단 말인가?

그쯤 되자 시장이 할 일은 분명했다. 주정부에 연락해 좋은 제안을 해 주어 고맙지만 시에서는 파티 계획을 철회하기로 했다고 전했다. 축하받을 필요는 전혀 없었다. 그렇게 한 이유는 오직 하나뿐이었다. 그게 뉴피의 방식이니까.

온 세계가 마을로 온 날

9월 23일 토요일, 180만 톤에 달하는 세계무역센터 잔해 속에서 케빈 오루크의 시신이 드러났다. 관계자는 케빈이 건물이 무너질 때 북쪽 건물 65층에서 70층 사이 계단에 있었던 것으로 보았다. 상관 필 루볼로를 포함한 동료 소방관이 시신을 들것에 실은 다음 성조기를 덮어 들고 나왔다.

다음 날 오후, 시신이 케빈의 유해임을 확인한 소방국 대표단이 롱아일랜드 휼렛에 있는 케빈의 자택을 찾았다. 정복을 갖춰 입고 현관에 나타난 대표단을 보자마자 메리앤은 그 이유를 알았다. "메리앤, 케빈을 찾았습니다." 루볼로가 말했다.

메리앤은 눈물을 흘리며, 남편을 찾아 주어 고맙다고 말했다. 가족 모두 여전히 케빈이 살아 나오는 기적을 바라며 기도하고 있지만, 그렇게 여러 날이 흐르고 나니 메리앤은 남편이 죽었을 수도 있다고 각오하고 있었다. 한편으로는 결국 시신을 찾지 못해 제대로 장례미사도 못 드리고 매장도 못 할 수 있다는 생각에 두려웠다.

대표단이 소식을 전할 때, 케빈의 여동생 퍼트리샤 오키프도 집안에 있었다. 아무래도 해나와 데니스에게 소식을 전하는 건 자신의 몫이라는 생각이 들었다. 루볼로 일행이 메리앤을 위로하는 동안, 퍼트리샤는 시더허스트 근방에 있는 부모 집으로 차를 몰았다. 가는 동안 마음을 다스리려고 애썼지만, 케빈이 죽었다는 소식을 부모에게 전하는 것은 인생에서 가장 어려운 일이 될 것 같았다. 집 안으로 걸어 들어가니 거실에 아버지가 보였다. "찾았대요, 아빠." 퍼트리샤가 말했다. "그치만, 죽었대요. 케빈이 죽었대요."

둘은 껴안고 울었다. 그러다 위층에서 메리앤 집에 갈 채비를 하는 해나에게 소식을 전해야 한다는 사실을 깨닫고 울음을 멈췄다. 퍼트리샤와 데니스가 계단을 올라가자 해나가 복도에 서서 기다리고 있었다. 두 사람의 표정을 본 해나는 무슨 일이 일어났는지 바로 알았다. "오, 안 돼." 해나가 울었다. "케빈은 안 돼. 우리 케빈은 안 돼." 퍼트리샤는 언제나 강하던 어머니가 그토록 고통스러워하는 모습을 처음 보았다. 충격적이었다. 절대 잊지 못할 비통한 순간이었다.

장례식은 9월 28일 롱아일랜드 성요아킴성당에서 열렸다. 그날만 모두 여덟 차례 소방관 장례식과 추도미사가 열렸다. 케빈의 장례식에는 뉴욕시장 루돌프 줄리아니와 소방관 수백 명이 참석했다. 캐나다 시민을 대표해 조의를 표하러 온 캐나다 연방경찰도 있었다. 케빈의 상관과 여동생, 남동생이 추도사를 했다. 딸 커린은 아빠가 자신에게는 언제나 멋진 영웅이었다고 말했다.

장례식 후, 해나는 매일 성요아킴성당에 가서 아침 미사를 올리며 혼자 조용히 운다. 무릎을 꿇고 기도하고 있으면 케빈이 처음 성체를 받던 날과 몇 년 후 견진성사를 받던 날이 떠오른다고 가족에게 말한다. 교회에서 울고 집으로 돌아오면 그날은 더 울지 않으려고 애쓴다.

이 모든 일을 겪는 동안에도 해나는 갠더 주민이 보여 준 친절을 잊지 않고 뷸라 쿠퍼, 톰 머서와 편지와 전화로 꾸준히 연락하며 지낸다. 다음 해에는 가족 모두 갠더에 다시 찾아가길 희망하고 있다.

비행기로 뉴어크에 도착한 지 몇 시간 후인 토요일 아침 이른 시각, 조지 비탈레는 뉴욕주 경찰 업무에 복귀해 고위 인사의 무역센터 붕괴 현장 출입을 조율했다. 차마 현장에는 갈 수 없어 맨해튼 미드타운에 있는 주지사 집무실에서 업무를 보았다. 그 무렵에는 친구 데이비드 드루비오가 살아날 가능성이 거의 없다는 사실을 깨달았다.

비탈레는 집에도 가지 않고 사무실이나 근처 호텔에서 자며 하루 열여섯 시간씩 일했다. 사실은 집에 가고 싶지 않았다. 혼자 있는 게 싫었다. 밤에는 겨우 몇 시간 자고 일어나 맨해튼 거리를 달리곤 했다. 마침내 브루클린에 있는 아파트로 돌아간 첫날 아침, 비탈레는 평소처럼 집을 나서 베라자노교 인근 자전거도로를 따라 달렸다. 그러나 이제는 멀리 보이던 세계무역센터 건물은 사라지고, 아직 꺼지지 않은 불길 위로 연기만 피어오르고 있었다.

또다시 감정이 북받쳤다. 비탈레는 자전거도로를 가로질러 위쪽 길로 올라갔다. 늘어선 나무가 맨해튼 남단을 바라보는 시야를 가로막으며 사고 현장에서 사라진 건물의 빈자리를 메우고 있었다. 달리기는 언제나 커다란 위로를 안겨 주는 치유의 시간이었는데, 그런 일상의 한 부분이 이제는 영원히 망가지고 말았다. 그렇게 사랑했던 길인데도, 비탈레는 다시는 그 길을 따라 달릴 수 없으리라는 걸 깨달았다. 화가 나고, 슬프고, 우울하고, 더 할 수 있는 일이 없다는 게 여전히 죄스러웠다.

업무 시간은 긴장의 연속이었다. 한번은 주지사 집무실에 나타난 탄저균 징후를 조사하기 위해 수사관을 불러야 했다. 참사 현장을 직접 볼 수 있도록 주지사 여러 명을 한꺼번에 그라운드제로 Ground Zero*에 들여보내는 일을 조율해야 하는 날도 있었다. 또 어떤 날은 소중한 사람을 잃고 제대로 정신을 차리지 못하는 가족을 도와 희생자의 사망진단서를 받아 내야 했다.

갠더를 떠난 지 몇 주 후, 비탈레는 자신이 망가지고 있다는 느낌을 받았다. 책상에 앉아 전화로 관공서 관련 문제를 처리하고 있는데 다른 회선으로 전화가 걸려 왔다. 평소 비탈레는 이미 통화 중인 상대를 기다리게 하지 않고 뒤에 걸려 온 전화는 그냥 자동응답으로 넘어가도록 둔다. 이번 전화는 어쩐지 느낌이 달라 받아 보니 친숙한 목소리가 들렸다. 뉴펀들랜드 애플턴 시장인 덤 플린이었다. 둘은 비탈레가 애플턴에 머무는 동안 친구가 되었다. "그냥 생각나서 걸었지, 친구." 플린이 말했다. "동생은 잘 지내?"

플린의 목소리를 들으니 뉴펀들랜드 사람에 관한 좋은 기억이 한꺼번에 몰려왔다. 그 친절하고도 강인한 도움의 손길을 떠올리자

---

* 세계무역센터 붕괴 현장을 가리키는 말이다. 시작 지점이라는 뜻으로, 주로 폭발 사고 발생 시 그 사고가 발생한 지표면을 가리킬 때 사용한다. 제2차 세계대전 당시 미국이 원자폭탄을 투하했던 히로시마 역시 그라운드 제로라 불렸다.

손이 떨렸다. 둘은 몇 분 동안 대화를 나누었다. 플린은 아내 소식을 전한 다음, 마을 사람 모두가 승객과 지낸 시간을 얼마나 그리워하는지 모른다고 말했다. 그리고 뉴욕 상황을 묻는 플린에게 비탈레는 이런저런 이야기를 들려주었다. 통화를 끝내고 나니, 몇 주 만에 한결 기분이 나아졌다. 그 후 몇 달에 걸쳐, 플린은 비탈레가 바닥에 축 처져 있을 즈음이면 꼭 때맞춰 전화를 걸곤 했다.

2월, 비행기에 동승했던 톰 매키언과 함께 애플턴의 연례 겨울 축제에 초대받은 비탈레는 뉴펀들랜드로 돌아가 스노모빌 경주, 도끼던지기 대회, 지역 음악인이 참여하는 음악 제작회 등이 열리는 축제에 초대 손님으로 참석했다. 조만간 다시 뉴펀들랜드를 방문할 계획을 잡고 있다.

소방관 데이비드 드루비오의 추도미사는 2001년 11월 10일에 성아가타천주교회에서 거행했다. 결국, 시신은 찾지 못했다.

항공기들이 착륙한 지 몇 주가 지나고, 뉴펀들랜드 일부 마을에서 지방선거를 실시했다. 갠더시장 클로드 엘리엇은 어렵지 않게 당선됐다. 글렌우드에서는 걱정하는 어머니를 두고 늦게까지 밖에서 놀다 온 빌 피츠패트릭을 꾸짖었던 여성인 재닛 쇼는 시의원에 재선했을 뿐 아니라, 있는 그대로 말하는 그 태도 덕분에 의원 중 가장 많은 표를 받아 시장직에 올랐다.

텍사스의 데버라 패러와 메인의 그렉 커티스 중위는 2001년 가을 내내 전화와 편지로 연락을 주고받았다. 둘은 그 해가 가기 전에 다시 만나기를 바라며, 이제 막 싹이 튼 애정이 갬보를 떠난 후에도 이어지는지 지켜보고 있었다. 그런데 12월이 되자 커티스가 아프가니스탄으로 가게 되었다. 9월 11일 참사는 둘을 한 자리에 데려다 놓았지만, 앞으로 한동안은 테러와의 전쟁이 둘 사이를 갈라놓을 예정이었다.

탈레반이 아프간의 수도 카불을 점령했을 때, 커티스는 새롭게 개관한 미 대사관을 경호하는 부대에 들어갔다. 커티스가 카불에 있는 동안 패러와 커티스는 이메일로 연락을 주고받았다. 패러는 잡지와 음식, 그 밖에 필요할 만한 물건을 담은 구호 상자를 보내며 특별한 물건도 하나 챙겨 넣었다. 함께 지내던 때에 둘 사이에 통하던 농담을 떠올려, 커티스가 월마트에서 산 척했던 끈 팬티를 집어넣었다.

4월에 조지와 에드나는 예전에 집에 머물렀던 손님을 만나러 휴스턴으로 날아갔다. 패러, 위니 하우스, 라나 에드링턴, 빌 캐시 등 휴스턴 일당은 닐 부부를 격하게 반기며 텍사스 곳곳을 구경시켜 주고, 파티를 열고, 저마다 갬보에서 자신이 누렸던 만큼이나 즐거운 시간을 두 사람에게 마련해 주려고 애썼다. 일당은 계속 친밀한 관계를 유지했고, 패러는 2002년 5월에 하우스의 결혼식에 참석하러 영국으로 날아가기까지 했다.

승객이 떠난 후, 글렌우드의 레이크우드아카데미를 청소하던 어느 교사가 6학년 교실 칠판에서 놀라운 발견을 했다. 갖가지 색 분필과 크레용으로 누군가 비행 중인 사람의 몸을 그려 놓았는데, 길이가 짧아도 90~120센티미터 정도였고, 맨 아래에는 '정말 감사합니다, 클레먼스'라고 적혀 있었다.

클레먼스라는 이름을 가진 승객은 클레먼스 브릴스라는 사람이었는데, 알고보니 네덜란드의 유명한 화가였다. 실제로 브릴스는 2002년 솔트레이크시티 동계올림픽대회 공식 예술가 중 한 명이었다. 학교 칠판에 그려 둔 그림은 브릴스가 특별히 올림픽대회를 위해 그려서 솔트레이크시티에 전시한 〈기쁨의 도약A Jump for Joy〉이라는 작품의 일부였다. 교장은 칠판을 벽에서 떼어 액자에 끼우고 투명 아크릴로 덮었다. 그 그림은 현재 학교 도서관에 걸려 있다.

갠더를 떠나기 전, 텐트 생활을 하던 리사 제일과 사라 우드는 모든 장비를 콜럼버스기사단에 기증하고 반나절 동안 회관 세면실을 청소했다. 자신을 돌봐 준 사람에게 고마운 마음을 실감 나게 전하고 싶어서였다. 제일은 알맞은 시각에 댈러스에 도착해 아들을 리틀리그 야구 경기에 데려다주었고, 그날 밤에는 고등학교 동창회에 참석했다.

레니와 마리아 오드리스콜은 더그와 로즈 셰퍼드 집 피아노 앞에 둘러서서 함께 노래하며 갠더에서의 마지막 밤을 보냈다. 마리아는 미국으로 이주하기 전에는 유럽을 돌며 연주하던 클래식 바이올리니스트로, 피아노 솜씨도 뛰어났다. 셰퍼드 부부를 위해 마리아는 아일랜드 노래와 래그타임ragtime* 몇 곡, 그리고 엔리코 토셀리의 아

---

* 19세기 말에서 20세기 초 미국에서 유행한 음악으로, 래그라고 하는 당김음 리듬이 특징적이다. 주로 피아노 독주 또는 밴드 연주로 즐겼으며, 이를 재즈의 전신으로 보는 경우도 많다.

름다운 클래식 곡인 〈토셀리 78Toselli's 78〉을 연주했다. 옛 친지를 찾아다닐 시간은 없었지만, 머무는 동안 애향심이 되살아난 레니는 조만간 다시 돌아오겠다고 약속했다.

루프트한자 기장 라인하르트 크노트는 승객에게 그대로 뉴욕으로 갈지 프랑크푸르트로 돌아갈지 물었다. 당연히, 미국인은 그대로 가길 바랐고, 유럽인은 돌아가기를 원했다.

하지만 크노트는 승객 중 한 명인 휴고보스 회장 베르너 발데사리니와 비슷한 생각을 하기 시작했다. 이 특별하고 유례없는 비행을 모든 승객과 승무원이 끝까지 함께해야 한다고 말이다. 일요일에 루프트한자항공 400편의 뉴욕행 허가가 나오자, 크노트는 항공사와 특별한 조율을 했다. 그날 오후, 항공기가 케네디국제공항에 착륙했을 때 미국인 승객은 그대로 입국한 반면 유럽인 승객은 비행기에서 내려 터미널을 지난 후, 대기중이던 프랑크푸르트행 루프트한자 직항편으로 갈아탔다. 발데사리니는 뉴욕으로 먼저 가는 것이 전혀 불편하지 않았다. 뉴욕에 착륙했다 독일로 돌아가는 동안 지난 시간을 되짚어 볼 수 있었고, 상징적으로나마 지난 한 주 동안 벌어진 일련의 사건에 마침표도 찍을 수 있었다.

마지막 비행기가 갠더를 떠난 후, 그곳에 머문 승객의 정체에 관해 터무니없는 소문이 떠돌았다. 어떤 이는 미국의 전 부통령 앨 고어의 자가용 비행기가 스티븐빌의 도로에 착륙했는데, 고어가 그 자리에서 비밀리에 미군 제트기로 잽싸게 옮겨 타고 미국으로 날아갔다고 주장했다. 고어가 삼엄한 경호를 받으며 여객선을 타러 포트오바스크로 이동했다는 소문도 있었다.

알려진 대로, 고어는 9월 11일에 뉴펀들랜드가 아니라 유럽에 있었다. 그리고 참사 며칠 후에 귀국했다. 뉴펀들랜드에는 발을 들인 적이 없었다.

패션업계의 권위자 캘빈 클라인이 갠더에 있었다는 또 다른 도시 전설도 있다. 소문에 따르면 클라인은 밤에는 노스애틀랜틱대학 강당에서 자고 낮에는 시내를 돌아다녔다고 했다. 누가 알아보기를 원치 않아 언제나 모자와 선글라스를 쓰고 다녔다고 했다.

사실로 밝혀진 소문도 일부 있는데, 유럽에서 휴가를 보내고 돌아오던 배우 우디 해럴슨의 아내와 자녀가 갠더에 고립되었다는 것이다. 〈래리 플린트〉, 〈올리버 스톤의 킬러〉, 〈킹핀〉 등에 출연한 배우 본인은 동행하지 않았지만, 전화로 가족과 연락을 주고받았다. 해럴슨 가족은 갠더에 조용히 머물다가 항공기 이륙 허가가 나오자 다른 승객과 함께 귀국했다.

할리우드 인사 중에는 머리사 베런슨이 갠더에 있었다. 베런슨은 세계 최초의 수퍼모델로 1971년 〈베니스에서의 죽음Death in Venice〉으로 처음 영화에 출연했고, 1972년에는 영화 〈카바레Cabaret〉에서 라이자 미넬리가 맡은 역에게 영어를 배우다 나중에는 성적인 조언을 해 주는 유대인 백화점 상속녀 나탈리아 란다우어로 분해 평단의 찬사를 받았다. 1975년에는 18세기 아일랜드를 배경으로 한 스탠리 큐브릭의 걸작 영화 〈배리 린든Barry Lyndon〉에 라이언 오닐의 아내로 출연했다.

비행기가 갠더에 착륙하기 한 달 전 즈음,《뉴욕 타임스 선데이

매거진》에 베런슨과 여동생 베리에 관한 기사가 실렸다. 매거진에 따르면 이브 생로랑이 머리사를 "70년대의 소녀"라고 불렀다고 하고,《엘르》는 "세계에서 가장 아름다운 소녀"라고 칭송했다고 한다. 최근에는 브로드웨이 연극 무대에 오르는 등, 지난 몇 년 동안에도 연기를 계속해 왔다.

잔인한 우연으로, 머리사가 9월 11일에 파리에서 뉴욕으로 날아가던 그 시각에 여동생은 납치당한 비행기 중 한 대에 타고 있었다. 유명한 사진작가이며 배우 앤서니 퍼킨스와 사별한 베리 베런슨은 보스턴에서 로스엔젤레스로 가려다 무역센터 북쪽 건물에 충돌한 아메리칸항공 11편 탑승자였다.

두 자매는 어린 시절부터 무척이나 친밀했다. 분홍색을 파격적으로 사용해 패션계를 열광시킨 유명 디자이너 엘사 스키아파렐리가 할머니이고, 큰아버지는 미술사학자 버나드 베런슨이다. 어린 시절 자매는 진 켈리*에게 춤을 배웠고,《보그》의 전설적인 편집장 다이애나 브릴랜드에게 지도를 받으며 스타일 감각을 익혔다. 어른이 되어서는 제트기로 세계를 오가는 부유층으로서 스튜디오54**의 단골이었으며, 앤디 워홀***과 다이앤 본 퍼스텐버그****를 친구로 두었다.

---

*   영화 〈사랑은 비를 타고〉 등에 출연한 미국의 배우이자 안무가이다.

**   1970년대 말 뉴욕에서 문을 연 나이트클럽이다.

*** 1960년대 〈캠벨 수프〉, 〈마릴린 먼로〉 등 팝아트로 각광받은 미국의 미술가이다.

**** 1970년대 강렬한 무늬와 길게 떨어지는 선으로 인기를 얻은 랩드레스를 디자인해 각광받은 미국의 의류디자이너이다.

온 세계가 마을로 온 날

"불평하는 건 아니에요." 머리사는 타임스에 이렇게 밝혔다. "하지만 누구나 각자의 고통과 비극을 안고 살아요. 아무리 유명하건 유복하건 상관없이 말이에요."

루이스포트를 떠난 지 6주가 지나도록 록펠러재단 부대표 데니스 그레이펠더는 루이스포트중학교 교장 팸 코이시에게서 학교에 새 컴퓨터를 제공하겠다는 제안에 대한 답을 듣지 못했다. 러셀 바틀릿 목사도 교회 기부금에 관해 연락을 주지 않았다. 알고 보니 양쪽 다 종용하는 느낌을 주고 싶지 않아서, 전화하지 않은 채 재단이 약속을 재고할 수 있도록 배려하고 있었다.

그레이펠더는 코이시에게 컴퓨터에 관해 결정을 내렸는지 물었다. 혹시 학교에 다른 것이 필요하냐고 하니, 코이시는 컴퓨터를 선물하면 정말 좋겠다고 말했다. 처음에 학교 측은 컴퓨터 35대 교체 비용으로 3만 5000달러를 제시했다. 그레이펠더가 보기에 학교 측은 탐욕스럽게 보이거나 재단을 이용하려 드는 것으로 비칠까 봐 걱정하고 있었다. 학생이 최신형 컴퓨터를 사용하기를 바란 그레이펠더는 즉시 금액이 너무 낮다고 거부했다. 결국, 학교는 컴퓨터 한 대당 1500달러로 총 5만 2500달러를 기부받기로 했다.

바틀릿 목사도 마찬가지로 신중했다. 한동안 주저하던 목사는 마침내 어려운 주민을 돕는 기금으로 1만 5000달러를 지원받기로 합의했다.

자신을 대접해 준 사람에게 기부금을 보낸 건 록펠러재단 관계자만이 아니었다. 거의 모든 대피소의 승객이 십시일반 돈을 모아 현금 수천 달러가량을 해당 단체 또는 학교에 기부했다. 어떤 승객은 지역의 교회 지붕을 교체해 주겠다고 약속했고, 직접 캐나다적십자와 구세군, 또는 마을 행정기관에 수표를 발행하는 승객도 많았다.

가장 야심 찬 모금 사례는 루이스포트에 머물렀던 델타항공 15편 승객이 만들어 냈다. 뉴펀들랜드에서 애틀랜타로 날아가던 중, 일부 승객이 모여 어떻게 고마움을 표현하면 좋을지 의논했다. 최근 뉴펀들랜드의 경제 사정이 좋지 않으며, 특히 루이스포트 같은 마을이 타격을 크게 받았다는 사실을 떠올렸다.

승객 중 노스캐롤라이나 출신인 로버트 퍼거슨 박사가 장학 기금을 설치해서 해마다 학생을 선정해 수여하자는 의견을 냈다. 모두 공감했고, 곧 승객 셜리 브룩스가 승무원에게 부탁해 기내 방송으로 승객 217명 전원에게 퍼거슨의 의견을 알렸다. 순식간에 약정서가 기내를 돌았다. 비행기가 애틀랜타에 도착할 무렵에는 약정 금액이 1만 5000달러를 넘어섰다. 현재 별도의 웹사이트*를 운영하며, 미국에서 평판이 좋은 자선 재단에 기금 감독을 맡겼다. 갠더15편장학기금Gander Flight 15 Scholarship Fund이라는 공식 명칭이 붙은 그 기금에서는 2002년 여름 중에 첫 번째 장학금 수혜자를 발표했다.

클라크와 록샌 로퍼, 그리고 입양한 딸 알렉산드리아가 집으로 가는 긴 여정은 마지막까지 순탄치 않았다. 월요일 밤 테네시에 도착할 무렵 록샌은 숨쉬기가 어려울 정도로 독감이 심해졌다. 현직

---

*   www.deltaflight15.org

소아청소년과 간호사인 자신이 볼 때, 분명 진료를 받아야 하는 상태였다. 화요일 이른 아침 현지 병원 응급실을 찾아가 보니 걱정했던 대로 독감이 폐렴으로 발전했다는 의사의 진단이 나왔다.

록샌은 멈추고 싶지 않았다. 텍사스 알토의 집이 지척이었다. 어서 가서 이 기나긴 여행을 끝내고 싶을 뿐이었다. 갈색 양철 지붕을 얹은 집이 그리웠다. 말과 닭, 개들이 있는 목장이 그리웠다. 부모가 보고 싶었다. 자기 집 침대에 남편과 눕고 싶었다. 무엇보다도, 1년 전 입양한 딸 서맨사를 안고 싶었다.

의료진은 록샌을 입원시키지 않는 대신에 항생제를 잔뜩 놓은 다음 보내 주었다. 로퍼 가족은 수요일에 텍사스에 진입했다. 제일 먼저 타일러에 있는 클라크 부모의 집에 들렀다. 도착해 보니 환영 인사가 적힌 현수막이 걸려 있었다. 삼십 분 후 록샌의 어머니가 서맨사를 데리고 왔다. 자신이 떠난 후로 두 살배기 아이가 얼마나 자라 있던지, 록샌은 울음을 터뜨렸다. 양쪽 부모 모두 그간의 모험에 관해 듣고 싶어 했지만, 록샌은 빨리 일어나고 싶었다. 이야기는 나중에도 얼마든지 할 수 있었다. 카자흐스탄에서 알렉산드리아를 얻은 뒤로 비행기, 여객선, 자동차로 1만 3000킬로미터 가까이 이동한 끝에, 이제 타일러에서 알토까지 고속도로 69호선을 타고 83킬로미터만 더 가면 집에 다다를 수 있었다. 마지막 구간을 질주하며, 표지판을 하나씩 지날 때마다 록샌은 기운이 솟았다. 진입로에 도착하자 로퍼 가족은 성탄절 아침에 계단을 뛰어 내려가는 아이처럼 문을 향해 달려갔다. 고요하고 평화로운 그곳에서 드디어 안전하고 평온한 상태로, 새로운 가족, 완전한 가족이 되었다. 대문을 통과하며, 록샌은 그 순간에 어울리는 단 한 마디, 일주일 넘게 참고 기다려 온 그 말을 꺼내 놓았다. "집이다."

온 세계가 마을로 온 날

"어떻게 지내요, 친구?"

오즈 퍼지를 한 번이라도 만나 본 사람이라면, 전화기 너머로도 어깨에 팔을 두르고 꽉 끌어당기는 듯한 느낌을 주는 걸걸한 아일랜드 억양을 절대 잊지 못할 것이다. 퍼지와 대화하는 것도 몇 년 만이었다. 책이 나왔을 때 나는 출간 기념행사 참석차 갠더에 돌아가서 퍼지를 포함해 책에 도움 준 친구들과 재회했다. 그중 몇 명과는 전화나 이메일, 페이스북 등을 통해 꾸준히 연락하고 지냈다. 9 · 11 20주기를 앞두고 개정판을 내자고 출판사에 제안했을 때는 코로나바이러스감염증이 터지기 직전이었다. 2020년 여름이나 가을에 갠더를 방문할 계획이었는데 바이러스가 모든 걸 바꿔 놓았다. 캐나다 당국은 미국인 입국을 차단했다. 캐나다 안에서도 뉴펀들랜드는 본토와도 선을 긋고 주위의 접근을 막았다. 그렇게 애쓴 결과 엄청난 성과를 얻었다. 감염증 사태가 발발한 지 1년이 지날 즈음, 약 60만 명의 주민이 거주하는 뉴펀들랜드주에서의 감염 사례는 700건 미만이었고, 사망자는 4명에 그쳤다. 뉴펀들랜드인은 완벽하게 대처했다. 지침을 따랐다. 마스크를 쓰고 사회적 거리를 지켰다.

하지만 사회적 거리두기라니? 갠더 같은 동네에 얼마나 어울리지 않는 일인가 하는 생각을 피할 수 없다. 9·11 당시 재난 속에서도 생판 모르는 사람들을 두 팔 활짝 펴고 맞이해 도와준 곳에서 말이다.

"무슨 말인지 알겠어요. 우리 같은 사람들에게는 정말 힘든 일이죠. 하지만 더 큰 이익을 위해 잠깐의 고통을 참아야 한다는 사실을 다들 알고 있을 거예요." 퍼지가 말했다.

코로나바이러스 팬데믹 전에는 여러 공연팀이 미국, 호주, 유럽을 돌며 브로드웨이 뮤지컬 〈멀리서 온 사람들〉을 공연했다. 뮤지컬이 상연되는 뉴욕, 로스앤젤레스, 런던, 기타 여러 도시에 퍼지와 마을 주민 몇 명도 동행했다. 그들이 무대에 오를 때면 기립박수가 뒤따랐다.

퍼지는 이런 관심이 얼떨떨하다. "다 당신이 시작한 거죠. 지금도 갠더와 주변 마을 주민들 모두에게 고마움을 전하는 이메일과 문자가 와요. 그러면 다 답장을 보내 드려요. 그동안 사람들을 참 많이 만났는데, 매번 같은 질문을 받아요. 어떻게 그런 일을 했느냐고. 그냥 늘 하던 대로 했을 뿐이라고 대답하죠. 아직도 이렇게까지 호들갑 떨 일인가 싶어요."

"여자 교도소에 한번 방문해 보시겠어요?"

책 출간 후 약 20년 동안 수많은 책 모임에 찾아갔지만 이런 요청을 받은 건 처음이었다.

"뭐라고요?" 내가 말했다.

온 세계가 마을로 온 날

위스콘신주 러신 도서관 측에서 내 책을 독서 프로그램에 채택했다며 시민회관과 현지 학교에 강연자로 초대했다. 그러면서 로버트E.엘즈워스 교도소 방문도 제안한 것이다.

도착해 보니 책 모임 회원 십여 명이 모여 있었다. 이 책에서 역시나 희망의 메시지를 읽은 사람들이었다. 끔찍한 일이 벌어지는 와중에도 선한 행동이 나타날 수 있다는 생각을 그들은 붙들고 있었다. 모임 참가자들은 최소한의 보안 설비만 갖춘 그 교도소에서 대부분 몇 달 안에 풀려날 예정이었다. 오즈 퍼지에 대한 질문이 쏟아졌다. 진짜 실존 인물인지? 정말로 돌아다니면서 사람들을 안아 주었는지? 어떻게 총도 없이 경찰관 일을 할 수 있는지?

강아지 랠프에 관해서도 물었다. 무사한지? 집에 잘 돌아갔는지? 보노보들은 어떻게 되었는지? 동물원에 잘 갔는지?

뎁과 그렉의 연애도 궁금해 했다. 둘은 여전히 만나는지? 결혼했는지? 책에 넣지 않은 짜릿한 사연이 더 있는지?

책 모임 참가자 대부분이 자녀가 있었던 터라 클라크와 록샌, 그리고 어린 아기 알렉산드리아에 관해서도 가능한 모든 것을 알고 싶어 했다.

이 여성 수감자들과 마찬가지로, 나 역시 갠더에서 고립당한 승객만 아니라 그들을 돌본 마을 주민들이 그 며칠 동안 벌어진 일에 어떤 영향을 받았는지 알고 싶었다. 그 후 몇 주 동안 나는 책에 등장한 모든 사람의 근황을 수소문했다. 전부 다는 못 찾았지만, 연락이 닿은 사람마다 그때 그 일이 정말로 특별한 사건이었음을 다시 한번 확인시켜 주었다. 승객 톰 매키언은 이렇게 말했다. "마법 같은 일이었죠. 그리고 그 마법이 당연히 되풀이되지는 않는다는 사실을 이제는 알아요. 사실 그 일이 그렇게 특이하다고 생각하지 않았거든요. 그런데 지금 세상 돌아가는 걸 보면, 절대 당연한 일이 아니었다는 생각이 들어요."

록샌과 클라크는 여전히 텍사스 알토의 통나무 집에서 토지 수천 평을 가꾸며 살고 있다. 록샌의 표현에 따르면 "더없이 행복하고 느린" 삶이다. 텍사스 동부, 들소가 거니는 그 들판에 2003년 우주선 컬럼비아호 폭발 사고의 잔해가 떨어졌다. "정말 흔치 않은 일이었죠"라며 록샌은 어이없는 표정을 짓는다. 요즘은 갠더에서 보낸 나날이 자주 떠오른다. "소중한 추억이에요. 라이온스클럽에서 만난 브루스, 수전과는 지금도 연락하고 지내요." 자신들과 마찬가지로 카자흐스탄에서 입양한 아이를 미국으로 데려왔던 베스와 빌리와도 다시 만날 계획이다.

2001년 집으로 돌아오고 얼마 안 되어, 클라크와 록샌은 알렉산드리아와 서맨사보다 어린 남자아이를 입양하기로 마음먹었다. 하지만 세 번째 입양 계획은 실현되지 않았다. 몇 년 동안 애를 써도 안 되던 임신이 갑자기 된 것이다. 부부는 깜짝 놀랐다. 흥분과 두려움이 동시에 엄습했다. 결혼 초기에 몇 차례 유산하는 고통을 겪은 까닭이다. 아이 갖기를 포기하고 입양하기로 한 것도 그 때문이었다.

이번에는 달랐다.

2003년, 록샌이 말라카이를 낳았다. "저희가 성경 인물의 이름을 좋아해요." 알렉산드리아와 서맨사에게 남동생이 생겼다. 하지만 거기서 끝이 아니었다.

2006년에는 엘리를 낳았다.

2008에는 메이시가 뒤를 이었다. 수년에 걸쳐 마음 아파하며 애쓴 끝에 가족이 생겼고, 어느새 집안이 아이로 가득했다. "가끔 정말 많다 싶지만, 참 좋아요."라고 록샌이 말했다.

인구 1221명인 조그만 마을에서 며칠 동안이나 이웃과 마주치지 않을 정도로 광활한 농장을 꾸리며 살다 보면 세상과 담을 쌓은 느낌이 들기도 한다. 록샌은 갠더에서 보낸 그 며칠간 세계와 자신을 보는 눈이 바뀌었다고 생각한다. "어떻게 설명해야 할지 모르겠는데, 남을 돕고 싶다는 마음이 들었어요. 허리케인이나 토네이도처럼 도무지 손쓸 수 없는 상황에 휩쓸린 낯선 사람들 말이에요. 제가 바로 그런 처지였어요. 스스로 할 수 있는 게 아무것도 없는 곳에 뚝 떨어졌는데, 그런 저를 돕는 손길이 저와 제 가족에게 얼마나 중요했는지 절실히 느꼈어요."

알렉산드리아는 올해 스물두 살이 되었다(9월 11일 클라크와 록샌에게 입양되어 텍사스로 가던 때는 두 살이 된 직후였다). 물론 갠더에서 있었던 일은 전혀 기억나지 않지만, 어릴 때 어머니에게 들어 알고 있었다. "계속 되새겨 보았어요." 알렉산드리아가 말했다. "해마다 9·11이 돌아오면 그때 있었던 일에 대해 생각했어요. 그 암울한 사건과 뒤이어 제 부모님이 겪은 일에 관해서요. 갠더 사람들은 우리 가족에게 정말이지 엄청난 친절을 베풀었어요."

대학에서 유아교육을 공부하는 알렉산드리아는 초등 저학년 교사를 지망하고 있다. "늘 누군가를 도울 수 있는 직업을 갖고 싶었어요. 아이들이랑 노는 걸 제일 잘하기도 하고요."

갠더에서 '텐트걸스'로 유명했던 사라와 리사는 여전히 절친한 친구 사이다. 리사는 코르크판 브랜드 사업을 하고 있다. 갠더에 있는 동안 기쁜 마음으로 남편 손에 맡겼던 세 아이도 이제는 다 자랐다. 도매상점에서 영업 사원으로 일하던 사라는 개인 의류업체를 차리려고 퇴직한 뒤 코로나바이러스 대유행 전까지 여행을 하던 중이었다. 두 사람은 이따금 갠더에서 겪은 일을 들려 달라고 댈러스의 지역 책 모임으로부터 초청을 받곤 한다. 그런 자리에 가면 항상 이렇게 말한다. "그분들 덕에 정말이지 멋진 시간을 보낼 수 있었어요. 사람은 선천적으로 선하다는 걸 알게 되었어요." 두 여성 모두 갠더에 다시 갈 마음이 있다. 사라에게 이번에는 호텔에서 묵을 거냐고 물었더니 싱글거리며 이렇게 답했다. "모르겠어요. 그 텐트 정말 재밌었는데 말이에요."

이십 년이 지난 지금까지도 당시 뉴욕주 경찰이던 조지 비탈레는 어마어마한 죄책감에 시달리고 있다. 9·11 10주기에 쌍둥이 빌딩 붕괴 현장에 조성한 추모공간이 문을 열었지만, 브루클린 자택에서 멀지 않은 곳인데도 비탈레는 차마 발걸음이 떨어지질 않는다. "도저히 못 가겠어요." 감정에 북받쳐 목소리가 갈라진다.

갠더에서 겪은 일과 거기서 만난 친구들은 그날 일어난 비극적인 사건과 완전히 대조적이다. "갠더에서 정말 근사한 경험을 했어요. 내가 살던 바로 이곳에서, 나와 알고 지냈지만 이제는 볼 수 없는 이들에게 벌어진 그 일과 연결하기가 어려울 정도예요. 생전 처음

온 세계가 마을로 온 날

보는 사람들이 내민 도움의 손길에서 느낀 그 애정을 한시도 잊은 적이 없어요. 제 평생 다시 없을 특별한 경험이었어요, 정말로."

비탈레는 흐느끼며 말을 이어간다. "그래서 이십 년 동안 제가 만나는 사람들에게도 그 마음을 나눠 주려고 노력했어요. 하지만 무고한 시민에게 저지른 그 극악무도한 악행 역시도 한시도 잊히지 않았어요."

원래는 2001년 말에 퇴직할 예정이었지만, 비탈레는 참사 후 계획을 취소하고 3년 더 뉴욕주 경찰대에 남아 있었다. 9·11이 남긴 후유증을 겪으면서도 좋아하는 태권도를 하면서 마음의 평안을 얻고 세계 대회에도 참가했다. 2017년에는 태권도 최고 등급인 9단으로 승단해 검은 띠를 맸다. 새로운 삶의 목적도 생겼다. 국가와 국가를 잇는 가장 좋은 연결고리는 스포츠라고 믿는 그는 2001년부터 북한을 다섯 번 방문하고 남북 간 전시 기획에도 참여했다. 소위 태권도 외교라고 불리는 활동을 하게 된 것이다. "멋진 게 뭐냐면요, 제가 외교관이 아니라는 점이에요." 비탈레가 말했다. "그저 진심으로 이 일이 좋은 일이라고 생각하는 사람일 뿐인데, 태권도 지도자들을 한자리에 모이게 하고 그로써 양국의 지도자도 서로 만나도록 돕는 위치에 있어요. 대단하죠."

갠더에서 지낸 나날과 9·11 직후 미국인 모두가 공유했던 감각을 떠올리며, 비탈레는 그 정신이 다 어디로 가 버렸는지 모르겠다고 말한다. "귀국했을 때 다들 얼마나 끈끈한 연대 의식을 보여 주었는지 생각해요. 그런데 지금은 왜 이렇게까지 갈라져 버렸는지 모르겠어요. 우리가 연대 의식을 발휘하게 만든 그 고통만 빼고 그때처

럼 하나가 될 수는 없을까요? 너무 무리한 바람은 아니라고 생각하
지만, 현실은 그렇지 않죠. 미국이라는 이름 아래 하나가 되는 힘을
잃어버리고 말았어요. 앞으로가 걱정이에요. 어떤 식으로든 화합을
이룰 방법이 있을까 싶어요."

덤과 다이앤의 지하실에서 비탈레와 함께 지낸 매키언도 최근
비슷한 이야기를 했다. "그분들이 한 일, 사람을 믿고 우리를 받아들
여 준 그 행동이 기적이었다는 생각이 새삼 들어요. 이제는 그러기
쉽지 않을 것 같아요. 뉴펀들랜드야 거의 변한 게 없겠지만, 아시잖
아요, 최근 몇 년 동안은 정치라든지 비열한 사건들에 충격을 많이
받았어요."

매키언은 2005년에 결혼해 두 아이를 키우고 있다. 덤과 다이앤
부부와 주기적으로 대화하며, 그들을 인생에서 빼놓을 수 없는 일부
로 생각한다.

22년 동안 애플턴 시장으로 일한 덤 플린은 2018년에 은퇴했
다. 그 덕에 아내와 세계를 돌아다닐 수 있게 되었고, 뮤지컬 〈멀리
서 온 사람들〉 제작진의 초대를 받아 워싱턴 D.C., 영국 런던, 호주
멜버른 등 여러 도시에서 여는 공연에 동행했다. "이 나이에 이렇게
온 세계를 돌아다닐 줄은 상상도 못 했어요." 덤은 말한다.

명성에 기대어 덤과 다이앤은 자택에서 '플린 부부와의 만남'이
라는 작은 모임을 시작했다. "낮에 몇 시간 동안 집을 개방해 사람들
이 그 시간을 돌아볼 수 있게 해 주기로 했어요." 덤이 말했다. "그게
꽤 인기 있는 행사가 되었죠. 저희 생각보다 훨씬 더. 미국과 캐나다
전역에서 찾아온 사람들과 둘러앉아 9·11 이야기를 하고 또 했어

온 세계가 마을로 온 날

요. 물론 저희는 사람 만나는 일도, 그 사람들을 우리 집에 들이는 것도 전혀 부담스럽지 않았어요."

유명세를 활용한 사람은 이들만이 아니었다. 관광버스가 수시로 지나다녔고, 당국에서는 '비행기 사람들'과 관련한 장소 주위에 표지판과 간판을 내걸었다. "갠더에 어마어마한 이익을 안겨 주었다고 생각해요." 비행기에 갇힌 동물을 돌봐 준 수의사 덕 트위디가 말했다. "지도 위에서 갠더와 뉴펀들랜드를 여행지로 표시하게 해 주었으니까요."

비상사태에 대응한 시민들의 노력에 쏟아진 관심을 수익 창출에 활용한다며 분개하는 사람도 있다. 뉴펀들랜드인이 마땅히 할 일을 한 것으로 관심을 받으려 해서는 안 된다고 주장한다. 뉴피다운 모습이 아니라고 말이다. 정당한 주장이기는 하지만, 갠더에 고립되었던 사람들 중 이 이야기가 널리 알려지고 그 명성으로 누군가 이익을 본다고 해서 못마땅하게 생각할 사람은 아무도 없다. 델타항공 15편에서 조성한 장학기금은 지금까지 갠더의 젊은이들을 지원하고 있다.

그러나 코로나바이러스로 인해 현재 갠더 관광은 전면 중단되었다. 2021년에도 지역 전체가 여전히 격리 상태다. 뉴펀들랜드인에게는 너무 힘든 일이라고 덤은 말한다. "사회적 거리두기 같은 문화는 뉴펀들랜드와 맞지 않거든요. '아이고, 5월에 피는 꽃보다 더 반갑네요. 어서 들어와요. 주전자 올려놨으니 차 한잔해요'라거나, '바에 가서 맥주든 뭐든 한잔합시다'하는 게 익숙한 사람들인데 그걸 못하고 있으니까요."

덤 플린 외에 9·11 이후 은퇴한 정치인이 또 있다. 2017년, 갠더 시장 클로드 엘리엇도 거의 22년에 걸친 임기를 끝내고 내려왔다. 퇴임하며 엘리엇은 한 기자에게 이렇게 말했다. "지역을 위해 제가 할 수 있는 최선을 다했습니다." 이렇게 덤과 클로드가 정치 무대에서 퇴장한 한편, 깜짝 놀랄만한 새 후보자가 갠더 지역 선거 무대에 등장했다. 정치 신예 오즈 퍼지다.

30년 동안 마을 순경으로 일한 퍼지는 2017년 읍 의회에 출마해 당선했다. 퍼지는 "그냥 주민들이 제 경찰복을 벗기고 싶어 한 것 같아요"라고 말하며 웃음을 터트렸다. "순경 일을 하면서 의회에 나갈 수는 없으니까요."

동물학대방지협회의 덕 트위디는 은퇴했지만 이사회에 남았다. 비 터커와 남편은 현재 자동차 판매장을 운영한다. 린다 험비는 동물학대방지협회를 떠나 다른 지역에서 수의사로 일하고 있다. 나머지 한 사람, 보니 해리스만은 이십 년이 지난 지금도 동물 보호소를 지키고 있다. "여전히 이 일이 좋아요. 아이들은 이제 다 자라서 떠났으니, 계속 바쁘게 일하는 게 좋아요. 겨울이면 밤마다 그림을 그리느라 바쁘고요. 저는 그냥 바쁘게 사는 사람이에요. 가만히 앉아 있는 사람이 못 되는 거죠."

이십 년 전 갠더 사람들이 한 일을 돌아보며, 보니는 이렇게 말했다. "이런 말 들어 본 적 있으실지 모르겠지만, 그거 별일 아니었어요. 안 그러면 어쨌겠어요? 모른 척해요?" 보니에게 그동안 갠더에서 달라진 게 뭐가 있느냐고 물었다. "세계 곳곳에서 사람들이 찾아오더라고요. 아마 그게 제일 큰 변화일 거예요. 하지만 그 밖에는, 늘 그랬던 것처럼 저희는 그냥 갠더 사람으로 살고 있어요."

보노보 원숭이는 동물원에 무사히 도착했고, 다른 동물도 별 탈 없이 여정을 마쳤다고 했다. 이야기를 나누던 중에 보니가 갑자기 물었다. "랠프 소식 들었어요?" 내 책에 등장한 인물 중 누구도 순종 잉글리시코커스패니얼 강아지 랠프만큼 큰 큰 관심을 받은 이가 없었다. "랠프가 진짜 챔피언이었더라고요. 도그쇼에 나가서 몇 차례 상을 받았어요." 보니가 설명했다. 책을 쓰던 때에는 그 강아지가 생후 10주 차에 독일에서 댈러스로 가는 길이었다는 것밖에 알지 못했다. 알고 보니 랠프를 낳은 개는 스웨덴 우승견이었고 아빠 개도 유럽에서 우승한 경력이 있었다. 보니가 도와준 덕에 랠프의 마지막 반려인이었던 린다와 연락이 닿았다.

도그쇼에 다니는 삶은 텔레비전에서 보는 것처럼 멋지기만 하지 않았다. 린다에 따르면 댈러스에서 랠프를 샀던 견주는 지나칠 정도로 기대가 컸다. "그 사람들은 랠프가 웨스트민스터 도그쇼에서 우승할 거라고 생각했죠." 랠프는 지역 도그쇼에 몇 차례 출전해 우승했지만 전국 무대에는 한 번도 못 나갔다. "그래서 실망한 모양이에요. 대회 출전을 그만두어야 하는 세 살이 되었을 때 랠프를 중성화했어요." 그리고는 팔려고 웹사이트에 올려놓은 랠프의 사진을 린다의 딸 애비게일이 발견했다. "아이가 그러더라고요. '엄마, 저 얼굴 좀 봐.' 정말 사랑스러웠어요."라고 린다가 말했다. "그 뒤 전화를 걸었더니 그 사람들이 랠프가 타고 갈 항공료만 내라고 했어요."

린다의 집에 온 랠프는 사랑과 관심을 듬뿍 받으며 여생을 보냈다. "존재 자체가 기쁨이었어요." 하지만 갠더에서도 그랬듯이 랠 프는 자주 아팠다. "살면서 응급진료만 해도 두세 번은 받았을 거예요." 린다는 랠프가 벨기에 초콜릿 한 상자를 먹은 탓에 위 세척을 해야 했던 일을 떠올렸다. "그렇지만 랠프는 그런 개였는걸요. 아주 고약했죠. 귀를 펄럭대는 사랑스러움과 고약한 면을 동시에 가진 개였어요." 랠프는 2014년 10월 15일 세상을 떠났다. 열세 살이었다.

랍비 레이비 수닥은 지금까지도 자신이 갠더에 고립되었던 이유가 무엇인지 곱씹고 있다. "사람 보는 눈이 달라졌어요. 다른 시선으로 사람을 관찰하게 되었지요." 그러면서 인간의 선한 내면을 발견하려고 노력하는 과정을 설명했다. 그 말을 듣고 놀란 나는, 랍비라면 원래부터 그렇게 할 줄 알았다고 말했다. 랍비는 수긍했다. "갠더에 머물기 전까지는 그렇게까지 진심으로 실천하지 못했어요." 런던에 돌아간 후로 랍비는 갠더에서 있었던 일을 자주 언급했다. 이런 일도 실제로 가능하다면서 말이다. "우리는 여기서 교훈을 얻어야 합니다. 신성한 이야기예요."

갠더에서 지내던 중 랍비에게 가장 큰 영향을 준 시간은 제2차세계대전 기간에 뉴펀들랜드로 이주한 유대인 난민 에드 브레이크와의 만남이었다. 에드는 2008년 10월 13일에 72세로 사망했다. 갠더 천주교 성당에서 장례미사가 열린 뒤 근처에 있는 올세인츠 묘지에 묻혔다. 갠더에는 아직도 유대교 회당이 없다. 랍비 수닥에 의하면, 그로부터 몇 년 후에 루바비치 운동 본부에서 최초로 뉴펀들랜드 지부를 개설했다. "갈 곳을 찾던 젊은 부부가 갠더에서 저희가 겪

온 세계가 마을로 온 날

은 일을 전해 들었다고 해요. 그때 저만이 아니라 세인트존스에도 랍비가 몇 명 있었거든요. 뉴펀들랜드에 루바비치 지부를 열기로 한 데는 이 일이 큰 영향을 주었던 게 틀림없어요."

칼과 에녀와는 꾸준히 연락하고 지낸다. 두 사람은 런던 웨스트엔드에서 뮤지컬 〈멀리서 온 사람들〉 공연이 열릴 때 찾아와서 랍비와 만났다고 한다.

베르너 발데사리니는 2002년 휴고 보스 CEO직을 그만두었다.

한편 9·11 사건을 뒤쫓던 미 육군 정보국 사령관 바버라 패스트는 그만둘 생각이 전혀 없었다. 갠더를 떠난 후 곧바로 복귀해 유럽에서 미 육군 첩보 작전을 감독했고, 비행기 납치사건 및 그 배후 인물 오사마 빈 라덴에 관해 가능한 모든 것을 밝혀내려 애썼다. 2003년 미국이 이라크를 침공했을 때는 이라크에서 복무했고, 소장으로 진급한 뒤 32년에 걸친 군 생활을 마무리하고 2008년 은퇴했다. 현재는 앨라배마에 산다.

루프트한자 조종사 라인하르트 크노트는 9·11 납치 사건 후에도 조종실로 돌아가기를 망설인 적이 전혀 없다고 말했다. 그저 비행이 너무 좋았을 따름이다. 하지만 45년 동안 루프트한자에서 근무한 후 마침내 은퇴했다. "이제는 비행을 못 해요. 나이를 너무 많이 먹었죠." 그 말대로, 크노트는 올해 일흔에 접어든다. 평생에 걸쳐 전 세계를 돌아다닌 이 남자는 이제 가족과 함께 독일 부츠바흐에 정착해 정원을 가꾸고 물고기가 노니는 작은 연못을 돌보는 일상에 만족하며 살고 있다.

갠더에서 피어난 사랑 이야기가 여러 건 있었다. 그중에서 가장 유명한 사연은 런던에서 휴스턴으로 가는 비행기에 동승했다가 갠더에 고립된 닉 마슨과 다이앤 그레이의 이야기다. 당시 다이앤은 60세였고 닉은 52세였다. 둘은 전혀 모르는 사이였지만 갬보에서 지내는 동안 어느새 서로 대화하고, 술 마시고, 웃어 대며 내내 시간을 함께 보내고 있었다. 둘 다 이혼한 상태였다. 닉은 영국 출신 기술자였고 다이앤은 텍사스에 살고 있었다. 뉴펀들랜드를 떠날 때는 이미 사랑에 빠져 있었다. 두 사람은 2002년 9월 7일 결혼해 뉴펀들랜드로 신혼여행을 갔다.

《피플》지와의 인터뷰에서 그들은 처음에는 행복을 누리는 데 대해 죄책감을 느꼈다고 했다. 닉은 이렇게 말했다. "옳지 않은 일 같아서 늘 마음 한편이 불편했어요." 이제 죄책감은 사라졌고, 이 이야기가 누군가에게 영감을 주었으면 하고 바란다. "최악의 순간에도 좋은 일은 일어날 수 있어요." 다이앤이 말했다. "세상이 혼란스러워도 스스로 고립되지는 않았으면 해요."

모두가 이렇게 동화 같은 결말을 맞이한 것은 아니다. 데버라 페러와 해군 대령 그렉 커티스의 경우가 그랬다. 그렉은 아프가니스탄에 제일 먼저 파병된 부대에 속했다. 이라크에도 가고, 알카에다 수색차 아프리카에도 여러 차례 주둔했다. 그리고 2020년에야 예비역 중령으로서 군 생활을 끝냈다. 뉴펀들랜드에서 만난 사람들과는 해외 파병 후 연락이 끊겼다. "그해 이라크로 가면서 끊어진 것이 많아요." 이제 결혼한 커티스는 2020년에 두 살이 된 아들과 함께 플로리다에 살고 있다.

온 세계가 마을로 온 날

뎁도 결혼해서 휴스턴 북쪽 작은 마을에 살고 있다. 쌍둥이까지 포함해 딸 셋을 키우고 있다. 세 아이 모두 엄마의 금발과 특유의 커다란 미소를 물려받았다. 부동산업을 하는 뎁은 중개료 중 30퍼센트를 어려운 사람을 돕는 기관에 기부한다. "갠더에 있을 때 스물여덟 살이었는데, 사람들이 서로 돕는 모습을 보고 정말 큰 영향을 받았죠. 어떤 식으로든 제가 사는 지역사회에 기여하고 싶다는 마음이 생겼어요." 뎁의 말이다.

갬보 일당의 또 다른 일원인 라나 에더링턴은 갠더에서 지내는 동안 미국에서 벌어진 암울한 현실을 거의 느끼지 못했다며, 마치 평행우주에 사는 것 같았다고 말했다. "그 나흘 동안 저는 어떻게든 그 생각을 하지 않으려고 애썼어요." 그때를 회상하며 라나가 말했다. "정말 이상한 상황이었죠. 갬보에 있던 조지와 에드나의 집에서 여섯 명이 함께 지내던 게 말이에요. 휴스턴에 돌아와 가족을 만나고 나서야 실감이 나더라고요."

"넘쳐나는 애정과 헌신을 경험했어요." 그렉이 말했다. "인간이 저지를 수 있는 일이 어디까지인가 생각하며 모두들 충격과 공포에 빠져 있을 때 저희는 희망을 품을 기회를 얻었어요. 그리고 인간이 할 수 있는 선한 행동이 어디까지인지 목격할 수 있었죠."

책이 나왔을 때, 나는 직접 책을 들고 해나와 데니스를 찾아갔다. 아들을 잃은 두 사람은 9·11 1주기를 앞둔 당시 몹시 힘겨운 시간을 보내고 있었다. 특히 해나는 내가 거실에 앉아 있을 때 평소답지 않게 침묵을 지킬 정도로 힘들어했다. 하지만 그날 만남을 통해 해나는 갠더에서 만난 다채로운 사람들을 떠올릴 수 있었다. 차량이 필요한 승객들을 위해 운전사를 자처한 톰 머서, 임신 중이던 캐런 존슨, 그리고 당연히, 뷸라 쿠퍼까지. 한참 이야기를 나누던 중에 해나가 미소를 지었는데, 그 순간 나는 갠더 사람들이 만들어 준 그 소중한 시간에 진심으로 감사했다. 인생 최악의 시기를 맞이한 해나에게 갠더 사람들은 슬픔과 고통 속에서도 기댈 수 있는 언덕을 선사했다.

"무슨 이야기인지 알겠어요." 해나의 딸 퍼트리샤가 말했다. "때로 엄마의 얼굴에 그늘이 드리우곤 해요. 그러다가 말씀하신 것처럼 어떤 생각을 하면 다시 환하게 밝아져요. 살다 보면 슬픈 일이 일어나요. 좌절도 겪고. 하지만 그런 와중에도 좋은 기억이라는 게 생겨요. 받아들이기 힘든 말일지 몰라도, 좌절에 좋은 추억이 담기는 거예요. 가장 깜깜한 순간에 누군가 한 줄기 빛을 비춰주어 잊고 싶은 기억 속에 따뜻한 온기를 더해 주는 거죠."

데니스는 2019년 1월 86세로 사망했다.

케빈의 아내 메리앤은 재혼하지 않았다. 두 딸 커린과 제이미는 이제 각각 40세, 38세가 되었다. 커린은 아이가 둘인데, 첫째에게 아버지를 기리며 케빈이라는 이름을 지어 주었다. 그 아이가 올해 열두 살이다.

가족에 둘러싸여 지내는 해나는 갠더에서 만난 사람들 중 뷸라와 지금까지 가장 긴 인연을 이어가고 있다. 80대에 접어든 지 한참인 두 사람이 적어도 한 달에 한 번은 서로 연락하며 지낸다. 심지어 뷸라가 뉴욕으로 찾아온 적도 있다.

온 세계가 마을로 온 날

처음 비극이 일어났을 때부터 두 사람 사이에는 끈끈한 인연이 생겨났고, 지금까지 이래저래 이어져 왔다. 해나의 아들은 무역센터에서 목숨을 잃었다. 역시 소방관이던 뷸라의 아들은 몇 년 전에 암으로 세상을 떠났다. 해나는 2019년 남편을 잃었다. 그보다 7년 앞서 뷸라의 남편도 세상을 떠났다. 이 모든 일을 겪으면서 두 사람은 슬픔을 나누고 서로의 우정을 통해 평온을 누렸다.

"계속 살아 나가야 한다는 걸 우리 둘 다 알고 있거든요." 내가 찾아갔을 때 뷸라가 말했다. "그것 말고는 할 수 있는 말이 없어요. 너무 힘들 때가 있거든요."

그래도 두 여성은 대체로 웃으며 대화한다. 무슨 이야기를 나누었냐고 뷸라에게 물으니 너털웃음을 웃으며 이렇게 말했다. "다 쓸데없는 얘기죠. 그냥 있었던 일을 이야기하는 것뿐이에요. 해나도 저도 직진하는 성격이라. 하지만 저는 입을 다물고 있을 때가 많아서 사람들이 곧잘 오해한답니다." 뷸라는 이렇게 말한 다음 내게 야한 농담을 들려주었다.

9·11 이후 몇 해가 흐르는 동안 해나와 데니스의 온 가족은 이 둘을 돌봐 준 여러 사람들을 만났다. "그분들은 진짜예요, 진짜." 퍼트리샤가 말했다. "정말로 그런 분들이더라고요." 2020년 밴쿠버 동계올림픽 기간에 NBC가 그 끔찍했던 며칠에 관해 인터뷰하려고 해나와 데니스를 갠더에 데려간 적이 있다. 퍼트리샤는 그때를 이렇게 회상했다. "저도 따라갔어요. 가서 마을과 주민들을 보니까 제가 자라던 60~70년대가 떠오르더라고요. 다들 누가 누군지 알고 서로 돌봐 주는 곳이었어요."

"슬픔이나 혼란, 걱정에 빠진 사람이 있으면 마을 사람 모두가 그 짐을 함께 졌어요." 이렇게 말하며, 퍼트리샤는 가족 모두 갠더 사람들이 9·11에 보여 주었던 행동에 언제까지나 고마워할 것이라고 했다.

해마다 9·11이 되면 해나와 데니스의 가족은 똑같은 하루를 보낸다. "제일 먼저 저희가 다니는 성당에 가서 아홉 시 미사를 드려요." 케빈이 유아세례를 받고, 학교생활을 하고, 첫영성체를 받은 곳이다. 메리앤과의 혼인성사도, 사망 후 장례미사도 모두 그 성당에서 올렸다. "미사가 끝나면 집에 와서 베이글을 먹은 다음 브루클린 제2 구조대로 가요." 케빈이 처음 근무한 소방서다. 9·11 당시 제2 구조대에서 케빈 외에도 여섯 명의 소방관이 목숨을 잃었다. "보통 오전 열한 시에 소방서에서 미사를 올려요. 제2 소방서 가족 중에 많은 분이 시내에서 열리는 추모식에 가는 대신 이 미사에 참석해요. 끝내고 나오면 두 시 정도 되는데 그러면 묘지에 가서 케빈과 술잔을 나눠요."

그제야 9·11 희생자 가족이 조용히 한숨 돌릴 수 있는 시간이 찾아온다. "케빈이 죽었다는 걸 다들 알고 있기 때문에 평소에는 슬피할 수가 없어요. 그래서 사적인 일이 될 수 없어요. 공적으로 추모하는 거죠."

케빈의 무덤 앞에 서서 가족들은 작은 술병을 건넨다. 또 한 해를 어떻게 보냈는지 돌아보고 케빈과 함께했던 소중한 추억을 떠올린다. 그 술병에는 무엇이 들었을까? "케빈이 잭다니엘을 좋아했거든요." 퍼트리샤가 웃으며 말했다. "그렇게 잘 마시지는 못했지만요.

우리는 엄마도 꼭 한잔 비우게 해요."

저녁에는 지역 정치인들이 근처 공원에서 여는 희생자 추모식에 참석한다. "1주기 때부터 이렇게 했어요. 해마다. 가끔은 너무 지치기도 해요."

20주기에는 무슨 일이 있을지 아무도 알지 못한다. 그러나 퍼트리샤는 최근에 어머니가 뉴욕 일정을 다 건너뛰고 대신에 갠더로 가자고 해서 놀랐다고 말했다.

뉴펀들랜드인 중에 갠더를 둘러싸고 지나치게 과장된 신화가 생겨났다고 생각하는 사람들이 있다. 떠도는 이야기처럼 그렇게 완벽한 마을은 존재하지 않는다고 말이다. 클로드 엘리엇은 임기 중 동성결혼에 반대하는 발언을 해서 비판을 받기도 했다. 마을 사람 일부에게 관심이 몰리는 현상을 질투하는 시선도 내내 따라다녔다. 다 같이 고생했는데 왜 누구는 〈멀리서 온 사람들〉 공연이 열리는 세계 곳곳을 여행하고 누구는 집에만 있어야 하지?

갠더에서도 누가 이혼했다거나, 우정이 깨졌다거나, 실업, 알코올중독, 약물 남용 때문에 가족 간에 다툼이 일어났다는 이야기가 들려온다. 인생은 뮤지컬이 아니다. 갠더를 그런 식으로 바라보는 것은 비현실적인 이상을 좇는 일이다.

갠더 사람들이 인간적 약점을 그대로 가지고 있다고 해도 갠더에서 일어난 일은 여전히 특별하다. 갠더가 마법 같은 공간이라서 그런 일이 가능했던 것이 아니라 오히려 저마다 약점을 지닌 사람들이 재난 앞에서 한마음으로 친절을 베풀었기에 그런 일이 일어날 수 있었다는 사실이 우리에게 교훈을 준다. 그렇다면 우리도 누구든 똑같이 행동할 수 있으리라는 희망이 생긴다.

적십자사 활동을 감독했던 데스 딜런은 만약 같은 상황이 닥치면 갠더 주민들은 역시나 똑같이 행동하리라 믿어 의심치 않는다. "기자님도 같은 대접을 받을 겁니다." 이렇게 말한 뒤, 데스는 껄껄 웃으며 이제 79세나 된 자신이 현역으로 뛸 수 없으니 그때처럼 만사가 매끈하게 돌아가지는 않을지 모른다고 덧붙였다. "하지만 당장 내일 또 사람들이 찾아온대도 모두 두 팔 벌려 환영해 줄 겁니다. 틀림없어요."

이 책은 다른 누구보다 먼저 이 놀라운 이야기를 알아본 주디스 리건의 제안으로 탄생했다. 그다지 알려지지 않은 작가로서 처음 책을 쓰는 내게 이 기획을 맡겨 주어 고맙다. 그리고 작업을 도와준 리건 북스와 하퍼콜린스의 모든 구성원, 특히 마감 때문에 여러 차례 마음고생하고, 더 매끄러운 글이 되도록 다듬어 준 코너 리슈에게 신세를 졌다.

하지만 결정적으로 이 책에 기여한 사람은 나를 자신의 삶 속으로 기꺼이 받아들이고 가감 없이 자기 이야기를 들려준 모든 승객과 마을 주민이다. 취재하는 동안 내가 연락한 약 180명 중에서 인터뷰를 거절한 사람은 단 한 명뿐이었다. 모두의 이름을 열거하기는 불가능할 테니 아예 시도하지 않으려 한다. 많은 사람이 나를 집에 들이고 식사를 대접해 주었다. 심지어 얼음낚시에 데려가려는 사람도 있었다.

그럼에도 꼭 언급하고 싶은 사람이 몇 명 있다. 내가 처음 갠더에 도착했을 때 방향을 잡을 수 있도록 도와준 시 공무원 벳시 손더스. 한 달 넘게 나를 받아 주고 사실상 비서실 노릇까지 도맡아 준 콤

포트인의 캐런 밀스와 직원들. 오후를 함께 보내며 이른바 스크리치인 의식의 역사를 포함해 뉴펀들랜드의 과거에 관해 이야기를 나눠 준 세인트존스메모리얼대학의 팻 번 교수. 17장에 서술한 내용은 그와의 대화뿐 아니라 번 교수의 논문 「음주, 의식 그리고 전통의 발명: 뉴펀들랜드의 스크리치인 현상」*에 기초한 것이다.

마지막으로, 나를 도와준 가족과 친구들, 특히 언제까지나 소중하게 간직할 우정과 지지를 보내 주는 앤 윈디셔와 제스 월터, 가장 열정적인 후원자인 여동생 대리어와 남편 토미, 내게 기쁨을 주는 조카 코너와 크리스, 그리고 언제나 최선을 다하기로 마음먹게 해 주시는 어머니 조앤에게 고마운 마음을 전한다.

*   Pat Brun, "Booze, Ritual, and the Invention of Tradition:The Phenomenon of the Newfoundland Screech-In" in Tad Tuleja(eds.), *Usable pasts traditions and group expressions in North America*, Logan, Utah : Utah State University Press, 1997, pp. 232~248.

9·11 테러가 일어난 후로 어느새 20년이 지났다. 겨우 몇 년 전 일인가 싶다가도 한편으로는 까마득한 옛이야기처럼 흐릿하기도 하다. 그 사건에 대해 지금 우리는 과연 무엇을 알고 있을까.

우선, 기본적인 사실관계다. 2001년 9월 11일 화요일, 현지 시각으로 오전 여덟 시부터 열한 시 사이에 민간 항공기 네 대가 미국 뉴욕 중심부에 있던 세계무역센터의 두 빌딩과 워싱턴에 있는 국방부 건물 펜타곤, 그리고 펜실베이니아주 들판에 각각 부딪혔다. 충돌 후 세계무역센터는 무너져 내렸고 펜타곤도 일부 파괴되었다. 비행기에 타고 있던 조종사, 승무원, 승객 수백 명은 모두 사망했다. 지상에 있던 사람을 포함해 3000명에 가까운 사람들이 이 테러로 목숨을 잃었고 부상자는 그 두 배에 달했다.

그다음은 미국이 벌인 기나긴 전쟁이다. 당시 취임 8개월 차에 불과하던 미 대통령 조지 부시는 '테러와의 전쟁'을 선언하며 한 달후 아프가니스탄을 침공했고, 1년 6개월 후인 2003년 3월에는 '대량살상무기'를 제거하겠다며 이라크도 침공했다. 테러의 배후로 지목된 오사마 빈 라덴을 잡고 탈레반, 알카에다 등의 무장 세력을 해

체한다는 명분으로 시작한 이 전쟁에 세계 여러 나라가 동참했으며 한국도 공병부대를 파병하는 등 조력했다. 전쟁이 장기화하며 주요 참전국의 인명 피해 규모가 테러 당시 희생자 수에 맞먹는 수준에 다다랐고, '적국' 측 사망자는 그 열 배가 넘었다. 심지어 민간인 희생자도 수만 명에 달한다.

미국은 침공 약 10년 만인 2011년에 오사마 빈 라덴을 사살한 후로도 발을 떼지 않다가 결국 9·11 테러 20주기를 앞둔 바로 지금, 2021년 8월에야 드디어 아프가니스탄에서 철수했다. 친미 정권인 아프가니스탄이슬람공화국은 하루도 버티지 못한 채 탈레반에 장악당하며 즉시 막을 내렸다. 전 세계에서 탈레반의 여성 인권 억압 우려와 함께 난민 대응 방안 논의가 긴박히 일어나고 있다.

공교롭게도 이 시기에 9·11에 관해 전혀 다른 이야기를 전하는 책을 내놓게 되었다. 테러 발생 직후, 행여라도 다음 미사일로 돌변할지 모를 여객기에 탄 채 대서양 위에서 갈 곳을 잃은 수많은 승객을 망설임 없이 두 팔 벌려 받아안은 캐나다 끝자락의 작은 섬 갠더에 관한 이야기다.

그동안 국내에서는 거의 알려지지 않았던 이 사연은 책을 원작으로 한 브로드웨이 뮤지컬이 입소문을 타면서 최근 몇 년 사이에 조금씩 언급되기 시작했다. 나 역시 꼭 1년 전 소셜미디어에서 우연히 뮤지컬의 줄거리를 접하고 흥미로워하던 중에 원작의 번역 의뢰를 받고 깜짝 놀랐다. 그리고 작업을 진행하는 동안, 이야기가 지닌 힘이 얼마나 강렬한지를 새삼 깨달았다. 번역을 시작할 때만 해도 지금 같은 상황이 벌어지리라 예상 못 했지만, 한편으로는 책이 나오기에 이보다 적절한 시기가 또 있을까 싶기도 하다.

저자 짐 디피디는 테러, 희생, 추모, 전쟁 같은 두렵고 참혹한 단어로 뒤덮인 9·11 이야기에서 우리가 미처 보지 못했던 보석 같은 진실을 꺼내어 보인다. 갑작스레 납치의 위험 속에서 수십 명의 목숨을 어깨에 지게 된 조종사들과 그런 조종사를 도와 외딴 공항에 제트기 수십 대를 안전하게 착륙시켜야 하는 관제사들, 보안 검색과 대피소 마련에서부터 시작해 일주일 동안 지역 인구와 맞먹는 대규모 피난민의 의식주만 아니라 정신적 안정까지 보살피려 기꺼이 나서는 섬 주민들, 기내에 방치된 동물을 일일이 찾아내 돌보는 활동가들, 무엇보다 하루아침에 삶의 뿌리가 흔들린 채 내려앉은 낯선 땅에서 더욱더 낯선 환대를 받으며 어쩔 줄 모르는 '비행기 사람들'까지. 현직 기자인 저자는 이 사람들이 겪은 일주일을 건조한 르포가 아니라 친근하고 매력적인 인물들을 중심으로 한 첩보물이자 로맨틱 코미디, 로드무비를 넘나드는 생동감 있는 이야기로 엮어 낸다. 해나는 상실의 고통을 어떻게 견뎌 냈는지, 입양 간 알렉산드리아는 잘 적응했는지, 보노보는 무사히 동물원에 도착했는지, 장학기금은 계속 운용되었는지 등 이야기가 끝난 후에도 궁금증이 끊이지 않는다. 다행히 20주년 기념으로 추가된 후일담이 이런 궁금증을 속 시원히 풀어 준다.

갠더 시민들이 보여 준 환대는 분명 특별하지만, 인류 역사 전체로 보면 익숙하고도 보편적인 모습이기도 하다. 작가 리베카 솔닛이 책 『이 폐허를 응시하라』를 통해 생생히 재현했듯이, 거대한 재난을 마주하면 각자도생의 지옥도에 빠질 거라는 통념과 달리 기존의 질서를 뛰어넘어 모두를 위한 '재난 유토피아'를 형성한 사례가 무수히 많다. 9·11 테러 당시에도 척박한 환경에서 끈끈한 공동체를 유지해 온 갠더뿐 아니라 냉정한 자본주의의 상징이던 뉴욕 한복판에서도 그런 일은 일어났다. 서구 사회만큼 발언력과 파급력을 갖지 못했을 뿐, 전쟁에 휘말린 아프가니스탄과 이라크에서도 마찬가지였을 것이다.

울고 웃으며 글을 옮기는 동안 이 점을 계속 되새겼다. 긴 세월 극단적 무장 세력의 도발과 전쟁에 휘말려 고통받은 사람들의 목소리는 들리지도 않는데 '안온한 1세계 사람들'의 일시적 모험담에 귀를 기울이는 것이 온당한가 하는 의문이 들 때마다 특히 그랬다. 저자가 책 말미에 인용한 머리사 베런슨의 인터뷰처럼 '누구나 각자의 고통과 비극을 안고 산다'는 사실을 알고 있다면, 우리가 정말로 싸워야 할 상대는 '1세계 사람'이나 '탈레반' 같은 특정한 집단이 아니라 어디서나 실재하는 폭력과 억압, 불평등 자체이며, 그 싸움의 무기는 바로 사람이 사람에게 조건 없이 베푸는 환대이다.

한순간 반짝이다 곧 사라지기에 늘 존재를 의심받기는 하지만 재난 유토피아는 어디에나 있으며, 이 책을 통해 짐 디피디가 보여주었듯이 우리가 좀 더 세심하게 살핀다면 더 자주, 더 선명하게 곳곳에서 모습을 드러낼 것이다. 인류가 지금까지 자멸하지 않고 살아남은 이유가 어쩌면 여기에 있을지도 모른다.

온 세계가 마을로 온 날

2001년 9월 10일 모스크바에서, 클라크, 록샌,
알렉산드리아 로퍼.
사진 제공: 록샌 로퍼

잠자는 알렉산드리아 로퍼.
사진 제공: 브루스 매클라우드

왼쪽: 브루클린 제2 구조대. 오른쪽에서 두 번째가 케빈 오루크다.
오른쪽: 1988년 뉴욕 소방국 수상기념식에서 해나, 케빈, 데니스 오루크.
사진 제공: 오루크 가족

보니 해리스, 오즈 퍼지 순경, 린다 험비.
사진 제공: 짐 디피디

2001년 9월 11일 갠더국제공항.
사진 제공: 103 수색구조대

라이온스클럽 내부 준비 장면.
사진 제공: 라이온스클럽

조지 비탈레, 애플턴시장 덤 플린, 톰 매키언.
사진 제공: 조지 비탈레

간식을 먹는 랠프.
사진 제공: 린다 험비

2002년 4월 16일 휴스턴에서 다시 모인 조지, 뎁, 라나, 빌, 에드나, 위니.
사진 제공: 라나 에더링턴

에녀 스미스, 랍비 레이비 수닥, 레이크우드아카데미 교장 제이미 제닝스.
사진 제공: 에녀 스미스

라이온스클럽에서 뉴스를 보는 장면.
사진 제공: 록샌 로퍼

라이온스클럽에서 봉사하는 캐나다 왕립 해군사관학
교 생도들.
사진 제공: 라이온스클럽

콜럼버스기사단 밖에서 리사 제일과 사라 우드.
사진 제공: 사라 우드

침례교회에서 요리하는 몰도바 가족.
사진 제공: 게리 하우스

갠더시장 클로드 엘리엇과 조지 비탈레.
사진 제공: 조지 비탈레

트레일웨이스펍에서 노래하는 모습.
사진 제공: 라나 에더링턴

침례교회를 떠나는 몰도바 가족.
사진 제공: 게리 하우스

온 세계가 마을로 온 날
가장 어두울 때의 사랑에 관하여

1판 1쇄 인쇄 2021년 9월 1일
1판 3쇄 발행 2024년 11월 19일

지은이 짐 디피디 | 옮긴이 장상미
편집 김지하 김지은 | 마케팅 김지은 | 표지 디자인 박대성

펴낸이 임병삼 | 펴낸곳 갈라파고스
등록 2002년 10월 29일 제2003-000147호
주소 03938 서울시 마포구 월드컵로 196 대명비첸시티오피스텔 801호
전화 02-3142-3797 | 전송 02-3142-2408
전자우편 books.galapagos@gmail.com
ISBN 979-11-87038-78-8 (03330)

갈라파고스 자연과 인간, 인간과 인간의 공존을 희망하며, 함께 읽으면 좋은 책들을 만듭니다.